World as a Perspective

世界做為一種視野

大逆轉

金融擴張
如何推升
不平等

林庚厚
梅根‧尼利——著
許瑞宋——譯
林庚厚——審校

Ken-Hou Lin
Megan Tobias Neely

Divested

Inequality in
the Age of
Finance

目 次

引言

　　金融已經成為當代生活不可或缺的一部分。從就學貸款、購屋、經商、規劃退休以至其他許多事情，金融時常影響我們日常生活中許多的決定。這是怎麼發生的？它對社會的不平等有何影響？這是本書的核心問題。在回答這個問題的過程中，我們探討了一系列相關問題，包括：金融如何成為高獲利的產業？它如何改變企業運作？從何時開始，我們的每項決定都像投資決定？而最重要的是，金融如何左右社會的資源分配？

　　金融的重要性似乎不證自明，我們因此很難想像一個沒有金融的世界。但直到一九七〇年代，金融業僅占美國經濟中所有企業利潤的 15%。當時金融業所做的，主要是簡單的信用中介（credit intermediation）和風險控管：銀行接受家庭和公司的存款，將這些資金借給購屋者和其他公司。銀行也收發支票，方便人們付款。此外，銀行也為重要或付費客戶提供保險箱，方便他們保存貴重物品。保險公司則是向客戶收取保費，並在發生意外時提供賠償。

到了二○○二年，金融業的獲利已經大幅成長，占美國經濟中所有企業利潤的 43%。在利潤成長的同時，金融業務愈來愈複雜，證券化、衍生商品交易和基金管理的重要性不斷提升，而且這些交易多數發生在金融機構之間，而不是個人或企業之間。在金融業對經濟的影響日漸深刻的同時，一般民眾已經無法理解金融業到底如何運作。家庭、企業和政府所做的決定全都受金融市場擺布，但許多金融業務卻是晦澀難懂。

而在金融業擴張的過程中，美國的不平等程度也嚴重加劇。資本所得在國民所得中的占比，與企業管理層和華爾街人士的薪酬一起上升。同時，反映所得不平等程度的吉尼係數在全職勞工之間上升了 26%，大規模裁員成為企業的慣常做法，而非迫不得已的最後手段。這些發展全都擴大了貧富差距，造成美國頂層 0.1% 家庭擁有全國逾 20% 的財富——財富分配不平等的程度，堪比強盜大亨橫行的鍍金時代。二○○八年的金融危機一度縮小了貧富差距，然而，應對危機的貨幣政策讓金融業迅速度過危機，同時保護了有錢人的資產，但就業卻持續疲軟，工資停滯不前。

因此，美國社會在過去四十年經歷了兩大相生相息的轉變：經濟金融化，以及嚴重加劇的社會不平等。本書將說明為什麼這兩大發展必須一同檢視。在當代美國，金融崛起正是不平等加劇的根源。當代金融體系對社會最大的威脅不是一再爆發的金融危機，而是貧富之間的社會鴻溝不斷擴大。要瞭解當代社會不平等，我們必須先瞭解當代的金融體系。

許多人已經懷疑金融業發展促成社會貧富懸殊。在二○一一年秋天，許多抗議者占領了紐約證券交易所附近的祖科蒂公園，呼籲大家關注華爾街與一般百姓之間巨大的財富差距。「占領華爾街」運動的參與者起初要求逮捕造成二〇〇八年金融危機的銀行家、收緊對華爾街的規範監管、禁止高頻交易，以及調查政治腐敗。隨著運動的發展，抗議者的要求變得更為全面性。運動的著名口號「我們是 99%」號召美國大眾從「另外 1%」手上奪回權力和資源；另外 1% 指的是控制美國絕大多數資本的一小撮金融和政治菁英。抗議者將嚴重的不平等歸咎於紐約與華府之間、或金融界與政界之間的旋轉門，他們認為這種旋轉門導致政治權力偏袒企業利益，結果是統治菁英大發利市，美國的勞動和中產階級則陷入困境。

　　占領華爾街運動起初不受主流媒體重視，但隨著參與者著眼於不平等問題和華爾街「1% 人」的巨額財富，這項運動開始在國際上廣受關注。始於二〇一一年九月紐約一個公園的小型紮營抗議，短短數週間擴散至美國和世界各地。十月十五日，運動規模達到頂峰，組織者聲稱全球逾八十個國家共九百五十個城市參與了運動。歐洲的主要首都，例如羅馬和馬德里，估計有 20 萬至 50 萬人參加抗議活動，美國各地則有超過 7 萬人共喊口號。這場運動採用無領袖和民主的運作方式，訴求不時改變，因此受到批評，但他們譴責不平等這個核心訊息則廣為傳頌。[1]

　　占領運動最主要的成就，或許是凸顯了華爾街如何導致 99% 的人與 1% 菁英之間的經濟不平等不斷擴大。歐巴馬總統在二〇一二年的國情咨文中強調，「一般民眾與華爾街之間缺乏信任」促使美國在二〇一〇年制定《陶德法蘭克華爾街改革與消費者保護法》（*Dodd-Frank Wall Street Reform and Consumer Protection Act*）。包括經濟學家克魯曼（Paul Krugman）在內的許多知識分子撰文支持占領運動參與者的觀點，要求造成經濟大衰退的金融業必須為其貪婪和離譜行為造成的損害付出代價。民主黨人和共和黨人都認識到，經濟不平等已成為最重要的議題。在二〇一六年的美國總統大選中，民粹主義成為致勝的意識形態。但儘管受到嚴厲批評，還激起了強大的政治運動，美國金融服務業的利潤仍繼續成長，不平等的程度也繼續擴大。

金融「感覺起來」的確會增長不平等。但是，金融究竟如何導致不平等加劇，對許多人來說仍然是模糊不清。某種程度上這是因為金融是一個包羅萬象的概念：金融業務非常多樣，彼此構成一個互有關聯的網絡，而許多金融業務相當複雜，連薪酬豐厚的專家有時也無法提供簡潔易懂的解釋。金融活動並非僅限於個人利用銀行的服務進行付款和投資理財；公司、非營利團體和政府等等大型組織，也都利用金融為自身的運作提供資金。金融服務的提供者和消費者都十分多樣，包括服務在地客戶的社區銀行和信用合作社，同時經營商業和投資銀行業務的全球金融集團，專注於利基市場的精品基金公司，以及非銀行金融機構如保險公司、發薪日放款業者，以及企業的金融部門。這些金融服務的提供者和消費者都有不同的目標、動機、資源，也都面臨不同的限制。此外，因為資金不斷易手，當代金融掩蓋了資源如何從窮人轉移到有錢人手上。

另一方面，不平等也包含各種分配不均的現象。經濟學家皮凱提（Thomas Piketty）和賽斯（Emmanuel Saez）指出頂層 1% 家庭在國民所得中的占比如何從一九七〇年代末的不到 10% 暴增至近年的 20% 以上，讓所得集中在金字塔頂端的現象成為討論不平等時的焦點。這個新鍍金時代的重要現象還包括財富不均擴大、勞動所得在國民所得中的占比下降、工資停滯不前、就業保障受損、工資方面的性別和種族差距持續存在、學生債務暴增，以及長期的悲觀與對政府及企業的不信任。

因為這些複雜的情況，相關研究往往僅觸及金融與不平等之間關係的一些零碎面向。本書以此前的學術研究為基礎，更為全面地闡述金融化（financialization）如何導致美國的不平等程度加劇。我們提出各樣的證據，說明了金融業在華爾街、一般企業和家庭間壯大，如何導致經濟不平等惡化。

我們的分析指出金融之所以為惡，不是因為金融專業人士的自負或野心，而是當代金融體系讓許多奉公守法的銀行業者和基金經理不知不覺地把許多美國家庭推入險境。雖然我們同意華爾街上的高薪毫無道理，但金融與不平等的關係不是一句人性貪婪就能帶過，兩者之間的關係還有更深廣的面向。限制不合理高所得的政策（例如設定所得上限或加重累進稅制）是必要的，但是單此不足以解決不平等程度加劇的問題。此外，我們不認為金融專業人士天生「邪惡」或有其他心理缺陷；就跟其他人一樣，金融業者努力追求成功，並且衷心相信因為自己辛勤的付出，領取高薪理所當然。確實有人會為了贏過其他人或逃避失敗而作弊，但多數金融業人士認為自己遵循「規則」，表現優於其他市場參與者，因為自己的技術勞動而得到合理的報酬。

　　本書認為金融崛起代表的是美國社會經濟資源分配的徹底重組。在這個過程中，金融以三種主要的方式重塑經濟。首先，金融化創造了過多的中介機構，一一在社會中為金融業榨取資源，但並未貢獻相應的經濟效益。金融業者發明新的金融產品來滿足「潛性」需求，但實際上多數產品僅對金融機構有用。市場影響力愈來愈集中、金融權貴的政治影響力日增，以及公共政策仰賴私營企業中介執行（private intermediation），這三者促進了此一過程。金融企業及其菁英員工因此掌握了規模空前的資源。

　　第二，金融崛起削弱了資本與勞動的互賴關係，進而削弱企業對勞動力的需求和勞工們的議價能力。當一般企業將資源和注意力從它們的核心業務轉移到金融部門，勞工開始被排除在獲利過程之外，逐漸失去他們在企業裡的價值和影響力。此外，隨著愈來愈多資源被用於放貸、投機交易、支付股息或回購股票，就業成長也跟著放緩，對中低階勞工來說尤其如此。這些發展的結果是勞動所得在國民所得中的占比降低，而企業管理層的薪酬卻往上飆升。隨著所得差距擴大，雇主與一般雇員的關係普遍惡化。

　　第三，金融崛起削弱了過去設計來共同承擔風險的社會組織。工會跟大型企業集團過去提供就業保障、可靠的醫療和退休福利，有效地為勞工緩衝經濟風險。隨著這些保障逐漸消失，風險開始從組織轉移到家庭身上，導致美國人需要更多金融服務。愈來愈多美國家庭舉債度日，並仰賴金融資產保障退休生活。這些金融產品不但將更多資源導向金融業，它們還總是累退的：貧困家庭通常支付最高的利息和費用，富裕家庭則可以動用豐富的資源利用金融市場的波動獲利。

透過探討金融崛起以及其發展如何加深經濟不平等，本書指出高度社會不平等絕非資本主義的「自然產物」或不可逆轉的趨勢。由始至終，我們的分析顯示經濟發展的軌跡和日益擴大的貧富差距是源自於全球層面、國家層面、產業層面和公司層面的一系列政治談判和制度變革。

有些人可能會說，即使金融崛起導致不平等加劇，金融化仍可能提升了資本配置的效率，使經濟得以加速成長。但研究顯示，事實並非如此。隨著美國金融化，整體經濟成長開始減緩。企業對廠房、商店、機器、電腦以及最重要的勞工的投資減少，而企業總利潤停滯不前。自然，企業對政府稅收的貢獻也開始減少。

寫書不只是選擇該寫什麼，也得決定不寫什麼。本書不對二〇〇八年全球金融危機的前因後果提供詳細的討論。這段歷史已有大量的學術研究和媒體報導加以探討。我們採取更宏觀的角度，討論過去四十年的結構轉變如何助長金融危機並放大其影響。我們著重於美國社會的發展，因為美國在全球金融版圖中具有獨特的地位。但必須指出的是，其他許多國家，包括臺灣與中國，也出現了類似的相關發展。我們會稍微談及這些發展，並在最後一章加以討論。

雖然金融崛起是不平等程度加劇、頂層所得暴增的重要原因，但我們不認為它是唯一的原因。全球化、科技進步、去工會化（de-unionization）、僱傭關係改變、教育差距和政治環境的變化，全都與社會不平等息息相關——然而過去的學術研究已經廣泛探討了這些問題。[2] 我們認為金融化對理解當代的不平等至為重要,因為它促進並且加強其他各種發展對不平等的影響。

我們必須在此重申,本書受惠於過去和當代的相關學術研究,從社會學到經濟學、金融學、政治學、管理學和歷史學。我們冀望在這些學科之間架起橋梁,並將當中的子領域連繫起來。我們希望本書能比較完整地說明金融化與不平等的關係,但我們也謙卑地意識到,受限於篇幅,我們略過了許多有重要貢獻的研究。因此,任何見解只要聽起來有一點點熟悉,讀者不需要認為那是我們的原創觀點。我們鼓勵讀者以這本書為地圖,更深刻探索過去十年出現的豐富文獻。

本書的結構

第一章簡述什麼是「金融」以及我們如何定義金融化。金融化這個概念早在二〇〇八年金融危機之前就出現了,此後在學術和公眾討論中愈來愈流行。我們指出,雖然金融在許多社會中發揮了重要作用,但在美國卻因為發展過頭而適得其反。我們援引證據,說明了金融在二十世紀最後二十五年和之後的非凡成長。簡短的歷史回顧指出金融化的政治與制度根源,從《布雷頓森林協定》談到一九八〇年代的政治轉向;這凸顯了金融化並非資本主義經濟必經的階段,而是取決於許多不同事件的歷史產物。

我們接著探討不平等:不平等問題為何重要?近數十年來,美國的不平等情況是如何加深的?過去四十年間,市場所得的分配變得極其不均，但社會政策從不曾跟上此一趨勢。美國多數勞工的實質所得並未增加；由於資本所得增加的速度快過勞動所得，資本家拿走愈來愈多經濟成果。許多美國人並未受惠於二十世紀末的經濟成長，而且頗大一部分人面臨日趨黯淡的經濟前景。我們概述了各種不平等加劇的既有解釋，指出它們的一些不足，然後簡要說明金融化與不平等之間的關係。

第三章講述自一九八〇年代以來，金融業經歷了什麼樣的巨大變化。我們指出，金融業利潤擴大和薪酬膨脹，並不是因為金融業對經濟的貢獻大增，而是因為市場影響力愈來愈集中、金融業涉入政治，以及公共政策仰賴私營中介執行。我們還指出，金融業的大部分所得落入少數的菁英人員手上，尤其是白人男性。相較之下，他們的女性同事和少數族裔男性同事收入較少。即使在金融業內部，這個產業的成功也拉大了階級、性別和種族之間的鴻溝。

每一個行業都致力增進自身的利益，本書第四章因此問道：金融業以外的一般企業為何沒有反擊？簡而言之，許多非金融企業實際上已經金融化了。隨著金融在一九七〇年代成為賺錢的事業，美國許多企業擴大參與金融市場，從事放貸和付款業務。股東價值至上的觀念興起，也導致一般企業引入華爾街的邏輯和做法。這些發展造就了少數身價百萬的贏家，例如基金經理和企業執行長，但也帶給美國勞工階級工資和就業停滯的慘痛後果。

在與金融成長有關的許多社會經濟轉變中，一般民眾最普遍體驗到的可能是家庭債務增加。第五章闡述美國家庭債務的起源、分布和後果，包括信用擴張如何嘉惠有錢人和損害窮人。在二十世紀初，信貸開始被視為醫治社會弊病的良藥。從那時起，擴大信貸管道就成為政府的重要行政目標。我們指出，不平等問題被錯誤理解為周轉的問題，而擴大信貸管道是經濟鴻溝的成因而非解決方法。過去三十年間，富裕家庭把握了與家庭信貸有關的多數機會，中產家庭背負的債務加重了，低收入家庭則是除了離譜的高利貸，基本上無法借錢。

一個人的債務是另一個人的財富。在第六章，我們探索銅板的另一面，闡述金融化如何改變了美國的財富積累和不平等。金融資產，尤其是股票，如今是美國家庭保存和倍增財富的關鍵工具。但是，股票資產的分布非常不均。股票市場主要控制在富裕家庭手上，而且股票投資也存在著種族鴻溝。股市並未促進平等，而是送利給有錢人和為他們服務的金融專業人士。投資股票的機會僅限於最富有和膚色最白的人，以及擁有退休儲蓄帳戶的高階勞工和嬰兒潮世代。因此，資本與勞動持續的衝突，逐漸在高階與低階勞工之間、在年長與年輕世代之間呈現。

二〇〇七至二〇〇八年間，國際金融體系瀕臨崩潰：美國股市總市值掉到只剩一半，大型銀行的盈利重挫，一度充裕的信貸突然枯竭。在世人看清巨額財富的脆弱基礎之際，經濟似乎陷入停滯。在第七章，我們回顧此次清算的結果，關注於二〇〇八年金融危機以來的政經發展。後續的政策和法律措施在促進銀行擁有充裕的流動資產、降低系統風險和懲罰詐欺活動等方面有所成就，但這些政策多數是為了**恢復**金融秩序而非加以**改革**。因此，經濟不平等在金融危機爆發之後繼續擴大。

　　本書聚焦於美國，但它探討的趨勢和問題是全球性的。在本書的結論中，我們著眼於世界各地的情況，說明了金融化導致不平等加劇是已開發國家的富貴病。隨著一個國家的金融化程度提高，頂層所得群體占國民所得的份額激增，金融專業人士和富裕家庭得益，勞動所得占國民所得的份額降低，就業機會變得不穩定。在本書最後一節，我們討論本書的分析有何政策涵義。金融改革不應繼續穩定和保護金融業，而是應該以穩定和保護社會為優先要務。

1　參見 Wells, Matt, "Occupy Wall Street Live: March on Times Square," *The Guardian*, October 15, 2011 和 Silver, Nate, "The Geography of Occupying Wall Street (and Everywhere Else)," *FiveThirtyEight*, October 17, 2011。有關占領運動的學術著作，可參考 Todd Gitlin 2012 年的 *Occupy Nation*、Noam Chomsky 2012 年的 *Occupy*，以及 David Graeber 2013 年的 *The Democracy Project*。

2　有關技術進步與不平等的關係，可參考 Fligstein and Shin 2007。以下研究則探討全球化如何助長不平等：Duménil and Lévy 2001; Milberg 2008; Milberg and Winkler 2010。

1 │ 大逆轉

「金融」一詞使人想起一些浮華意象，例如高聳的摩天大樓、擁擠的交易大廳、複雜的數學模型、快如閃電的電腦伺服器，以及身穿西裝的銀行家或焦躁的操盤手。但是，金融不是現代社會獨有的事物。遠自古代的蘇美（Sumer）到希臘、羅馬和中華帝國，金融一直是社會發展的推手。簡而言之，金融就是一種社會契約，在各方之間建立信任並調動經濟資源，以促進生產和消費。

考古學家在古蘇美城市烏魯克（Uruk）挖出一些密封的陶器，裡面有形狀像羔羊、牛、狗、麵包、油罐、蜂蜜和衣服的代幣。學者認為這些代幣可能是一種原始的期貨合約，代表有人承諾在未來某個時候以固定的價格交付特定商品。金融歷史學家葛茨曼（William Goetzmann）則推論，金融誕生於世上最古老的城市之一並非偶然：隨著烏魯克社會分工愈漸複雜，許多居民得和其他行業的人進行頻繁的交易，而個人協議不再可行。為了促進經濟合作，正式的合約逐漸取代握手成交（或古代其他類似做法）。

　　許多在古文明發展出來的金融活動對現代社會仍有影響。早期伊斯蘭教徒的金融技術源自先前中東古文明使用的數學工具。中央銀行、有限責任投資和商業公司誕生於羅馬帝國，而商業貸款、房地產開發和主權債務則出現於古代中國。後來隨著洲際貿易盛行，印度—阿拉伯數字系統使商人得以郵寄本票（suftaja）和付款委託書（ruq'a），促進了從西班牙到印度以至中國的貿易。金融是一種基本的社會組織形式，既可以就地取材，也可以源自歷史上一系列的人類互動和文化交流。

　　金融可以視為繁榮社會的必需條件。經濟學家金恩（Robert King）與李文（Ross Levine）曾指出，一九六〇至一九八九年間，八十個國家當中經濟成長和資本積累的速度，與金融中介機構的規模、信貸的分散配置和私營企業可利用的信貸規模有關。在美國，類似的證據顯示，一九八〇年代放寬州級的銀行分行設立限制，與經濟成長加速有關。

　　經濟學家凱伊（John Kay）指出，金融在現代社會大致有四項重要功能。首先是最基本的：金融藉由信用卡、電匯和直接存款等支付系統，為經濟交易提供便利。第二，金融撮合了有剩餘資本的投資人與企業家、組織和消費者，使閒置資源得以有效運用。第三，金融讓人們得以透過儲蓄和借貸管理個人資源，滿足人生不同階段和跨世代的需求。最後，金融提供風險控管工具如保險產品和衍生工具，幫助家庭和企業應對不確定性。由此觀之，我們可能會注意到，沒有金融的社會不僅不方便，人與人之間也少上許多互動，資源常常無法妥善利用，而我們也很難做長期的財務規畫。

　　既然金融對人類社會如此重要，而且無所不在，**金融化又是什麼意思**？我們將金融化界定為**金融的社會角色廣泛逆轉，從支援性質的次要經濟活動變成駕御經濟的主要動力**。金融不再為經濟服務，而是將它自己的邏輯、偏好和行事原則強加於整個經濟體和社會的其他部分。在協助交易的同時，金融業者從消費者、生產者和商家身上榨取許多收入。許多金融業者不再引導資本投入有益的用途，而是利用複雜的操作來剝奪資源和劫貧濟富，絲毫不考慮長期後果。此外，金融業原本理應幫助緩和經濟波動並降低不確定性，但如今許多金融活動反而破壞社會信賴，並且使美國人的生活變得更不穩定。

　　我們認為美國的金融化展現在三個相互依存的過程中，而它們全都在一九七〇年代末之後加速。首先是金融業逐漸支配了美國社會的資源分配。圖 1.1 顯示金融業占美國企業總盈利的百分比。趨勢很明確：一九八〇年之前，金融業平均占美國企業總盈利 15% 左右。這個比例在一九八〇年代中期穩步提高，一九九〇年代初升至占企業總盈利逾三分之一，然後在一九九〇年代的經濟繁榮期內下降。二〇〇二年，這個比例升至 43% 的歷史高位。二〇〇八年的金融危機令金融業盈利短暫受挫，急跌至企業總盈利的 10%，但金融業迅速復甦。金融機構盈利成長意味著金融從業人員薪酬大增，他們平均比其他行業的勞工多賺 70%。

　　金融崛起不但反映在經濟上，還體現在文化和政治層面。美國金融業如今影響政府如何規範市場、企業高層如何管理他們的公司、社會如何衡量個人成就，甚至是評價經濟表現的主要指標。金

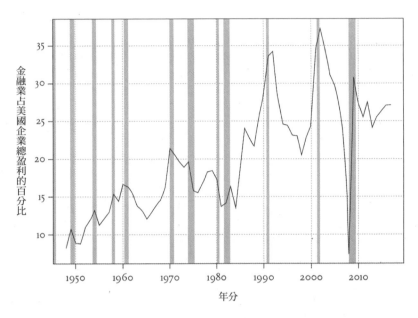

圖1.1 金融業占美國企業總盈利的百分比

說明：企業盈利為根據庫存評價調整之後的結果。金融業包括聯邦準備銀行、信用中介等
行業及相關活動；證券、商品合約、其他金融投資及相關活動；保險業者及其相關
活動；基金、信託及其他金融工具；以及銀行和其他控股公司。資料來源：美國經
濟分析局，國民經濟統計，表 6.16。

融專家成為**所有領域**的專家，連政治也不例外。無論是民主黨還是
共和黨執政，美國政府中有華爾街背景的官員人數都愈來愈多。

　　在私部門，金融成為通往金字塔頂端最常見的途徑。財星百大
公司（Fortune 100）超過三分之一的執行長具有深厚的金融背景，
他們成為執行長之前通常擔任財務長或在華爾街工作。金融根深柢
固的影響力有助解釋為何在二〇〇八年金融崩盤之後，儘管面對巨
大的政治壓力，以及公民社會的不斷質疑，金融業的主導地位仍屹

立不搖。

　　美國經濟金融化的第二個過程，是非金融企業參與金融市場的程度日增。既有被動也有主動的參與。股東價值至上的觀念盛行，企業界普遍認為公司唯一應該追求的利益是股東的利益，導致美國企業屈從於金融市場的意願。在二十世紀大部分時間裡，管理的重心在於如何增加銷售量以維持公司的成長和穩定，而在現在，管理層的能力是以他們能否提高公司的股價為衡量標準，哪怕他們為了提高股價而犧牲公司的穩定和成長。

　　圖 1.2 呈現美國非金融企業配發股息和回購股票的支出相對於這些企業總盈利的百分比（回購股票是指一家公司在市場上買進自家股票，以減少公司發行在外的股量來提高股價）。這項百分比能告訴我們企業花多少賺來的錢獎勵股東，而非支持未來的營運。[1]我們再次看到，一九八〇年代是關鍵的十年。在那之前，美國企業付給股東的錢通常約為年度盈利的三分之一，餘者留做儲備、資本投資和其他用途。一九八〇年之後，企業用來提振股價的支出快速增加，在一九八〇年代末達到逾 100% 的最高點。換句話說，許多年來，美國企業整體付給金融投資人的錢超過那一年的總盈利，為此必須動用儲備或出售資產。

　　一九九〇年代的經濟繁榮壓低了企業盈利用來付給股東的比例，但實際金額並未降低，而且這項比例將再度上升。而在一九九〇年代，股票回購成為企業分配資源給股東的一個主要管道。自那十年以來，企業的股票總發行淨額一直為負值，意味著上市公司如今向股東支付的金額超過它們發行股票獲得的資金。因此，現在比

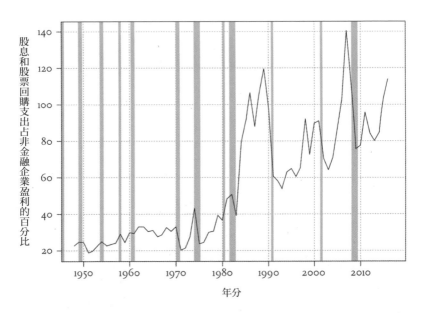

圖1.2 股息和股票回購支出占非金融企業盈利的百分比

說明：非金融企業的盈利為根據庫存評價調整之後的結果。股息（NCBDPAA027N）加股票回購（NCBCEBA027N）可能超過盈利，因為股票回購支出被視為一項費用，而不是盈利的組成部分。資料來源：聖路易聯邦準備銀行，聯邦準備經濟數據；美國經濟分析局，國民經濟統計，表 6.16。

較準確的說法是：金融市場從上市公司那裡籌集資金，而不是上市公司從金融市場籌集資金。自二〇〇〇年以來，幾乎所有的企業盈利都直接流向股票市場，企業可留做擴張、儲備和發展之用的資源愈來愈少。

除了企業資金被股市和股東吸走，許多非金融企業也積極參與金融市場，自己成為放貸者和投機者。它們發行信用卡，並向其他公司提供貸款。圖 1.3 記錄了非金融企業因此得到的利息和股息：

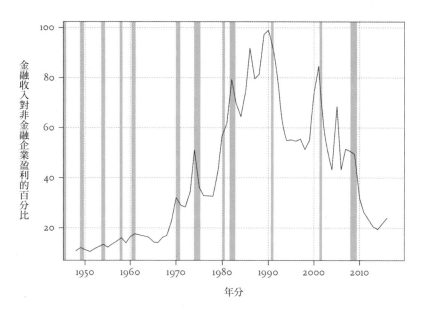

圖1.3 利息和股息對非金融企業盈利的百分比

說明：這項百分比為非金融企業收到的利息（NCBIREA027N）和股息（NCBDREA027N）
之和，除以非金融企業經庫存評價調整後的盈利。資料來源：聖路易聯邦準備銀
行，聯邦準備經濟數據；美國經濟分析局，國民經濟統計，表6.16。

自一九七〇年代起，企業盈利相當大一部分來自借錢給家庭和從事
金融市場交易。這個比例在二〇〇〇年代初急劇下跌，意味著企業
如今已縮減其金融獲利，但它們的實際利息收入金額要到二〇〇八
年金融危機爆發才減少，而它們持有的金融資產總額則繼續增加
（見圖2.6）。因此，隨著聯準會開始調整利率，金融收入對非金融
企業的重要性是否將回升還很難說。

美國金融化的第三個過程，是美國家庭的金融產品消費持續增

加。社會福利減少，工資停滯不前，加上退休前景黯淡，促使美國
人在人生的不同階段不得不使用各種金融產品。圖 1.4 顯示美國家
庭債務總額對個人年度可支配所得的百分比。一九八〇年以前，家
庭債務約為年度可支配所得的 65%。但是，一九八〇年代以來工資
停滯，促使中低收入家庭增加借貸；他們舉債不只用來購買奢侈
品，也常為了周轉日常生活開銷。到了二〇〇七年，美國家庭債務
總額對可支配所得的比率高達 132%。此成長來自房屋抵押貸款、
信用卡債務和學生貸款的大量增加，而背後的信仰是信貸是解決經

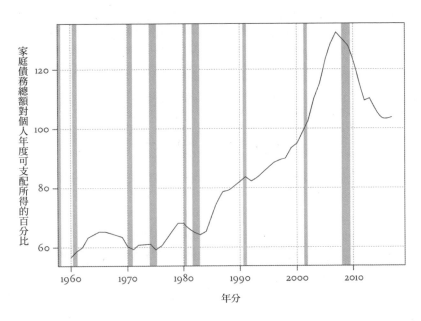

圖1.4 家庭債務總額對個人年度可支配所得的百分比

說明：這個百分比是以家庭和非營利組織利用的信用市場工具（CMDEBT）除以個人可支
　　　配所得（A067RC1A027NBEA）得出。資料來源：聖路易聯邦準備銀行，聯邦準備經
　　　濟數據。

濟不平等問題的一種方法。例如，倘若接受大學教育可以增加收入，那麼揹學生貸款不只是負債而是明智的投資。

這正是債務快速擴張為什麼會不成比例地影響女性和少數族裔男性的部分原因：放款機構針對這些脆弱的群體推銷它們的高利息產品，向潛在客戶聲稱借貸能讓他們脫貧致富。與此同時，年輕人背負愈來愈多學生貸款：一九九三年，借了錢的大學畢業生平均每人背負接近 1 萬美元的學貸債務，而到了二〇一五年，這個數字已激增至超過 3 萬 5 千美元。另一方面，許多行業的實質工資卻在萎縮（工資調整甚至未能追上非常溫和的通膨）。

除了債務，金融化也重整了家庭財富。只靠存款致富已經過時，甚至可能被視為傻子的做法。人們每天都被轟炸要投資五花八門的金融產品，包括股票、債券、共同基金和指數股票型基金（ETF）。我們被教導說，最好是學會如何利用被動收入的力量——又至少要懂得怎麼投資養房。

隨著時間的推移，這些過程（金融業日益主導美國經濟，非金融企業參與金融市場的程度日增，以及美國家庭的金融產品消費持續增加）彼此互補，相互強化。金融業和非金融業都因為向家庭積極推銷金融產品，而從家庭債務和財富的成長中得益。共同基金和退休儲蓄帳戶的流行，將家庭儲蓄導向金融機構，金融機構進而要求美國企業為股票投資提供更高的報酬。這種緊張關係鼓勵企業重組，例如合併、收購和分拆業務，以及採用削減成本的技術和僱用方式，而這一切皆意味著金融業獲得巨大的利益，但勞工的機會卻愈來愈少。

金融化的根源

　　美國金融化是戲劇性的複雜轉變，很難為此指出單一起源。一如其他許多巨變，金融化是各種歷史事件相互影響的結果；這些事件時而相互呼應，時而互有抵觸。社會學家莫妮卡・普拉薩德（Monica Prasad）研究發現美國信用擴張的歷史可追溯至十九世紀末和二十世紀初農業生產過剩的情況。為了維護農民生計，政府開始利用擔保和租稅獎勵促進消費和刺激成長。普拉薩德令人信服地說明了政府利用金融手段解決經濟問題在美國已經有長遠的歷史，我們在此則聚焦於二戰之後的發展，尤其是布雷頓森林體系的誕生和消亡、一九七〇年代的資本主義危機，以及隨後美國政府與企業的意識形態轉向。我們同意普拉薩德的看法，也就是早期的發展使美國政府開始用信貸解決社會經濟問題。但是，如果不考慮二戰之後出現的全球貨幣體系，就無法充分理解金融如何在過去數十年大幅崛起。

布雷頓森林體系

　　一九四四年《布雷頓森林協定》確立，為當今的全球金融體系奠定了基礎。隨著第二次世界大戰步入尾聲，全體四十四個盟國的七百三十名代表齊聚於新罕布夏州偏遠小鎮布雷頓森林（Bretton Woods）的華盛頓山飯店，共商戰後的國際貨幣和金融秩序。此次會議一方面是為瞭解決戰後重建的融資問題和消除國際貿易壁壘，另一方面是希望避免兩次世界大戰之間的貨幣混亂和經濟衝突重演。在兩次大戰之間的日子裡，保護主義抬頭，大蕭條發生，金本位崩潰。這段歷史不能重演。

　　布雷頓森林會議出現了兩大對立陣營。一方面英國首席代表凱因斯（John Maynard Keynes）提議建立一個國際清算聯盟，做為所有國家央行的國際央行。這家銀行將發行稱為 bancor 的超國家貨幣，以調節貨幣兌換，並藉由抑制貿易失衡來保護債務國的利益。另一方面，美國的懷特（Harry Dexter White）代表當時全球最大的出口國和債權國，堅持維護美元的主導地位和美國巨大黃金儲備的價值；當時美國持有的黃金相當於全球所有央行黃金儲備的四分之三。

　　《布雷頓森林協定》和國際貨幣基金組織（IMF）在新舊強權的衝突中誕生。《布雷頓森林協定》並未創建一種獨立的超國家儲備貨幣，而是由成員國同意將本國貨幣與美元掛鉤，並維持固定匯率。美國則是將美元與黃金掛鉤，重新確立兩次世界大戰之間的金本位制度。美元因此成為支持其他所有貨幣的全球儲備貨幣。

　　IMF 形式上反映凱因斯成立超國家機構的提議，但實質上響應了懷特維護美國利益的要求。IMF 的主要任務是充當國際間的終極貸款單位：IMF 按約定的比例向成員國取得黃金和各國貨幣，而在必要時為成員國提供應急資金。但是，IMF 並不像凱因斯提議的那樣調節國家之間的貿易失衡狀況。此外，IMF 不採用一國一票的治理模式，而是根據各國政府對 IMF 的貢獻規模分配投票權。這種安排使得美國有否決 IMF 任何決定的實權。

　　布雷頓森林體系相對保守的路線，事後證實不能滿足二戰之後重建工作的貨幣需求。維護貨幣秩序和防止社會動盪的責任最後落在美國肩上，因為美國在當時是唯一有足夠經濟資源承擔此一重任的國家。美國雙管齊下援助其他國家：除了大量進口外國商品，還提供長期貸款和贈款，例如馬歇爾計畫就為歐洲國家重建社區和產業提供了超過 120 億美元。

美國先後援助歐洲和日本，並非完全無私。二戰一結束，美國就迅速採取行動，致力對抗蘇聯對其國際主導地位的威脅，並設法阻止共產主義在歐洲和亞洲的蔓延。經濟援助被視為美國維持自己領導地位的關鍵手段。

美元自此成為美國最大宗的輸出品。至今，美元在全球仍比其他任何美國產品更受歡迎。美元藉由美國的國際援助和逆差貿易大量外流，加上美國的軍事主導地位，使美國成為其他國家的理想貿易夥伴。畢竟對美元的信徒來說，美元具有「真實的價值」，而懷疑美元價值的人也因為美元能夠可靠地兌換黃金而買進。

控制國際儲備貨幣顯然可以獲得巨大的利益。正如經濟學家艾肯格林（Barry Eichengreen）指出：「美國印鈔局印製一張百元美鈔的費用不過是數美分，但其他國家卻必須拿出價值一百美元的真實商品，才可以換得一張百元美鈔。」能夠以本國貨幣購物和舉債，使美國政府能以較低的成本獲得外國商品，而美國消費者某種程度上也享有這種好處。美國政府也可以印製更多美鈔但固定美元對其他貨幣的匯率，藉此對其他國家「課稅」。

支撐布雷頓森林體系的兩大基礎，是美國聯準會承諾以每盎司35 美元的價格維持金本位，以及美國的盟友相信美國能保持其戰後經濟霸權。但是，隨著西德和日本在一九五〇年代經濟逐漸復原，美國開始喪失它的製造業在全球市場的壟斷地位。捲入代價高昂的越戰，以及蓄意維持對歐洲和日本的貿易逆差以報答它們的忠誠，也加劇了美國經濟的衰落。這些發展全都削弱了全球對美元的信心。一九六〇年，倫敦黃金市場價格升至每盎司 40 美元；這意味著交易商可以用較低的價格向美國財政部買進黃金，然後在其他國家轉售獲利。此時歐洲國家和日本面臨一個將來其他出口導向型經濟體也將面臨的難題：它們的經濟成長仰賴美國的赤字，但在外流通的美元愈多，美元在公開市場的價值就愈低。為了對沖風險，有些國家開始增加黃金儲備，並在接下來十年裡減少依賴美元。

　　一九六四年的國際賣座巨片以戲劇方式呈現了美國黃金儲備的危機：名為金手指（Auric Goldfinger）的黃金交易商試圖炸毀位於肯塔基州諾克斯堡的美國金庫以減少黃金供給而抬高黃金價格，但英國特工詹姆士・龐德（James Bond）破壞了這項陰謀（因此受邀到白宮與美國總統共進午餐）。不過，在現實世界裡，美國的黃金儲備持續減少。因為擔心美元將會大幅貶值，瑞士和法國等國家開始拿它們的美元儲備向美國兌換黃金。光是一九六五年這一年，法國海軍就被派到大西洋彼岸收購價值 1 億 5 千萬美元的黃金。到了一九六六年，美國以外的央行共持有價值 140 億美元的黃金，美國的黃金儲備則縮減至 132 億美元。美元與黃金的固定兌換比率變得像好萊塢電影那麼不真實。

　　因此在一九七一年，尼克森總統在未取得其他國家的同意之下取消了布雷頓森林體系設定的每盎司 35 美元的黃金與美元固定兌換比率。此時美國政府被迫應對前所未有的多重威脅，包括全球美元擠兌、通膨高漲和失業嚴重。在單方面決定正式終結了布雷頓森林體系之後，美元相對於黃金的價值大跌。通膨率快速上升。但美元在全球的主導地位最終還是得以延續，這是因為尼克森政府說服沙烏地阿拉伯和其他中東產油國出口石油的時候以美元計價，並利用它們的盈餘購買美國債券。做為交換，美國政府將藉由財務和軍事援助保護這些中東國家。

因為多數工業國的石油產出遠低於消費量，美國與中東產油國的協議穩住了全球對美元的需求，使美元的價值免於崩跌。換句話說，「油元」（petrodollars）體系以石油取代了黃金——前者是所有工業經濟體的必需品，後者雖有普世價值但卻鮮少實際用途。對石油的需求促使亞洲和歐洲國家進一步制定以美國做為主要出口市場的經濟和貨幣政策。美國政府也因此獲得未來數十年赤字支出的新資金來源。就在美元即將失去儲備貨幣地位之際，美國透過軍事力量與維持貿易赤字維持了美元的地位。

美國輸出美元也為以美元計價的金融產品創造了一個全球市場，這些產品包括美國公債，美國的機構債、市政債和公司債，以及房貸擔保證券（MBS）。購買這些金融產品將外國資本導向美國經濟的每一個角落，並顯著擴大了信貸供給的資金來源。不過，美國得到這些好處也是有後果的。美元的儲備貨幣地位人為地壓低了進口商品在美國的價格，造成美國在國內和國際市場的工業競爭力均顯著受損。此外，油元體系只是延後了美元危機，並未解決問題。隨著美國貿易赤字不斷擴大，美國政府必須利用其他機制來刺激對美元的需求，又或者接受美元大幅貶值；美元貶值雖然可以增加美國的出口，但會損害美國民眾的經濟福祉。

一九七〇年代的資本主義危機

學術界普遍認為美國金融化始於一九七〇年代，當時美國工業生產衰退，金融活動卻擴增。不過，學者對兩者之間的關係有不同的解釋。社會學家阿銳基（Giovanni Arrighi）將金融擴張描述為資本主義經濟一個反覆出現的階段。在他看來，一九七〇年代的美國資本主義，就像過往的熱那亞、荷蘭和英國經濟那樣，來到一個成熟的階段，此時投資於生產已無法產生足夠的報酬，資本家因此轉為利用金融活動來維持和擴大利潤。另一方面，後凱因斯學派經濟學家克羅帝（James Crotty）和艾普斯坦（Gerald Epstein）則聚焦於「食租者」（rentiers）階級與經濟其他部分出現的衝突；食租者階級由金融機構和金融資產的主人構成。站在這個角度，金融化代表資源從實際創造經濟價值的企業家和勞工轉移到食租者階級手上。因此，金融活動擴增不是工業衰退的結果，而是工業衰退的導因。據我們所見，這兩種說法都有證據支持。

隨著布雷頓森林體系在一九六〇年代走到盡頭，一系列的局勢發展開始挑戰資本主義的正當性，尤其傷害到商業菁英的既得利益。工會和消費者權益的覺醒促成一系列的社會改革；國會陸續通過《國家環境政策法》、《職業安全與衛生法》和《消費品安全法》，這些新設的法規與聯邦機構大大限制了企業該如何經營與賺取多少利潤。

　　傳統資本主義也面臨外部威脅。除了美元貶值和製造業方面出現競爭對手，美國的國際貿易收支在一九六〇年代末開始失控。一九七一年，美國面臨一八九三年經濟蕭條以來首見的商品貿易赤字。阿拉伯國家一九七三年針對已開發經濟體實施石油禁運，油價隨後急速上漲，大幅推高了製造和運輸成本，這意味著美國企業的國內利潤縮減，國際市場也萎縮（雖然稍後的油元協議某種程度上化解了這種威脅）。

　　在一九七〇年代的「滯脹」（stagflation）期間，經濟衰退與通膨高漲同時發生，社會危機感加深。一九八〇年代初，在聯準會主席伏克爾（Paul Volcker）領導下，聯準會藉由提高聯邦資金利率迅速收緊貨幣供給，致力對抗通膨。美國通膨率從一九七九年的11.27% 降至一九八三年的 3.21%，但緊縮政策也導致美國經濟大幅衰退（GDP 成長率從一九七九年的 3.15% 降至一九八三年的1.98%），以及美國就業環境惡化（美國失業率在同一時期從 5.6%升至 10.8%）。以美國為主要出口國的經濟體也連帶遭殃，面對了長期不景氣。

　　這些挑戰促使美國企業界迅速總動員以商討大策。後來成為美國最高法院大法官的鮑威爾（Lewis Powell）在寫給美國商會的一份機密備忘錄中斷言：「有思想的人絕不會質疑美國經濟體系目前正被圍攻。」他認為這種攻擊不僅來自左翼極端分子，也來自「社會中相當受尊重的圈子，包括大學校園、講道壇、媒體、知識和文學期刊、藝術和科學界，以及政界」。鮑威爾敦促商界菁英嚴格重視這些挑戰，並尋機大肆反擊。例如就大學校園而言，鮑威爾建議美國商會建立「一個由支持既存體制的高素質社會科學學者組成的團隊」和「一個由能力頂尖的演講者組成的團隊」。美國商會應鼓勵這些學者在學術期刊、通俗和知識雜誌發表文章，因為「自由主義和左派大學教師成功的訣竅之一，是他們對『發表文章』和『演講』極有熱情」。

美國企業也動員起來直接影響公共政策。政治學家海克（Jacob Hacker）和皮爾森（Paul Pierson）注意到，在這段時期，與企業有關的公共事務主管、說客和政治行動委員會（PAC）數量激增。例如在華府有說客註冊的公司就從一九七一年的 175 家增至一九八二年的 2,445 家。企業資助的政治行動委員會則從一九七六年的不足 300 個增至一九八〇年的逾 1,200 個。酷爾斯啤酒公司（Coors Brewing）的酷爾斯（Joseph Coors）和柯氏工業集團（Koch Industries）的柯克（Charles Koch）分別資助成立了具影響力的傳統基金會（Heritage Foundation）和凱托研究所（Cato Institute）。這些組織致力推倒一九七〇年代初的所有改革，並為一九八〇年代新自由主義共識的出現奠定基礎。

一九七〇年代的另一項重要發展，是美國退休金制度的變革將一大部分家庭儲蓄引入金融市場。在此之前，美國勞工普遍靠企業的定額給付計畫獲得養老收入，而養老收入是否穩定很大程度上取決於雇主的財務狀況。在營利能力逐漸薄弱的情況下，這些退休福利帶給小企業巨大的財務壓力，許多被迫放棄退休金計畫或宣布破產。為了解決這個問題，退休金制度改革旨在分散風險，導致養老資金經由投資公司流入金融市場。

　　總而言之，一九七〇年代的經濟動盪標誌著美國的戰後繁榮的終結，並激起各種集體行動。從企業動員起來反對規範管制，到聯準會重視抑制通膨甚於促進就業，以至退休金制度的改革，全都為美國經濟金融化奠定基礎。

政治轉向

　　一九七〇年代末的企業動員在一九八〇年代帶給企業豐碩的成果，美國的政治輿論轉為支持企業利益而非公共利益。這種意識形態轉向由雷根帶頭。身為一位魅力超凡的演說家，雷根大力倡導「自由企業」制度。雷根擔任總統期間，美國政府透過各種方式放寬國家對企業經營活動的限制。雷根在他的就職演說中就揚棄了戰後的凱因斯經濟模式（一九七〇年代的滯脹削弱了這個模式的正當性）：「政府無法解決我們的問題，政府其實正是問題所在。」雷根的治國原則來自新自由主義意識形態，這種意識形態認為市場（和其他社會領域）在政府盡可能減少干預的情況下運作得最好，甚至可以自我調節。

　　一別於前總統卡特倡導節儉，雷根以赤字財政解決了經濟成長緩慢的問題。雷根在任八年間，外國資本湧入使美國國債激增168.2%；石油輸出國組織（OPEC）成員國和日本為美國貢獻的資本特別多，它們也為美國家庭和企業提供消費和投資所需要的信貸。但是，外國資本必須持續流入，仰賴債務支撐的繁榮才可以持續下去；維持美國金融機構在國際資本市場的「競爭力」於是成為美國的優先要務。

「自由企業」信念崛起、維持美元地位的戰略要務，以及美國經濟變得仰賴債務支持，共同創造了一個前所未有的政治機會，使執政當局能名正言順鬆綁新政時代設置的所有金融管制。解除金融管制在一九八○年代展開，並在隨後數十年裡加速。它先是模糊了商業銀行與儲貸協會之間的界線，然後是商業銀行與投資銀行之間的界線，最後是拆掉銀行業務與其他金融活動之間的防火牆。隨著英國成立金融服務管理局（FSA）以盡可能減少管制和協助倫敦重奪全球金融中心的地位，美國政府似乎只能跟隨這種做法，將愈來愈強大的金融活動整合到少數幾家企業的控制之下。這些政策全都受自由市場信念（認為市場是有效率並且是會自我調節的）影響，也立基於一個未言明的共識：美國經濟的成長和穩定需要能夠吸引足夠的國際資本並發揮全球影響力的金融業。

解除金融管制並非沒有遇到阻力。實際上，解除管制的步調比雷根所期望的慢上許多，而一九八七年的《銀行業公平競爭法》（*Competitive Equality Banking Act*）反而更明確地規定商業銀行不得銷售保險、房地產，以及從事證券承銷。不過，雷根當初的計畫最終都在柯林頓執政時一一實現：一九九八年花旗銀行（Citibank）與保險業者旅行家（Travelers）合併，這項交易實際上是違法的，但媒體卻讚頌這是革新過時金融體系的一大「壯舉」。美國國會迅速在事後豁免新成立的花旗集團（Citigroup），並在不到一年之內通過一九九九年的《金融服務業現代化法》，廢除了《葛拉斯史提格爾法》（*Glass-Steagall Act*）餘下的所有管制。

許多人想將美國經濟金融化和相關政策變革歸咎於金融公司聯

手策劃的政治操作，但如果不強調其他的重要發展，我們便無法瞭解這轉變的全貌。例如社會學家葛蕾塔・克里普納（Greta Krippner）就指出，市場導向的轉變不應視為只是商業利益影響政治的結果，因為這種轉變也與政府官員的意圖契合──他們希望透過市場機制掩飾政策在動盪時期影響信貸分配的關鍵地位以避免政治風暴。此外，解除利率管制也受中產階級消費者歡迎，因為他們希望保護自己的儲蓄能多升息而不受通膨蠶食。以市場為基礎的長年退休金計畫改革也助長了金融業的發展。在一九七八年的《歲入法》（Revenue Act）正式容許以薪資扣款做為確定提撥型退休金計畫的金源之後，這種新型計畫開始取代傳統確定給付型退休金計畫，成為美國大企業最流行的退休金方案（確定提撥型計畫要求雇主與雇員提撥退休金到退休儲蓄帳戶，確定給付型計畫則保證員工退休之後可以獲得某水準的養老金）。此一發展也將大量儲蓄送到金融服務業者手中。

在眾多發展中，企業界的變動與美國經濟金融化最相關。美國企業界在反擊進步政治運動之際，自身也正經歷一連串的內部轉變。企業營利能力在一九七〇年代顯著降低，加上經濟變得十分不確定，企業以管理層為中心的傳統治理模式因此受到衝擊。代理理論（agency theory）興起，將美國企業的失敗歸咎於管理層與股東利益相悖。根據這種理論，企業錯誤地獎勵管理層擴大公司規模，管理層因此亟欲追求穩定和擴張而非提高效率。公司的營利能力因此降低，股價隨之受挫。

七〇年代的危機為新的公司治理模式創造了空間。代理理論認為，為了重新調和所有權與控制權，企業應維持獨立的董事會來監督管理層的決策，傾向利用債務而非股權融資，僅專注於最有利可圖的業務[2]，以及利用股票獎勵管理層。代理論者甚至認為管理層應受外部控管：他們的表現必須基於公司股價評估；如果公司股價表現不佳，則管理層應被開除。代理理論的勝利，加上大型退休基金機構的出現，導致美國企業普遍以「股東價值極大化」為座右銘。這些觀念被寫進商學院的企業財務教科書，被當成科學真理教授給一代又一代雄心勃勃的企業經理人。

總的來說，這段歷史敘述證明美國經濟金融化不能單純視為金融業追求私利的結果，也不能視為資本主義發展必經的成熟階段。《布雷頓森林協定》奠定了世界各國對美元系統性的依賴，而國際原油交易和出口導向型新興經濟體繼續維繫著這種依賴。這導致資金不斷流入美國金融體系，並讓美國政府需要在全球市場不斷證明自己的主導地位。一九六〇年代開始的企業動員使政策制定者揚棄以政府為中心的凱因斯經濟模式，轉為奉行市場至上的新自由主義意識形態。這種轉向助長一九八〇和一九九〇年代的金融法規鬆綁，並使政界愈來愈傾向利用貨幣政策而非財政政策來處理經濟停滯問題。這些發展也體現美國政府保護中產階級家庭儲蓄和促進消費的雙重目標。

二〇〇八年的金融危機及其餘波，使許多人質疑金融化是否（或能否）在美國持續下去。表面看來，這場危機無疑使人注意到金融業在美國經濟中過大的角色，而且至少初步扭轉了美國國內繼續解除金融管制的趨勢。因為世人認識到全球經濟的互聯程度非常高，各國政府也變得比較願意協調它們的改革。一些非金融企業，例如奇異公司（GE），也已經出售了它們的金融業務，以免受到較嚴格的監督。大金融時代似乎已經走到絕路。

但是，金融化是否已經走到盡頭，最終還是要看金融化的制度根源。金融危機爆發十餘年之後，全球金融秩序看來大致完好。這場危機其實可說是再度確認了美元的全球貨幣地位，因為聯準會發揮了終極放款人的功能，為耗盡美元資金的各國大銀行提供美元資金。因為沒有更好的選擇，許多國家仍將它們的貨幣與美元掛鉤，或以美元做為它們的主要儲備資產，尤其是以美國做為主要出口市場的新興國家，或其他經濟和政治相當不穩定的國家。許多機構投資人為求安全購買美國的證券，即使他們知道美元的價值很可能被高估了──美國政府近乎助長通膨的寬鬆貨幣政策和持續的赤字支出，只是令問題惡化而已。

世界對美元及相關證券的持續需求，使聯準會得以藉由大舉寬鬆貨幣來駕馭信貸短缺。美元保持強勢，也使歐巴馬和川普政府得以繼續利用赤字財政提振經濟。過去數十年來，許多人認為繁榮的金融業對美國的經濟成長至關重要（雖然金融業汲汲追求利潤最終造成了金融危機），這個信念成為支撐上述政策的基礎。雖然這些政策使全球經濟免於徹底崩潰，但正如我們將在第七章指出，它們的主要作用顯然是修復而非改革金融秩序。

總結

什麼是金融？什麼是金融化？雖然這些名詞十分常見，但極少有人提出明確的定義。我們認為金融應視為一種社會契約，其功能是調動經濟資源以促進生產和消費。在整個人類歷史上，金融在許多社會發揮了促進經濟繁榮的重要作用。但是，金融可能因為發展過頭而適得其反，此時金融會阻礙（而非促進）生產並擾亂（而非穩定）消費。金融的角色從經濟的僕人變成經濟的主人，這種逆轉就是我們所講的金融化。

自一九八〇年代以來，金融化一直是美國經濟的一個標誌性特徵。轉移到金融業的所得在二十世紀最後二十五年間急速增加。連非金融企業也將注意力轉向金融市場，耗盡它們的資源以支付股息和回購股票，同時靠放貸和其他金融活動獲利。與此同時，美國的家庭為了應付經濟不確定性和把握社經流動機會，背負愈來愈重的債務。隨著金融成為美國政治、商業和文化領域的主導組織原則，這些發展創造出一個反饋迴圈。

金融化興起是一系列歷史事件交織的成果。布雷頓森林體系勾勒出二戰之後的國際貨幣秩序，指定美元為全球儲備貨幣。隨後的冷戰將美國奉為資本主義世界的火車頭，而美國刻意維持對盟友的貿易赤字，以輸出美元促進盟友的戰後重建。隨著美國失去它在全球製造市場的壟斷地位，布雷頓森林體系在一九六〇年代開始崩潰。持續的貿易失衡、美國的黃金儲備縮減，以及越戰造成的財政危機，全都是導致布雷頓森林體系在尼克森總統任內終結的因素。

但是，美元得以維持其地位，一方面是因為原油交易以美元計價，另一方面是因為當時沒有足以與美元競爭的儲備貨幣。這種不穩定的主導地位為美國急劇轉向金融化奠定了基礎。

一九七〇年代的危機激發了一連串的企業動員，目的是對抗一九六〇年代的社會改革運動。自新政面世以來，美國許多政策都根據以政府為中心的凱因斯模式頒行，但是對這種模式的質疑以及動盪的總體環境，導致銀行開始在監理規範的灰色地帶創造金融產品。金融業提出了具說服力的解除管制主張。聯準會在滯脹時期選擇重視貨幣秩序甚於就業，因此造就的利率上漲和外資流入有利於金融活動。很快就連非金融企業也把握這種發財機會，藉由放貸和投機活動向金融市場擴張。

這些發展在一九八〇年代雷根入主白宮時來到關鍵階段。隨著雷根政府利用美元的主導地位實現債務驅動型成長，凱因斯模式被市場理想主義取而代之。美國必須在沒有黃金支持的情況下維持美元的地位，政府為此取消大蕭條期間制定的所有限制（廢止《葛拉斯史提格爾法》是標誌事件），並鼓勵企業和銀行整合，促進了金融業的發展。事後看來，這一切就像一個不知不覺間搭起來的紙牌屋。

伴隨著金融化而來的是經濟不平等快速加劇。在本書稍後的章節，我們將探討金融如何改變了美國人的生活，使它變得更不平等，但我們必須先審視不平等這個概念。除了追求公平，不平等為何重要？經濟不平等在美國如何日漸加劇？如何解釋誰贏誰輸？在探討這些問題的過程中，我們也將為不平等加劇提出一個完整的解釋，說明金融化如何成為美國不平等加劇的根本原因。

1　在公司財務中，股票回購通常被當作一項經營費用處理，因此嚴格而言不是盈利的組成部分；盈利由股息和保留盈餘構成。

2　這在某種程度上有賴利潤中心會計（profit center accounting）；這種制度評估公司各單位的績效，據此分配資源給各單位，並鼓勵各單位互相競爭。

2 | 關鍵的社會難題

這就是當今的關鍵社會難題：社會的經濟體制集中了這麼多的權力和特權，對所有人的福祉都至關重要，我們應該如何組織和管理這些體制，使社會所有成員都能公正地分享其利益？

——霍維斯（Ira Howerth），《美國社會學期刊》（*American Journal of Sociology*），一九〇六

我們身處其中的經濟社會的顯著缺點，是它未能造就充分就業，以及它的財富與所得分配既任意又不公平。

——凱因斯，《通論》（*The General Theory*），一九三六

人類社會充斥著各式各樣的不平等。有些人獲得敬重，有些人遭受鄙視。根據某種標準，有些人被視為聰明過人，有些人被視為愚蠢遲鈍。有些人的生理或心理比同齡人健康得多。有些人被視為

魅力出眾。有些人發號施令，有些人只能服從。種種不平等共同轉化為不同的生活體驗：有些人活得舒服滿足，有些人忍受痛苦、勉強度日。

經濟不平等已成為我們這個時代最迫切的社會問題。經濟不平等是非常重要的問題，因為如果我們以某種流程圖的角度看世界，會發現這是一種根源性的不平等，衍生了其他各方面不平等。經濟不平等決定了誰有得吃、有得住、搭車還是開車、能不能上大學和看不看得起醫生之類的有形商品和服務。經濟資源還賦予某些人一些相對無形但廣受重視的資源，例如敬重、權力、安全、機會、自主權、尊嚴和幸福。事實上，經濟不平等的問題，遠不止於金錢分配不均而已。它對個人和整個社群都有廣泛的社會和心理影響。

對經濟資源公平分配的關注，可能一如人類社會的歷史那麼悠久。在《李爾王》中，莎士比亞探討權力和財富絕對集中也腐蝕了富者；被廢黜的國王對自己過去的傲慢後悔不已，並呼籲重新分配資源：

啊！我一直太忽略這種事了。

安享榮華的人啊，睜開你們的眼睛。

到外面來感受一下窮人所受的苦，

分一些你們享用不了的福澤給他們，

讓上天看到多一點公正。

在《國富論》中，亞當·斯密也寫道：

如果一個社會的大部分成員貧窮又悲慘，這個社會就不可能繁榮和幸福。此外，那些為全體人民提供衣食住行的人，應該從他們自己的勞動成果中分得一份，使他們自己能吃好、穿好、住好，這樣才公平。

人們對貧富鴻溝的擔憂在十九世紀加劇。工業革命刺激經濟快速成長，但也造成大規模貧困、饑餓和社會動盪等人類災難。為什麼現行社經制度無法為多數人提供經濟保障和人性尊嚴？這個「關鍵的社會難題」是工業社會共通而難解的議題。

經濟不平等在過去數十年加劇是難以否認的事實，但是這種不平等該如何解讀，則引發了激烈的辯論。有些人認為美國不平等加劇根本是個假議題，他們認為，跟其他國家相比，美國的窮人仍享有不錯的生活水準。另一些人則認為，只要有足夠的社會流動性，窮人有機會改善自己的經濟地位，不平等就沒什麼問題。還有一些人認為，不平等是美國的優點而非缺點，因為它代表資本主義經濟的活力和動力；不平等代表每個人都有實現自身經濟潛能的自由。

哈佛大學經濟學家曼昆（Gregory Mankiw）二〇一三年發表的文章〈為 1% 辯護〉（Defending the One Percent）廣為流傳，以專家的角度解釋了上述觀點。他認為只有在報酬並不反映當事人的貢獻，因此未能優化經濟成長的情況下，不平等才值得擔憂。曼昆認為當代美國並未出現這種情況，因為像賈伯斯（Steve Jobs）和史蒂芬史匹柏（Steven Spielberg）這種創新的企業家之所以致富，是因為他們獨特的才能和努力以及創造了廣受歡迎的產品。

　　但這些說法有多大的道理呢？現實與美國夢的神話相反：美國的代際流動性近數十年來顯著降低，也就是孩子長大後，愈來愈難超越父母在同一年紀時的經濟水平。一九四〇年出生的孩子約有90%的人在經濟成就上勝過他們的父母，但一九八〇年代出生的孩子則只有約50%的機會。跨國研究顯示，不平等與相對流動性呈現負相關：隨著經濟階梯上各級之間的差距擴大，父母的經濟地位變得更能預測孩子的人生機會。

　　比較美國與北方鄰國加拿大的社會流動性，我們會發現，同樣出生於經濟階梯的底層，加拿大孩子比美國孩子更有機會向上爬；同樣出生於頂層10%的家庭，加拿大孩子比美國孩子更少維持頂層10%的地位。兩國的差異源自富裕的美國家庭可以花更多錢搬到好學區還有付菁英大學的高昂學費，為子女提供更好的教育。但在加拿大，教育費用比美國低上許多，因此富裕本身無法提供很大的優勢。

　　第二，曼昆等人的觀點將收入與經濟貢獻掛鉤。這些理論認為，當代的不平等主要是個體的生產力差異造成的。曼昆以賈伯斯和史蒂芬史匹柏等企業家為例，說明才能加努力如何帶來經濟成就。但許多企業高層或金融專業人士有何實際經濟貢獻其實沒有那麼黑白分明，但曼昆卻完全不提這些。企業無疑願意支付較高的薪酬僱用生產力較高的執行長，但高薪執行長的生產力是否真的比較高，卻是另一回事。事實上，許多研究已經顯示，百萬富翁執行長的表現並不特別優於薪酬較低的執行長。這些執行長高昂的薪酬反而提高公司成本，降低股東報酬。值得一提的是，愛因斯坦一九三三年的收入僅為普通勞工的十倍左右，而現今頂級執行長的收入常高達一般員工的三百倍。[1] 這些執行長的收入真的與他們的貢獻成比例嗎？

有些人認為才能結合努力決定了個人生產力，而收入反映生產力；根據這個邏輯：收入較低者一定是才能不如收入較高者，或沒有後者那麼努力。川普二〇一四年一條臭名昭著的推特貼文體現了這種心態：「除了做為一種記分方式，金錢從來不是激勵我的重要動力。」對出生於富豪家庭的川普來說，賺大錢不是為了生活所需而是為了證明他比其他人優越。但是，金錢是一種糟糕的記分方式，因為在這種比賽中，競爭者很少是從對手身上取得金錢；他們往往從最需要這些錢的人們身上掠取。

類似的觀念誤將利潤等同正當性，誤將價格等同價值。過去衡量企業家成就的標準往往包括他們產品的品質、他們如何對待員工、他們對社會的貢獻，以及他們的慈善捐贈。現在衡量執行長成就的主要標準，是他們為自己和股東創造了多大的財務價值。《富比世》富豪榜每年都廣為流傳，而你何曾聽過年度慈善家排行榜？

「不平等是好事」（或至少是公平競爭的中性結果）背後另一個未言明的假設，是人類生活以追求經濟利益為唯一動機。支持不平等的人常像曼昆那樣預設，在物質資源平均分配的平等主義烏托邦中，人們會沒有任何工作的動機。曼昆等人的看法忽略了人們也追求社會地位、友誼、忠誠、感情、倫理和自我實現。許多照護者（尤其是母親）為社會及經濟提供了巨大的貢獻，但並未獲得任何金錢報酬。只考慮經濟動機，確實便於建立經濟學模型，但對我們理解社會卻是有害的。

　　還有一種觀點認為，即使是美國的窮人，生活水準仍比其他國家的許多人好得多。這完全是謬論。事實上，相較於其他許多國家的窮人，美國窮人的生活異常艱難。美國農業部二〇一六年一份報告指出，12.7% 的美國家庭沒有穩定的食物來源，5% 的家庭被視為糧食安全程度「非常低」。美國兒童的饑餓問題特別嚴重，二〇一五年有 1,450 萬名兒童未能享有糧食保障。也就是說，在全球最富有國家之一的美國，每天都有五分之一的兒童常餓肚子。在二〇一三年一項蓋洛普世界民意調查中，超過 20% 的美國家庭表示負擔不起他們需要的食物，比例高於其他工業國如加拿大（11.5%）、法國（10%）和德國（4.6%）。

　　拿美國的窮人與最貧困國家的窮人比較，混淆了國家之間與國家內部兩種類型的不平等。雖然國際經濟不平等持續存在，而且需要更多關注，但以絕對標準評估經濟狀態忽略了此一道理：貧困始終是相對的。也就是說，窮人之所以貧困，從來不是因為他們買不起某些商品或服務，而是因為欠缺資源剝奪了他們充分參與他們所處社會的機會。

　　另一種流行的說法是不平等促進經濟成長，而只要經濟有成長，水漲船高之下，所有人（終）將受惠。此一觀點背後的邏輯是：社會愈不平等，其成員愈願意投資於自身的技能，並盡可能提高自己對經濟的貢獻。根據這種觀點，不斷擴大的不平等是市場自由化的產物，可視為資本主義經濟強健的標誌。這種觀點假定平等與成長之間存在一種取捨：重視平等甚於成長，將導致所有人的經濟狀況變差。

　　反對這種觀點的人指出，不平等加劇本身會妨礙教育和醫療服務普及，並導致社會和政治動盪，而這一切都將阻礙經濟成長。一項針對已開發國家的研究發現，低收入家庭如果特別貧窮，國家的經濟成長會比較緩慢，這可能是因為低收入家庭欠缺足夠的資源投資在教育上，導致他們的人力資本受損。雖然既有研究對不平等與經濟成長的關係仍未有結論，但過去幾十年我們看到不平等在美國顯著加劇，但多數家庭的收入卻停滯不前。

　　某種程度的不平等或許可以促進創新和投資，並且激勵人們努力工作，但愈來愈多的研究顯示，一如金融活動，不平等一旦過頭就可能適得其反。貧富之間若出現顯著的社會分歧（social cleavage），可能導致兩者皆欠缺追求進步的動力，因為在社會階梯上成功向上爬（或向下掉）的希望相當渺茫。此外，過度的不平等可能會製造更多社會和健康問題，例如身體和精神疾病、吸毒、坐牢人口膨脹、肥胖、暴力和青少女懷孕之類，而這些問題可能會損害經濟成長。[2] 一項研究追蹤 1 萬 7 千多名英國男性十年之久，發現勞工階級男性死於心臟病的風險較高，因為他們承受較大的壓力。在美國，不斷擴大的經濟不平等也與中低收入美國人健康狀況較差和幸福感較低有關。

　　不平等也會助長社會動盪，因為經濟上的邊緣人沒有多少東西可以失去，犯罪對他們來說很可能是值得的事。在美國，經濟不平等的其他社會後果包括貧富之間在結婚率和教育程度方面的差異擴大，出現居住隔離（residential segregation）現象，以及社會凝聚力和信任受損。

　　宏觀而言，嚴重的不平等甚至會損害民主，因為它擴大了有錢人的政治影響力，並減少窮人的民主參與。在美國，如果所得不同的選民各有不同的偏好，政策往往會照顧有錢人的利益並漠視低收入選民的利益。此外，巨額競選捐款賦予捐款人較多機會與政治人物互動，也已經不是新聞。雖然投入更多金錢是否真的有助贏得選舉並不明確，但捐款讓有錢人有機會去左右政策，尤其是那些與資源分配有關的政策。

　　當前日趨不平等的資源分配長遠而言是否有助於美國繁榮昌盛？即便不平等可以促進經濟成長，我們該怎麼估計美國整體付出的社會代價？這些問題很難簡單回答。但我們可以確定的是，不平等遠非只是市場有效運作的自然結果：它源自一系列的特定制度變革，而這些變革嘉惠了某些人並損害另一些人。

不平等的趨勢

　　一九八〇年代以來最為人所知的不平等趨勢，應是所得分配向金字塔的頂層集中。一九八〇至二〇一四年間，美國頂層 1% 的人在稅前國民所得的占比近乎倍增，從 10.7% 增至 20.2%。這些人多是高薪貴族（working rich）如企業高層、律師和金融業人士，以及靠投資食利的富裕家庭。最頂層的所得成長更加驚人：頂層 0.1% 在國民所得的占比增加為原本的五倍，從約 1% 增至 5%。

　　撇開超級有錢人，餘下人口如何分配餘下的經濟資源也值得重視。衡量經濟不平等最常用的指標是吉尼係數,它是義大利統計學家暨社會學家吉尼(Corrado Gini)一九一二年發明的。吉尼係數的數值範圍為 0 至 1:數值 0 代表社會的所有成員所得或財富完全相同,1 代表社會的全部所得或財富落在一個人或一個家庭手上。

圖 2.1 呈現美國的所得不平等長年趨勢,以未計和計入稅項與移轉支付的吉尼係數衡量。[3] 自一九七〇年代以來,市場所得(未計移轉支付的稅前所得)的分配變得愈來愈不均,吉尼係數從 0.41 升至 0.51。雖然計入稅項和移轉支付之後,所得不平等的程度比較

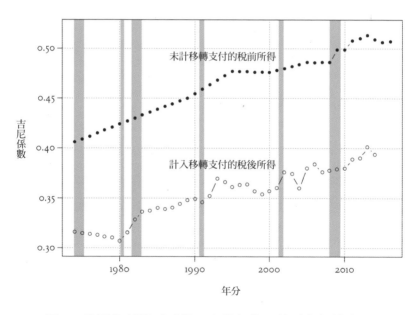

圖2.1 美國的所得不平等,未計和計入稅項與移轉支付

注:吉尼係數是在家庭的層面計算,並根據家庭人口規模加以調整。資料來源:經合組織統計。數據集內的國家包括經合組織成員國和俄羅斯。我們使用 2012 年的所得定義而非之前的定義衡量不平等。如果兩者都沒有資料,我們就根據既有的吉尼係數插入數值。

緩和,但重分配政策並未因不平等加劇而修正,此一基礎上的吉尼係數因此大致同步上升,從 0.32 升至 0.40。重分配政策薄弱導致美國的所得不平等程度遠高於多數先進經濟體,僅低於開發程度較低的國家如智利、墨西哥、土耳其和俄羅斯。

觀察所得分配的另一種方式,是檢視不同背景的群體的工資如何變化。圖 2.2 呈現從一九八〇年代初期到二〇一〇年代美國按性別、種族和教育程度劃分且經通膨調整的平均工資變化。雖然男女之間至今仍有顯著的工資差距,但整體而言,女性的工資已大有進步:在上述期間,在大學或以上學歷的女性中,白人平均工資實質成長 33%,黑人則成長約 7%。相較之下,男性工資的變化則因教育程度不同而大相逕庭:在大學或以上學歷的男性中,白人平均工資實質成長 24%,黑人則成長 23%。在沒有大學學位的男性中,白人工資實質下跌 8.2%,黑人則跌 1%。教育程度已成為決定男性經濟福祉的關鍵因素,沒有大學學位的賺得愈來愈少。

整個勞動力的所得分配也發生了重大變化。圖 2.3 呈現一九八〇至二〇一六年間,不同所得百分位數經通膨調整的工資變化。工資成長基本上僅限於所得位居最高四分之一的勞工。而在上述期間,超過一半的美國勞工實質工資停滯,或甚至下跌。經歷了一九八〇年代和一九九〇年代初的工資下跌趨勢後,許多勞工的時薪比一九八〇年時減少了 5% 至 10%。工資在一九九〇年代末有所反彈,但隨後停滯不前。

一九九〇年代中至二〇〇〇年代中,頂層所得確實大有成長:工資第九十百分位數二〇一六年的時薪比一九八〇年高 31%,第

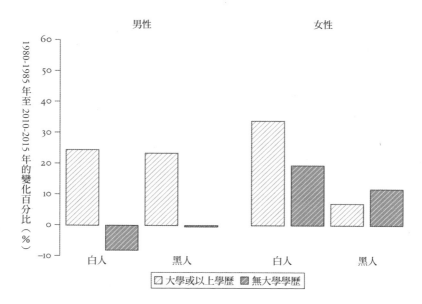

圖2.2 美國的實質工資成長，按種族、性別和教育程度劃分

注：數據涵蓋 25-65 歲非西班牙語裔黑人和白人私部門雇員。工資的計算方式為年收入除以每週正常工作時數與工作週數的乘積，再以勞動統計局公布的消費者物價指數做通膨調整。大學或以上學歷是指至少擁有一個大學學位，無大學學歷包括那些上過大學但未取得學位或僅取得副學士學位的人。資料來源：美國勞動統計局，當前人口調查社會經濟年度附錄。

九十五百分位數的時薪則增加了 46%。但在同一時期，美國實質GDP 成長逾 170%。換句話說，即使在這些最幸運的勞工之中，他們的工資成長率仍遠遠落後於整體經濟成長率。兩者的差異不能以就業福利或醫療費用上漲解釋，因為在這段期間，包括醫療福利的總就業福利穩定地占勞工總薪酬 11% 至 13%。[4]

　　多的錢跑到哪裡了？答案是資本所得顯著增加。圖 2.4 呈現資本所得占未計稅項和移轉支付的所有私人所得的百分比。[5] 該比例

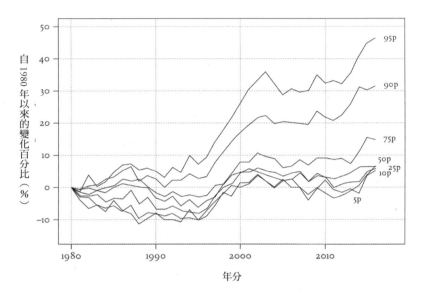

圖2.3 高低收入者的工資差距擴大

注：數據涵蓋私部門 25-65 歲所有僱員。工資的計算方式為年收入除以每週正常工作時數
　　與工作週數的乘積，再以勞動統計局公布的消費者物價指數做通膨調整。資料來源：
　　美國勞動統計局，當前人口調查社會經濟年度附錄。

三十年間從低於 40% 升至逾 46%。自一九八〇年代以來，每一次
經濟衰退都觸發這項比例往上跳升。與此同時，美國女性的勞動參
與率從 43% 急升至近 60%，全職勞工每週平均工作時間則從 39.42
小時增至 41.58 小時。也就是說，更多美國人參與勞動，而且工作
時間延長了，但勞工占國民所得的比例卻隨著時間的推移而降低。

　　所得不平等自一九七〇年代以來加劇，主要是拜所得頂尖群體
的薪酬成長，以及愈來愈多所得從勞工向雇主轉移所賜。美國總體
經濟在這段期間的確有成長，但美國勞工卻極少因此充分受惠。討

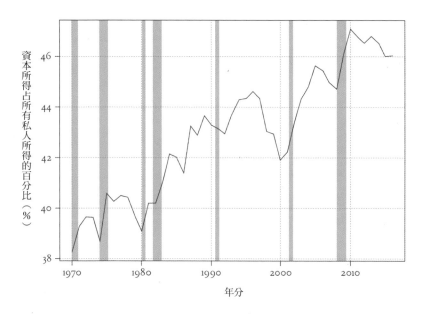

圖2.4 資本所得占所有私人所得的百分比

注：以私部門營業盈餘毛額除以薪酬總額與私部門營業盈餘毛額之和得出。資料來源：美國經濟分析局，國民經濟統計，按產業劃分的 GDP 序列。

生活對許多美國人變得相當艱難，尤其是中低收入勞工，以及沒有大學學位的白人和黑人男性。在美國，水漲船高僅限於豪華遊艇，小船都被掀翻了。

不平等的成因

對現代歷史學家來說，謹慎處理那些聲稱可以解釋整個歷史趨勢的公認有理的見解特別重要，因為上個世紀產生了大量的意識形態，它們假裝是歷史的解答，但實際上不過是逃避責任的藉口。

——漢娜・鄂蘭（Hannah Arendt），一九七三

　　主流經濟學家認為，經濟資源的配置主要取決於市場的供需狀況。根據這種觀點，不平等日趨嚴重反映市場對勞動力的需求減少，以及不同勞工的生產力出現顯著的差異。經濟學家克羅蒂亞・高汀（Claudia Goldin）和卡茲（Lawrence Katz）認為，自一九八〇年代起，教育體系擴張減緩和科技快速進步，導致技術勞動力出現供需錯配的問題。能利用科技的高教育程度勞工生產力與工資自然上漲，其他勞工的工資則下跌。經濟學家奧托（David Autor）也指出，隨著自動化技術接手重複和常規化的工作（例如記錄和裝配），市場對低技術勞動力的需求已經減少，此類勞工的工資隨之下跌。

　　這些趨勢隨著國際貿易成長而加劇。隨著來自中國和其他開發中國家的進口商品大量湧入市場，國內相關產業勞工的就業保障和工資皆大受打擊。國際貿易協定讓美國企業能夠利用廉價的外國勞動力，備受詬病的「業務外移」趨勢隨之展開。企業開始將生產分包給外國公司，並將賺錢的工廠搬到國外，僅保留設計、行銷和分銷部門在美國。

　　這種解釋不平等加劇的說法大致合理，而許多人大致接受生產力差異做為當代美國不平等的主要解釋。企業主也經常抱怨自己找不到擁有合適技能的勞工來滿足他們的業務需求。顯而易見的解決方案，似乎是促進高等教育發展和擴大職業培訓計畫，最好是靠個人借貸解決費用問題。但是，如果有技能短缺的問題，雇主不是應

該會想提供培訓，使員工掌握最重要的技能嗎？但事實是美國企業愈來愈少提供在職培訓。企業界的言辭似乎與現實不相稱。

管理學教授卡裴利（Peter Cappelli）注意到最後一個事實，他認為美國企業面臨的問題不是教育不足，而是培訓不足。相較於其他人，企業主應該最清楚員工該有哪些技能，也應該最能內行地將這些技能傳授給他們的員工。然而，愈來愈多雇主不願意為員工提供在職培訓，也不願意提供較高的工資以便勞工自行花錢培養。技能短缺的抱怨說到底就是企業想將職業培訓工作推給國內外的大學和公共資助計畫。

此外，由生產力來解釋不平等往往將科技進步和全球化描繪為外因（這意味著它們不是任何人可以控制的），因此將調整適應的責任推給勞工。這種思考方式忽略了科技發展與全球化不是從天上掉下來的。應該開發什麼技術、貿易協定該怎麼簽署，都是反映現存利益和權力差異的政治性結果。

想想這個例子：電動車早在一九九〇年代就在美國發明了，但實際應用卻到二〇一〇年代才顯著增加。如此緩慢的發展是因為石油和天然氣產業顯然亟欲維持汽油消費，而強烈反對汽車公司投資於新技術或增加生產電動車。在企業中，管理層經常決定該開發或購買什麼樣的技術，以及生產流程該如何設計，而這決定製造出對特定技術的需求。創新不是一種中立的過程，該如何創新通常反映管理階層的私利與偏好。再舉較早之前的一個例子：社會學家卡洛琳・韓利（Caroline Hanley）發現，在一九五〇年代，奇異公司（GE）之所以開發和應用電腦技術，是為了防止該公司的白領員工組織工會。在這個過程中，管理階層重新界定自己為核心員工，並開始將一般業務員工（當中很多是女性）化為非生產性和可棄的勞動力。

同樣的，許多貿易協定的談判工作，是以維護跨國企業的利潤為主。這種貿易協定往往直接嘉惠特定企業，卻傷害廣大勞工和國內小企業，甚至是損害國家主權。一九九四年，加拿大、墨西哥和美國政府簽訂了《北美自由貿易協定》（NAFTA），表面上是希望藉由取消三國間的貿易關稅，促進農產品和紡織品貿易以及汽車製造業的發展。該協定第十一章容許外商以政府干預可能損害其投資前景為理由，在法律上挑戰地主國的公共福利或經濟法規。雖然這些「投資人與地主國」條款不容許外商顛覆地主國的法律，但第十一章使外商得以從地主國政府身上榨取巨額賠款，而這項訴訟風險可能間接防止政府通過或執行某些法規。正如評論人格雷德（William Greider）指出：「第十一章最令人不安的一點，是它提出寬廣的財產權新定義，遠遠超出美國法律體系的既有規定，而且有可能凌駕國內法中的既定權利。」

《北美自由貿易協定》的談判代表認為第十一章提供了一種制衡制度，可抑制國際貿易中的國家主權。做為美國貿易代表的主要法律顧問，普萊斯（Daniel Price）主導了美國的談判工作，被普遍視為第十一章外商與地主國條款的起草人。普萊斯後來在一個學術場合解釋道：「《北美自由貿易協定》抑制單邊主權的過分行為……這不是各方偶然想出來的。這是一個精心設計的概念。」參與《北美自由貿易協定》談判後不久，普萊斯進入私部門工作。他在鮑爾戈斯坦（Powell Goldstein）律師事務所擔任貿易律師時，開始針對墨西哥政府提起第一宗第十一章訴訟。二〇〇二年，普萊斯獲小布希總統任命為國際投資爭端解決中心仲裁小組成員。與此同時，普萊斯在備受矚目的訴訟中代表私營企業針對加拿大和墨西哥政府提起訴訟。二〇〇〇年代初，普萊斯代表消防員基金保險公司（Fireman's Fund Insurance；母公司為總部設在慕尼黑的安聯集團）對墨西哥提起訴訟，同時遊說美國政府做一些對安聯集團有利的事。

跨國研究顯示，技術變革和全球化對勞工與不平等的影響並非各國一致，而會因為公共政策和勞動市場制度的差異而有所不同。在許多歐洲國家，勞工代表有許多機會參與貿易談判，並且進入企業董事會，參與監督公司的決策。在這些國家，勞工的薪酬往往是在部門或產業層面集體決定的；這種安排確保勞工享有基本的生活水準，而企業所得的分配也比較公平。

相較之下，美國勞工組織不但在規模上顯著萎縮，政治影響力也大為薄弱。在一九六〇年代，美國私部門約三分之一的勞工是工會成員，而全國性的工會聯盟如美國勞工聯盟暨產業工會聯合會（AFL-CIO）和聯合汽車工會（UAW），是參與制定產業和勞動政策的重要角色。私部門加入工會的勞工比例和人數在一九七〇年代後期迅速下降，此後一直日漸降低。現在隨著愈來愈多的州採用如「保障工作權」（right to work）之類的反工會法規，受工會保護的私部門勞工僅剩二十分之一。[6] 雖然工會仍發揮某種程度的政治影響力，它們在規劃國家目標或企業薪酬安排方面的作用相當微弱。

工會是至關重要的勞動市場組織，有助平衡資本與勞動之間的權力差距，也有助減少勞工之間的縱向和橫向工資差異。強大的工會確保企業高層的薪酬不會高到失去控制而完全脫離其他員工的薪酬水準。做為一個民主的組織，工會也傾向倡導能夠促進團結和承擔的薪酬制度。因此，在有工會的產業，工資常會以公平和年資等原則衡量，有助減少各種形式的歧視。

工會的力量減弱，受害的不僅是工會成員，非工會勞工的工資和福祉也相應下跌。過去工會在美國具有重大影響力時，它們會為成員爭取較高的薪酬和較好的工作條件；這迫使沒有工會的公司改善它們的僱用條件，以競逐人才和防止員工組織工會。社會學家韋斯頓（Bruce Western）與羅森斐（Jake Rosenfeld）也發現，在工會勢力強大的地區和產業，非工會勞工的工資不平等程度較低；由此看來，工會可能有助於將嘉惠所有勞工的公平薪酬規範制度化。

勞工組織解體，加上市場導向的僱用安排如績效薪酬（performance pay）和僱用外包（employment outsourcing）流行，嚴重削弱了勞工的集體談判能力，也擴大了不平等。在績效薪酬這種薪酬方案下，勞工頗大一部分的薪酬取決於他們的工作成果。自一九八二年經濟衰退以來，績效薪酬因為據稱可以提升效率而流行起來：這種安排聲稱是根據員工的功績提供獎勵，並盡可能消除與生產力無關的歧視。站在雇主的角度，基於績效的薪酬或晉升安排可以降低監督成本和防止搭便車問題。

績效薪酬用在某些結果「容易計算」的工作（例如銷售和計件工作）上是有道理的，但在多數情況下，一個人有多少績效通常很難計算。為了確保有客觀的「績效」指標，許多績效薪酬安排聚焦於眼前可量化的結果，造成員工不願意從事相當重要但難以測量，或仰賴不同員工攜手合作的事務。在個人貢獻時常難以評估的情況下，主觀判斷和偏見也不免滲入對功績和薪酬的評估。

在一些把績效薪酬制度奉為聖經的公司，雇主常根據員工個人績效排出名次，創造出一個適者生存的嚴酷工作場所。一九八〇年代，傑克・威爾許（Jack Welch）在奇異公司開創了這種做法；他認為奇異公司要成功，就必須大力獎勵生產力最高的員工並果斷地淘汰其他員工。類似的排名制度隨後獲微軟、智遊網、雅虎和臉書等公司採用。這種制度通常導致員工之間的衝突增加、員工與管理層關係緊張、合作意願減少，以及員工士氣受損。

除了績效薪酬，約聘和臨時僱用也成為企業界的常見做法。現在許多公司不再僱用成本相對高昂的正式員工，而是選擇將某些職能分包出去，又或者以人時（person-hour）為單位向人力派遣業者「租用」勞工。受僱於人力派遣業者的勞工比例增加為原本的五倍，從一九八〇年代初占美國勞動力不到 0.6% 增至二〇〇〇年代的近 3%，使用這種「編制外」勞工的雇主比例則從一九九〇年的 0.5% 增至二〇〇〇年的 5.4%。這些勞工往往是女性和少數族裔男性，從事的往往是無法累積人力資本的支援工作（也就是說，他們未能從工作中學到被視為有助事業發展的技能），而且他們的工資和福利低於一般正式僱員。

這些新的工作安排對中低技能勞工尤其不利，他們過去常在大公司找到基層職位，並在累積技能和內部知識後利用內部晉升機會向上流動。檢視過去三十年大型與小型企業薪酬差距的變化，我們可以看到，美國的大公司曾經是促進社會平等的機構：它們向基層員工支付較高的工資，做為對公司勞動力的一種投資。隨著這些公司採用市場導向的新工作安排，它們支付的工資降低了，而這導致不平等擴大。中低技能工作外包也製造出「富」企業和「窮」企業。前者創造豐厚的利潤供較少的員工分享，後者競相提供低成本的服務，例如餐飲、清潔、人力派遣和顧客支援。

這些市場導向的僱用安排有一個共同主題：它們將經濟不確定性從企業轉移到勞工身上。企業以往會設法緩和經濟衰退的衝擊，包括動用現金儲備，或以獲利部門的利潤補貼其他虧損的部門。如今績效薪酬和僱用外包使勞工直接面對市場不確定性的衝擊。在經濟繁榮時期，有些勞工無疑因為收入與業績掛鉤而得益，也有人因為新的僱用安排而獲得更多機會。但是，個別勞工往往沒有多少資源可用來應對經濟不確定性，這些趨勢因此令他們的生計變得空前脆弱。

風險分散到個體勞工身上，削弱了勞工相對於管理層的集體談判能力。績效薪酬製造勞工分歧而非促進團結，而原本雇主（資本）與雇員（勞工）之間的對立，現在化成「有生產力」與「無生產力」勞工之間的衝突。分包和人力派遣安排製造了一群二等公民，他們幾乎完全沒有權利參與設定薪酬、工作場所政策和工作條件。不穩定的地位使他們與正式員工分離，有效地阻止所有勞工組成強大的陣線與管理層談判。

綜上所述，美國不平等加劇並不是技術進步和全球化的「自然」或必然的結果。經濟不平等並不一定是為了經濟成長必須付出的代價。相反的，經濟鴻溝不斷擴大反映了經濟組織方式和資源分配方式的深層轉變。將勞資關係惡化和不平等的加劇歸因於社會規範改變和企業過度貪婪，似乎很合理，但這種說法並未觸及一個重要問題：是什麼社會經濟條件助長了「企業貪婪」但抑制了「勞工貪婪」？

金融崛起是不平等加劇的根源

自一九八〇年代以來，金融崛起藉由三個互有關係的機制擴大了不平等。首先，它創造出新的中介活動，將國家的資源從生產部門和家庭轉移到金融業，但這些金融活動並未貢獻相應的經濟效益。第二，它破壞了戰後的勞資協定，將企業的發展導向金融市場，削弱了資本與勞動力的互存關係。第三，它創造出一種新的風險體制，將經濟不確定性從社會組織轉移到個人身上，使家庭對金融服務的需求增加。

經濟租

我們在上一章指出，金融業占美國企業總盈利的比例從約 15% 飆升至二〇〇一年的高位 43%（圖 1.1），儘管金融業僅僱用了美國 6% 的勞動力。這些利潤從何而來？以前銀行的大部分收入來自利用存款做放貸：銀行向存戶支付較低的利息，並向借款人收取較高的利息，兩者的「利差」就是銀行的利潤。這種獲利模式在一九八

〇年代開始改變：銀行業者擴展交易業務和許多收費服務，例如
證券化、財富管理、抵押和貸款處理、存款帳戶收費服務（例如
提供透支）、信用卡、承銷、併購、財務諮詢，以及造市（market
making，例如新股造市）。這些就是為銀行貢獻非利息收入的服務。

　　圖 2.5 呈現非利息收入占美國商業銀行總收入的百分比。在
一九八〇年代初，非利息收入占商業銀行總收入不到 10%，但其重
要性隨後不斷上升，在二〇〇〇年代初增至占總收入超過 35%。換
句話說，現在銀行業者總收入逾三分之一來自非傳統銀行業務，大
銀行尤其如此。例如就在二〇〇八年金融危機之前，摩根大通的利
息收入為 520 億美元，但非利息收入高達近 940 億美元，其中一半
來自投資銀行和創投等業務，四分之一來自交易業務。二〇〇七
年，美國銀行（Bank of America）約 47% 的總收入來自非利息收
入，包括存款帳戶服務和信用卡服務產生的收入。

　　銀行業新模式崛起，導致國家資源大量轉移至金融業，不僅是
金融公司盈利大增，金融業菁英員工的薪酬也是。法律服務和會計
等相關行業也因此得益。但是，一直有人質疑這些非傳統銀行業務
是否真的創造了與其花費相稱的價值，尤其是在少數幾家銀行支配
這個行業的情況下。有些人認為這些利潤相當於經濟租（economic
rents），也就是沒有創造相應利益的超額報酬。在下一章，我們將
追溯銀行和其他金融機構的演變，並討論這對不平等的影響。

勞資協定

　　除了從經濟中榨取資源到金融業，金融化還將其他企業推向金

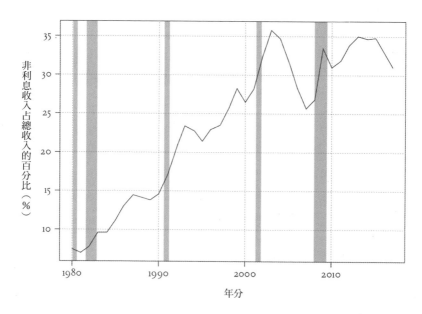

圖2.5 非利息收入占銀行總收入的百分比

注：數據樣本包括美國聯邦存款保險公司承保的所有商業銀行。資料來源：聯邦存款保險公司銀行業歷史統計數據，表 CB04。

融市場，進而破壞了美國的勞資協定。勞資協定是指一九三〇年代末制度化的一項共識和一套生產關係。這個協定賦予管理層對企業決策的完全控制權，而做為交換條件，企業承諾勞工可獲得與生產力掛鉤的實質薪酬成長、更好的工作條件和更強的工作保障。小羅斯福時代的新政勞動改革，例如失業保險、集體談判權、最長工時和最低工資，鞏固了這個協定。因此，在二十世紀的大部分時間裡，勞工被視為美國繁榮的關鍵驅動力。但是，隨著美國企業愈來愈關注股票市場的需求，勞工不再被企業重視（圖 1.2）。

　　為了盡可能提高股東的報酬，美國企業採取了廣泛的成本削減策略，包括自動化、業務外移和外包。裁員和削減福利成為企業降低勞動力成本的常見做法。許多此類策略是由金融機構大力倡導的，它們從併購、分拆，以及其他企業重組行動當中賺得豐厚的服務費。

　　隨著非金融企業擴展業務，成為放貸者和交易商，它們的盈利愈來愈大一部分來自利息和股息收入（圖 1.3）。美國在一九七〇年代面臨更大的外國競爭，加上一九八〇年代利率管制鬆綁，促進了這種轉變，助長美國大型非金融企業將投資從生產轉向金融資產。這些公司不再聚焦於製造或零售商品的消費者以提高利潤和獎勵員工，而是將其金融業務擴展至租賃、放貸和抵押市場，以提高利潤和報答股東。

　　圖 2.6 呈現美國企業持有的金融資產占其總資產的百分比。此處的金融資產包括聯邦政府、州政府和地方政府發行的債券，抵押貸款，商業貸款和其他金融證券。理論上，企業持有的金融資產規模應該是抗景氣循環的，也就是說經濟衰退時企業通常持有比較多金融資產，經濟繁榮時則將這些儲蓄投資在生產性資產上。但是，自一九八〇年代以來，金融資產占美國企業總資產的比例一再提高，從約 35% 增至超過一半。即使剔除金融公司，金融資產比例仍大幅上升，從不到 15% 增至金融危機引發經濟衰退之後的逾 30%。隨著美國企業將重心從生產活動轉移至金融活動，購買金融資產而非購置商店、廠房和機器，勞動力不再是創造利潤的關鍵要素，從事生產工作的勞工變得沒那麼有價值。

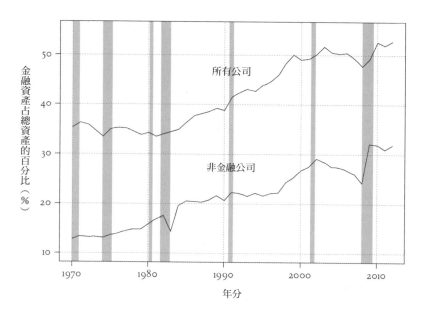

圖2.6 金融資產占企業總資產的百分比

注：金融資產包括政府債券、免稅證券、對股東的放款、抵押和房地產放款以及其他方面
　　的投資，但不包括現金及準現金資產。金融公司包括信用中介機構；從事證券、大宗
　　商品和其他金融投資的公司；保險公司、其他金融工具和投資公司；以及控股公司。
　　資料來源：美國國稅局企業完整報告，表6：「活躍公司的報酬」。

　　除了將勞動力邊緣化，金融崛起還將公司先前承擔的經濟不確
定性向下推到各個員工身上。在一九八〇年代之前，美國大型企業
往往涉足多種產品市場，以對沖任何一個市場意料之外的衰退風
險。長期僱用合約為勞工提供晉升機會、醫療、退休金和其他福
利，不受公司承擔的風險影響。自一九八〇年代以來，基金經理人
對綜合企業集團施壓，要求它們僅專注於獲利最高的業務，以基金
而非公司做為分擔風險的單位。受此影響，面對突如其來的經濟衰

退時，美國企業變得比以往脆弱得多。為了應付因此增加的風險，金融專業人士建議企業重新設定僱用關係，從永久僱用安排轉為強調彈性的安排──享有彈性的是企業而非勞工。勞工開始被視為像個體戶，而非與公司相互負責的成員。隨著愈來愈多公司採用彈性的僱用安排，時薪勞工的保證每週工時往下縮短，但卻必須隨時待命。

薪酬原則也改變了，從維持長期僱用關係的公平工資模式，變成將工資和職位與利潤掛鉤的市場模式（這意味著許多勞工參與了與生產力掛鉤的薪酬方案但並沒有意識到；如果他們所屬部門的利潤顯著落後，他們不但可能被減薪，連工作也可能不保）。退休福利也從提供財務保障的確定給付制，變成退休金取決於金融市場表現的固定提撥制。當然，這種轉變主要有利於能夠承受波動的高薪勞工。許多低薪勞工因為不知道自己可以工作多少時間和拿到多少工資，被迫借錢以滿足短期需求。在本書稍後，我們將詳細說明非金融企業的金融轉向，並討論這如何導致就業縮減，以及使得勞工之間的不平等擴大。

原子化的風險制度

經濟風險分散到個人身上，以及勞動市場的分化擴大，造成美國家庭金融產品消費的成長。隨著確定提撥型計畫逐漸取代確定給付型計畫，成為私部門最普遍的退休制度，共同基金也就蓬勃發展，退休儲蓄帳戶跟著大增。這種新的退休金制度使勞工得以帶著賺來的退休金跳槽（因為工作愈來愈不穩定，這對勞工相當有用），但也導致勞工的經濟前景取決於金融市場的波動。美國的家庭變成必須為自己做投資決定，確保未來有足夠的金錢退休養老。

因此，在美國，何時退休不取決於年齡，而是個人的財務狀況。許多中產家庭被迫動用退休儲蓄支付緊急開銷。還有許多人擔心年紀老邁時，自己的帳戶裡還不夠錢可以退休。而這些人還是比較幸運的。約一半的美國勞工既不受確定給付型退休金計畫保障，也沒有參加確定提撥型計畫；千禧世代（一九八〇年代初至二〇〇〇年代初出生的人）則有三分之一的人是這樣。[7] 富裕的家庭將愈來愈大比例的財富配置在金融資產上，他們得益匪淺，因為他們不需要在股市下跌時把股票賣出，而能在股市大漲時獲得可觀的利益。不過，唯一保證的贏家是理財顧問和基金經理，他們每年可以從自己管理的基金與利得中抽取一定比例的服務費，但投資出現巨大損失時卻不必賠償客戶。

人們原本以為信用擴張可以縮減家庭之間的消費不平等，並有助緩和人生過程中的波動。但信用擴張實際上助長了經濟不確定性。在爭論美國家庭是否過度借貸時，人們往往忽略了這個事實：負債的後果因經濟階層（以及種族和性別）不同而大有差異。信貸供給充裕使富裕家庭有機會借錢投資，或以成本低廉的貸款滿足短期財務需求。與此同時，中等收入家庭背負愈來愈重的債務負擔，投資和儲蓄的能力因此受限，而低收入家庭則可能借不到錢，又或者只能以極高的利率借錢——這不但使他們無法儲蓄，還將窮人困在借債還債的循環裡。愈來愈多美國人失去償債能力，許多家庭已經破產，擁有的資產少於負債。信用市場的實際運作已經告訴我們，它是一種累退的重分配制度，嘉惠有錢人並打擊窮人。

在這種原子化的風險制度中，財務失敗被歸因於個人道德缺失或知識不足。勞工每天都被敦促要自我教育，認識市場和提高自己的金融素養。「普惠金融」（financial inclusion）已成為現今的時髦術語。理財自助著作如《富爸爸，窮爸爸》和《有錢人想的和你不一樣》長期暢銷，政府還成立專門政府單位並推出大眾宣傳計畫，希望教導美國人「明智地」使用金融產品。在隨後兩章，我們將較深入探討債務和財富金融化如何加劇不平等。

總結

無可爭議的是，美國的不平等程度過去四十年間急劇上升。然而不平等該怎麼解讀卻多有爭論。我們討論了一些常見觀點為何是謬論：嚴重的不平等往往導致較低（而非較高）的社會流動性。收入反映當事人的經濟貢獻只是一種假設，而不是事實。此外，美國窮人的生活遠不如其他富裕國家的窮人，五分之一的美國兒童時常饑餓度日。

即便有許多人堅信不平等會促進經濟成長，但研究結果目前未有定論。與此同時，愈來愈多研究顯示，不平等會產生各種負面影響，包括傳播疾病、提高犯罪率、侵蝕社會凝聚力和信任，進而破壞民主。即使不平等確實可以促進經濟成長，代價是否過高？

過去數十年間，不平等加劇的趨勢相當驚人。皮凱提和賽斯引導世人關注所得分配向金字塔頂層集中的現象，使人注意到頂層群體驚人的所得成長。但是，經濟鴻溝擴大並非僅限於 1% 與 99% 之間。自一九七〇年代以來，美國以市場所得（未計移轉支付的稅前所得）衡量的吉尼係數提高了約 20%，而重分配政策並未相應加強。這意味著即使以計入移轉支付的稅後所得來衡量，不平等也同步加劇。

當然，不平等對不同種族和性別的人有不同的影響。受惠於持續的女權運動，美國女性的工資整體而言大有成長，但沒有大學學位的男性則遇到工資顯著萎縮的困境，白人尤其如此。我們發現，在金融化起飛的一九八〇至二〇一六年間，美國超過一半的勞工面臨工資停滯的窘境。只有工資位居最高四分之一的人有幸經歷實質工資成長，但他們的工資成長幅度仍遠遠落後於總體經濟成長。這是因為勞工在國民所得中的占比顯著降低，從高於 60% 降至不到 54%，而且勞動所得在萎縮之餘，其分配的不平等程度也顯著上升。

主流經濟學認為，之所以出現這些發展，主要是因為市場對高技能勞動力的需求增加，以及對重體力和常規化勞動的需求減少，而這與全球化和技術進步有關。但是，這種解釋忽略了政治過程（例如工會勢力受挫）和制度變革（例如市場導向的僱用安排流行），它們助長了總體發展的影響。

金融化藉由三個相互交織的過程促進了許多造成不平等的發展：從經濟的非金融部分榨取經濟租，嘉惠金融業；勞資協定終止；以及經濟風險從國家和組織分散到家庭身上。在接下來四章裡，我們將檢視金融化如何在金融業、其他產業以至美國人的生活中造成不平等的後果。

1　Valeria Kogan, "The Salaries of Famous Scientists." https://www.adzuna.co.uk/blog/2016/04/13/how-much-would-famous-scientists-earn-today/.

2　總的來說，這項研究發現，在所得不平等較為極端的社會裡，常與生活貧困有關的問題比較嚴重。有關研究者如何具體回應批評，也可參考 https://www.equalitytrust.org.uk/authors-respond-questions-about-spirit-levels-analysis。朗特利基金會（Joseph Rowntree Foundation）的一份獨立報告證實了研究者的發現。

3　研究不平等問題時，區分未計和計入稅項與移轉支付的不平等相當重要。前者通常稱為「基於市場的」不平等，是指勞動和資本市場的供需狀況造成的不平等分配。後者通常稱為「政府介入後的」（state-mediated）或「可支配所得」不平等，是指政府直接介入後的所得分配不平等情況。這種術語將市場和政府並列對比，可能引起誤解，因為政府在調節市場活動方面必然發揮重要作用，因此很大程度上決定了未計稅項與移轉支付的不平等程度。但這種區分有重要意義，因為兩種指標各有優缺。政府介入後的不平等較能反映消費能力和個人福利的不平等分配。基於市場的不平等則可以比較準確地反映經濟轉變對不平等的影響。因此，我們在本書中重點討論後者而非前者。

4　http://kff.org/health-costs/issue-brief/snapshots-wages-benefits-a-long-term-view/.

5　這種衡量方式不同於傳統計算方式：傳統計算方式以國民所得為分母，並將部分資本所得歸入勞動所得。我們的計算方式不區分勞動和資本這兩種生產要素，而是著眼於階級差異（例如自雇者與受雇者的差異）。

6　2017 年，美國 10.7% 的受薪勞工為工會成員。這個比例幾乎僅為 1983 年 20.1% 的一半，那一年美國的工會共有 1,770 萬名成員。"Union Members Survey," *Bureau of Labor Statistics*, January 18, 2018.

7　一般來說，一個人是否參加退休金計畫，主要受年齡、教育程度和收入影響。隨著年齡增長，勞工累積專業知識和經驗，會有較大的機會從事收入較高的工作和較好的退休福利。"Retirement Plan Access and Participation Across Generations," *The Pew Charitable Trusts*, February 2017.

3 ｜ 金融崛起

　　二〇〇八年金融危機餘波盪漾之際，關於金融改革的討論多數著眼於如何降低金融體系的不穩定性。這種不穩定有三個相輔相成的主因。首先，大型銀行和另一些金融機構「大到不能倒」。也就是說，它們因為規模巨大，一家倒閉將導致整體金融體系崩潰。它們也往往「大到不能管」，也就是公司最高層對底下個別部門的具體運作所知有限，因此並不瞭解公司實際承受的財務風險。

　　不穩定的第二個源頭，是這些金融機構驚人的高負債。在二〇〇八年金融危機之前，大銀行的資本對資產比率只需要達到3%。換句話說，銀行運用的每一百元的資產，只有三元是自己的錢，另外九十七元是別人的錢，無論是來自存戶還是債權人。此外，這個 3% 的資本需求是風險加權的（risk-weighted），也就是只要資產被視為「無風險」，銀行就可以增加資產但不必增加股本。因此，銀行槓桿比率超過三十五倍的情況並不罕見。極高的負債使這些金融機構運作有如在走鋼絲，經濟亂流一吹便可能從高空掉落。

金融災難的第三個要素是系統性的。現在絕大多數金融交易發生在金融機構之間。密集的交易網絡使眾多金融機構的命運緊密相連，即便涉入其中的各方往往沒有意識到這一點。任何一間房子起火，無論它是豪宅還是棚屋，都大有可能燒毀整座城市。

前兩個問題有明確的應對方法。金融綜合企業集團必須有更好的管理和區隔，甚至徹底分拆，以免一些不負責任的活動拖垮整個金融體系（並毀滅家庭儲蓄）。此外，政府應收緊資本要求，並要求金融機構持有充裕的流動資產以應對緊急狀況。自《陶德法蘭克華爾街改革與消費者保護法》通過以來，類似的改革已經逐漸發生。

但是，相互依賴的問題較難處理。

盡可能減少金融市場動盪、防止金融危機再次引發經濟危機無疑非常重要，但強調穩定忽略了另一個重要事實：即使不爆發金融危機，金融業仍可能損害經濟，並傷害中產階級和勞工階層。事實上，自一九七〇年代末以來，美國的金融活動大幅增加。槓桿收購、資產擔保證券和衍生工具交易之類的複雜交易，造就規模空前的金融商機，為撮合交易的業者創造了驚人的利潤。但是，這些成本高昂的「巧妙安排」在多大程度上促進了經濟的實質成長，則完全不清楚。

為了說明美國如何走到這一步，我們先檢視一九八〇年代以來金融業（尤其是銀行業）的演變；所得從經濟其他產業向金融業轉移的時間和規模；以及金融業內部的不平等。金融業利潤和薪酬超高，主要不是因為金融業者才智出眾而是因為一個新的重分配制度將資源從商業大街轉移到華爾街。

美國金融的轉變

一九八〇年代之前，美國的金融業相當「封建」：每一家金融機構都有自己的顧客和「領土」。為了使全國銀行（由聯邦政府授予執照）與社區銀行（由各州授予執照）之間的競爭環境變得比較公平，《一九二七年麥法登法》（*McFadden Act of 1927*）要求全國銀行遵守各州規範銀行開設分行的法規，限制了全國銀行的發展。為了防止促成大蕭條的大規模銀行業危機再度發生，《一九三三年銀行法》（亦即《葛拉斯史提格爾法》）禁止聯邦準備系統成員銀行（商業銀行）交易、銷售或投資政府債券以外的證券，同時禁止投資銀行接受民眾存款。受此影響，JP 摩根公司（JPMorgan）決定專注經營商業銀行業務；該公司部分員工離職，創立了摩根士丹利（Morgan Stanley）。《一九五六年銀行控股公司法》將銀行置於聯準會的監理之下，並禁止銀行收購非本州銀行或從事製造、運輸和保險之類的非銀行業務。

地域限制加上業務限制，創造出一個高度區隔但非常在地的金融業；在這個行業中，業者除了追求利潤，還必須與顧客保持共同合作、彼此信賴的關係。商業銀行接受本郡或鄰郡家庭和企業的存款，並為這些顧客提供貸款。銀行的大部分利潤來自它們支付和收取的利息的差額。因為這些銀行管理民眾的存款，它們的業務受聯邦和州政府機構密切監督。為了做出明智的放款決定，商業銀行業者必須廣泛瞭解在地產業和（可能更重要的）借款人信譽。促進地方發展符合這些銀行業者的利益，因為他們的收入取決於當地經濟的繁榮程度。

另一方面，紐約和其他大城市的投資銀行則為股票、債券和各種金融證券的發行和交易提供便利。投資銀行不同於服務一般民眾和地方企業的商業銀行，它們既是有錢人和大型全國性公司的財務顧問，也是這些客戶之間的中介人。投資銀行並非靠放款獲利，而是從每一筆交易中分一杯羹。因為造市（market-making）必須持有一定的存貨，這些業者也靠證券的買賣價差獲利。與社區銀行相似的是，投資銀行能否成功不但取決於它們提供的服務，還取決於它們與有錢人客戶和企業客戶建立的信任和友誼。因為投資銀行並不處理一般民眾的資金，它們的活動僅受美國證券交易委員會（SEC）等機構的寬鬆監理。

其他的重要金融機構包括互助銀行（mutual banks）和信用合作社，它們鼓勵儲蓄，並分別向中低收入家庭提供信貸。這些機構與商業銀行不同，通常為居於同一地區或屬於同一組織的成員共同擁有。它們因此致力維護會員的集體利益。自二十世紀初起，儲貸協會成為美國家庭房屋抵押貸款的主要提供者。為了提高房屋自有率，美國政府制定了一系列政策強化儲貸協會的作用。例如當局一九三二年設立聯邦房貸銀行，為儲貸機構提供流動資金。此外，一九六○年代來自商業銀行的競爭加劇時，當局容許儲貸機構支付比銀行略高一些的存款利率，以便吸引更多存款。通用汽車和奇異公司等製造商，以及傑西潘尼（J.C. Penney）等零售商也設立金融部門，為客戶提供直接信貸。但因為這些金融部門不接受民眾存款，監理機構不太擔心它們的放貸活動。

這種地域及業務區隔背後的邏輯，是它可以促進穩定和防止單一金融勢力過度膨脹。事實正是如此：一九四二至一九八○年間，美國很少銀行倒閉，全國加起來每年平均只有 5.4 家銀行倒閉。但是，有些法規難免導致效率低下。地域限制阻止銀行業者擴張和建立規模經濟。法規也防止銀行業者彼此競爭，導致許多企業和家庭因為當地的銀行管理不善或公然歧視而未能得到滿意的服務。此外，全國性企業往往需要跨州銀行服務，而因為監理嚴格，這種服務成本高昂。商業銀行與投資銀行業務分離，導致商業銀行無法為其存款尋求較高的報酬，而投資銀行則無法吸收家庭的資金；理論上，兩者都導致金融體系無法提高效率。但是，大蕭條那一代的政策制定者和監理官員因為被一九三一至一九三二年的銀行業危機嚇壞了，金融機構是否達到最理想的效率並非他們的主要考量。沒有人想看到大蕭條再度發生。

三十年的穩定期過去之後，這種區隔開始逐漸瓦解。在此之前，二戰之後的銀行業一直穩步成長。軍人返鄉成家，加上美國企業在全球市場占得主導地位，使銀行業者有大量機會茁壯成長。銀行占企業總盈利的比例在一九五○年代近乎倍增，從 8.8% 增至 16.6%（圖 1.1）。

一九六○年代初，兩方面的發展危及此一成長趨勢。首先，信用合作社和儲貸機構等儲蓄機構對存款的競逐加劇，迫使銀行增加利息支出，因此推高了銀行的資金成本。第二，商業本票（信用評等優良的公司發行的一種無擔保證券）市場誕生，企業之間因此得以直接交易現金流以滿足周轉需求。這項發展導致銀行從企業融資業務獲得的利潤減少。

一九六〇年代後半期，隨著聯準會將利率上限規定延伸至儲蓄機構，限制了對存款的競爭，銀行的營利能力有所回升。與此同時，大型商業銀行開始藉由建立單一銀行控股公司進行重組，這種法律實體使它們得以發行不受聯準會利息上限限制的商業本票。這些銀行將其海外子公司和分行開到不設利息上限和準備金要求的國家：擁有海外分行的銀行從一九五五年的 7 家增至一九七〇年的79 家，海外分行則從 115 家增至 532 家。

但這個繁榮期相當短暫。為了避免耗盡黃金儲備（如第一章關於布雷頓森林體系的小節指出，這是美國在一九六〇年代面臨的急迫威脅），美國財政部提高了政府債券的短期利率。這項政策旨在說服國內企業和外國政府維持其美元儲備，而它威脅到銀行（尤其是儲蓄機構）獲利模式的穩定性，因為互助銀行和儲貸機構主要接受短期存款，但持有支付固定利率的長期抵押貸款。一九七〇年代的滯脹導致情況惡化。經濟成長乏力導致信貸需求大減，銀行的放貸活動隨之減少。高通膨打擊儲蓄意願（而儲蓄是銀行儲備的主要來源），並降低了構成銀行大部分資產的既有放款的價值。

一些基金經理見到這個機會，紛紛開始成立貨幣市場共同基金。這種基金反映市場利率，在高通膨環境下承諾抗貶的穩定性，吸引許多中產階級家庭將銀行儲蓄轉投資到這些共同基金。這種新型金融產品雖然不受聯邦存款保險公司保障，但支付的利率比銀行存款利率上限高數個百分點，在整個一九七〇年代愈來愈受歡迎。跨國企業因為預料布雷頓森林體系即將崩潰和美元的國際地位即將受挫，開始將資金轉移到海外，並將美元換成其他貨幣。

　　這些發展全都導致傳統銀行業者流失家庭和企業的儲蓄。圖3.1呈現一九三四至一九八〇年間私人存款對美國商業銀行總資產的百分比。靠私人存款提供資金的銀行資產比例在第二次世界大戰結束後達到最高點。在隨後二十年裡，因為儲蓄機構的競爭和企業

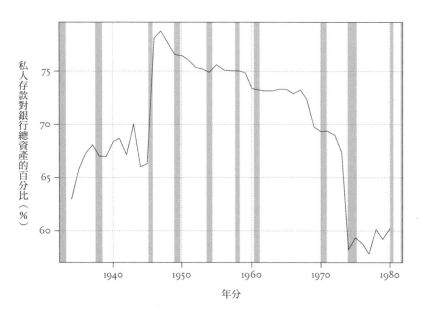

圖3.1 私人存款對銀行總資產的百分比，1934-1980年

注：數據樣本包括美國聯邦存款保險公司承保的所有商業銀行。私人存款是指個人、合夥企業和公司的存款。資料來源：聯邦存款保險公司銀行業歷史統計數據，表CB09和CB15。

減少仰賴銀行的中介功能的影響，這個比例逐漸降低。但最大的變化發生在一九六〇年代末和一九七〇年代：靠私人存款提供資金的銀行資產比例從一九六八年的 72.4% 降至一九七七年的 57.9%（低於大蕭條的水準）。

因為法律仍然規定銀行不得藉由提高利率來吸引存款，它們便開始提供烤麵包機（成本可能高達今天的一百美元以上）之類的贈品或開戶獎金來吸引民眾存款。銀行開始廣設自動櫃員機（ATM），積極宣傳其便利性。銀行業者也推出新產品以增加收入，例如可轉讓提款單（NOW）帳戶、貨幣市場帳戶，以及不動產投資信託（REIT）。為了彌補流失的私人存款，商業銀行也得開始大量仰賴成本較高昂的其他資金來源。

如前面談到，一九七〇年代的銀行業危機發生在意識形態轉變的時期。主導美國戰後經濟政策的凱因斯學派因為無法解釋（遑論有效解決）長期的滯脹而開始失去正當性。同時，企業界也利用這個危機同心協力、大聲倡導「自由市場主義」制度；在這種制度中，市場自由化據稱可以保障人的生命權和追求幸福的權利。雖然早在艾森豪政府任內就已經有人提議放寬對金融業的管制，但一九七〇年代的經濟動盪和政治轉向讓此類倡議變得十分有吸引力。

緬因州率先打破局面。一九七八年，緬因州容許一家非本州銀行控股公司在該州營業，跨州和州內分行限制因此開始鬆動。許多州陸續仿效這種做法，因此到了一九九〇年，幾乎所有的州都已經容許非本州銀行在本州營業或收購本州的銀行。一九九二年的《瑞格尼爾跨州銀行與分行法》（*Riegle-Neal Interstate Banking and*

Branching Act）接受這種跨州銀行體系為「新事實」，容許銀行控股公司收購任何一個州的銀行，或將位於不同州的銀行合併成為單一網絡。

全國性金融法規鬆綁的首個里程碑出現於一九七八年，當時美國最高法院在「明尼阿波利斯馬奎特全國銀行訴奧馬哈第一服務公司案」中裁定，由聯邦政府授予執照的全國銀行可以按照其總部所在州設定的利率上限收取利息。這項裁決使全國銀行得以向美國任何人提供信用卡，並將高利率從沒有管制的州推進到仍有管制的州。結果花旗銀行、富國銀行和其他全國銀行紛紛將信用卡業務遷往南達科他州和德拉瓦州，因為這些州願意廢除利率上限以吸引金融業者遷移他們的總部。為了保護由州政府授予執照的銀行免受衝擊，管制較嚴格的州開始放寬或廢除利率上限。高利貸閘門從此大開，一系列的高利率消費金融產品蜂擁而出。

金融法規鬆綁的第二個里程碑可能最為關鍵，它就是一九八〇年的《存款機構解除管制與貨幣控制法》（Depository Institutions Deregulation and Monetary Control Act），國會藉由這個法案廢除了自《一九三三年銀行法》以來一直存在的一系列銀行法規。該法容許銀行合併，逐步取消對儲蓄帳戶利息的規範（所謂的「條例Q」），授予信用合作社和儲貸機構提供支票帳戶的權利，擴大存款保險的保障範圍，並且容許銀行甚至對活期存款支付利息。連同一九八二年的《甘恩聖哲曼存款機構法》（Garn-St. Germain Depository Institutions Act），該法模糊了商業銀行與儲蓄機構的差別。為了避免儲蓄機構轉為向聯邦政府申請執照，包括德州和加州在內的一些州對儲蓄機構的投資活動採用更寬鬆的規定。

　　這個美麗新世界立即衍生許多問題。解除對接受存款機構的利率管制使得儲貸機構受到重大打擊，因為它們的大部分資產仍是利率固定、低收益的房屋抵押貸款，而它們在其他放款市場的專業能力相當有限。隨著詹森政府設立的聯邦房屋信貸計畫在房貸市場占得愈來愈大的比例，以及商業銀行藉由浮動利率房貸大幅增加房貸放款，儲貸機構的處境日漸艱難。

　　雖然政府提供大量資金跟擔保希望幫助這些儲貸機構度過難關，但這些支援也衍生了新的問題。因為政府擔保儲貸機構的借貸業務，金融詐欺開始氾濫，而「破產獲利」（bankruptcy for profit）成為許多經理的獲利策略。這些業者藉由會計舞弊誇大所收購資產的價值，操作利用長短債之間的利差（發行利率較低的長期債券，利用發債所得買進利率較高、風險也較高的短期債券），大量發放不負責任、無追索權的貸款以賺取貸款手續費、回扣和高利息，即使明知這些貸款數年內就會成為呆帳。結果在一九八〇和一九九〇年代，美國有三分之一的儲貸機構倒閉。一個向來以社區為基礎的房屋抵押貸款系統因此衰落。

　　利率管制鬆綁和競爭加劇也降低了銀行傳統存放款模式的營利能力，市場上出現非銀行放款人則令情況雪上加霜（見第四章）。許多銀行因為未能適應競爭環境的變化，在一九八〇年代倒閉。截至一九八六年，超過一千多家機構受聯邦存款保險公司接管，光在一九八八年就有超過七百家銀行倒閉。為了從競爭對手那裡吸引客戶，銀行往往降低授信標準，並提供誘人的服務，但這些服務當中常隱藏各種費用。帳戶維持費、轉帳費、透支費、最低餘額費等收費盛行於一九八○年代，成為銀行的重要收入來源。另一方面，信用卡除了收取高昂的利息，還收取逾期繳款費和餘額轉移費。這些與實際成本不成比例的費用，主要由周轉能力較差的中低收入家庭支付。此外，商業銀行還擴充業務，涉足共同基金、信託、投資諮詢、租賃、保險、諮詢、評估和證券經紀服務。

　　除了法規鬆綁，監督和執法也滯後。聯準會和證券交易委員會等機構在監督工作方面有所退縮。監理者認為市場能夠自我矯正、銀行業者出於自身利益會希望保護金融體系，因此盲目地相信自由化將有助「管控風險」和「滿足隱性需求」。聯準會甚至多次重新解釋《葛拉斯史提格爾法》的限制，使金融業者的一些非法活動變成合法，例如容許企業同時經營投資、保險和銀行業務。最後，美國國會因應花旗銀行與保險業者旅行家合併，一九九九年通過《金融服務業現代化法》，廢除了《葛拉斯史提格爾法》，容許這種跨領域經營模式。如此一來，單一金融機構可以正當地涉足幾乎所有金融業務。銀行向政府宣稱它們可以透過專人自我風險監理，確保完全遵守既有法規。這種風險控制長（chief risk officer）在二十一世紀頭十年大量湧現；但是，這些專業人士並未實際降低所屬公司的風險，反而利用各種新衍生工具來證明銀行為了盡可能提高報酬而承擔的風險是合理的。

　　隨著金融機構整併，信賴關係（雖然往往是有差別待遇的）和對顧客的承諾（曾經對銀行業務成功至為重要）對銀行都不再重要。銀行與客戶之間只剩下純交易關係，所以前者可以不顧後果肆

意追求利潤。這些金融機構的新主事者極少真正瞭解他們服務的客
戶，遑論真心希望協助客戶成功。

解除管制與利潤矛盾

　　他說：「可見事物只能是它們本來的樣子；因為所有東西都是
出於某種目的創造的，它們必然是為了最好的目的創造的。例如你
看，我們的鼻子是用來戴眼鏡的，因此我們戴眼鏡。我們的腿顯然
是為長襪設計的，因此我們穿長襪……那些斷言一切都適當的人，
並沒有正確表達自己的意思；他們應該說一切都是最好的。」

　　　　　　　　　　　——伏爾泰，《憨第德》（*Candide, ou l'Optimisme*）

　　解除管制最弔詭的結果，可能是金融業的利潤迅速增加。根據
市場理論，解除管制應該會導致金融業者之間競爭加劇，從而壓低
整個行業的利潤，因為業者被迫降低收費或提供更好且成本較高昂
的服務以爭取擴大市占率。但事實並非如此。在解除管制後的數十
年裡，金融業占全美企業總利潤的比例從 15% 上升至超過 40%。
如果我們將規模經濟和資訊科技發展這兩個因素納入考量，這種發
展就更令人費解，因為資訊科技進步大幅降低了多數銀行業務的成
本，理應削弱既有業者的優勢。

　　在二○○八年之前，一個常見的解釋是解除管制大大提高了金
融業的生產力。隨著政府撤銷一項又一項限制，金融機構開始能為
經濟做出更大的貢獻，因此獲得更豐厚的報酬。畢竟如果客戶或其

代表願意向銀行支付大筆費用，他們一定是認為自己得到的服務或產品「有那個價值」。我們也可以回顧一九七〇年代末以來的所有金融創新，為它們如何改善了我們的經濟生活找到一個說法。如果沒有針對大眾市場的信用卡，消費者將必須隨身攜帶現金，而且可能無法在需要某些商品時購買那些商品。如果沒有槓桿收購，我們將很難把經營不善的公司從無能的管理層手中釋出，使寶貴的公司資產得到有效利用。如果沒有衍生工具，農民、航空公司和其他企業將直接面對原物料波動風險，可能因此不敢投資。如果沒有次級和浮動利率房貸，許多美國人可能永遠無法買房，擁有穩定和有益的家庭生活。

問題是金融業者在設計與推廣這些金融商品時，極少考慮消費者、勞工、農民、企業或屋主的福祉。相反，這些商品的營利能力通常取決於它們可以造成多少傷害。大眾市場信用卡發卡機構的大部分收入來自持卡人支付的利息。持卡人欠款愈久，這些公司錢賺愈多。此外，接管其他企業的私募股權基金往往未能提升那些企業的績效。在許多情況下，這些基金犧牲所管理的企業及其員工，藉此圖利基金經理人。多數衍生工具不是被農民和企業用來對沖風險，而是被投機者用來對賭。因為許多操盤手對標的資產所知有限，衍生工具的價格與其說是揭露了相關風險，不如說是掩蓋了風險。次級和浮動利率房貸的設計假定隨著時間的推移，借款人有能力承擔較高或變動不定的利息支出──但如果借款人真的有財力負擔這些風險，他們為什麼無法申請利率固定的正常房貸？

金融經濟學家菲力朋（Thomas Philippon）等人質疑：解除管

制、新產品激增、科技進步和產業整合是否真的提升了金融業的效率？從證據看來，答案是否定的。金融業的利潤主要受中介活動的數量驅動。也就是說，即使金融業有那麼多「創新」，顧客為金融服務所付的錢自一九〇〇年以來一直停滯不前。單位成本平均約為1.87%（一九八〇和一九九〇年代顯著較高）。如果這些新發展確實降低了金融業的營運成本，則差額顯然是落入了金融專業人士的口袋，而非用於造福消費者。

我們認為金融業的巨額利潤不是來自於這些創新及其經濟貢獻，而是來自金融業得以利用新產品從其他產業和家庭身上榨取資源。這個體系建立在三項息息相關的發展上：市場影響力愈來愈集中、政治參與加深，以及公共服務仰賴私營中介執行（private intermediation）。

市場影響力集中

在一九八〇年代，美國銀行業經歷了規模空前的合併潮，加上出現區域銀行集團（regional bank compacts），銀行部門的市場影響力開始集中。一九九二年的《跨州銀行與分行法》鼓勵跨區域整併，加快了此一趨勢。例如源自舊金山的美國銀行（Bank of America）一九九二年收購了加州和西部其他州的平安太平洋公司（Security Pacific Corporation）。兩年後，它收購了芝加哥的伊利諾大陸全國銀行（Continental Illinois National Bank），向東岸進軍。因為俄羅斯債券違約而蒙受巨大損失之後，美國銀行及其著名商標於一九九八年遭夏洛特的眾國銀行（NationsBank）收購。大通銀行

（Chase Manhattan Bank）則是在一九九六年被華友銀行（Chemical Bank）收購，然後於二〇〇〇年與 JP 摩根合併。合併後的公司為了拓展東岸以外的市場，二〇〇四年收購了中西部的第一銀行（Bank One Corporation）。

美國獨立銀行的數量從一九七〇年代的逾一萬二千家縮減至二〇〇〇年代的約六千五百家。銀行業的資產集中在少數幾家公司手上（圖 3.2）：一九九〇年之前，最大的三家銀行控股公司掌控 10% 至 15% 的銀行業總資產，但到了二〇〇〇年代末已增至超過 35%。近年，最大的十家銀行掌控了整整一半的美國商業銀行總資產。

比這種水平整合更重要的是各種金融活動的垂直整合。一九九九年的《金融服務業現代化法》使「一條龍服務」模式合法化，並促使大型全國銀行進一步擴展資產與財富管理、交易、投資銀行、創投、保險和房地產等業務。在這個過程中，曾是華爾街獨有的高風險、高報酬文化最終支配了整個金融業。零售個人金融業務變成是為「高級金融」事業提供資金的次要業務。這些銀行的首要客戶不再是個別存款人或借款人，而是其他金融機構。圖 3.3 呈現美國最大四家銀行二〇〇〇至二〇一七年間的收入來源。我們可以看到，在金融危機之前，利息僅占這些銀行收入的 36% 至 59%；許多它們的收入來自存款帳戶費、交易、投資銀行、信用卡、證券化和保險業務。在金融危機之後，利息收入對摩根大通和花旗集團的重要性有所提高，但還是分別僅占其收入的 50% 和 70% 左右。

巨大的整併潮之後，龍頭金融業者取得了支配市場的龐大勢

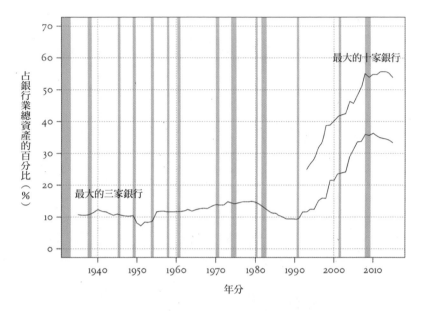

圖3.2 美國銀行業的資產集中情況

注：數據樣本包括美國聯邦存款保險公司承保的所有商業銀行。最大三家銀行 1935 至
　　2006 年間的總資產，是根據《資訊自由法》向聯邦存款保險公司索得。其他數據來源
　　包括聯邦存款保險公司銀行業歷史統計數據（表 CB09）和存款機構統計數據。

力。它們是資本市場的樞紐，能夠為了自己的利益扭曲資本的供給
和需求。金融經濟學家韓佛瑞（David Humphrey）和普利（Lawrence
Pulley）注意到，一九九〇年代銀行利潤復甦主要是因為大型銀行
能一味提高存款帳戶費，設定更高的最低餘額要求，並向消費者、
小企業和中型市場企業貸款收取更高的利率。規模較小的銀行就並
未出現類似的超收現象。寡頭壟斷結構也方便業者詐欺和違法彼此
串通，並產生頻繁的利益衝突。因為沒有來自挑戰者的威脅，既有
業者欠缺維護自身聲譽的動機。

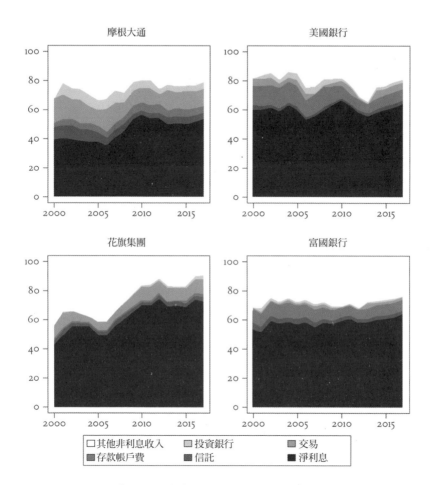

圖3.3 美國最大四家銀行的收入來源

注：信託收入來源包括投資管理、投資諮詢、個人與公司信託、過戶代理服務和某些員工
　　福利帳戶服務，以及證券保管、證券借貸、證券結算，以及受監理的經紀自營商和註
　　冊投資顧問活動。存款帳戶費的來源包括帳戶維持、最低餘額、提早結帳、自動櫃員
　　機、透支、停止支付和其他相關服務。交易收入為買賣現金工具和資產負債表以外衍
　　生工具合約的淨損益。投資銀行收入包括證券承銷、證券直接配售、投資諮詢及管理
　　服務，以及併購服務產生手續費和佣金。其他非利息收入包括創投、房貸和信用卡服
　　務、證券化交易、承保和銷售產生的收入。資料來源：聯邦存款保險公司的存款機構
　　統計數據。

　　事實上，金融業整併並未提升效率，卻減少了競爭。金融經濟學家古鐵雷茲（Germán Gutiérrez）和菲力朋發現，金融業變得更有利可圖不是因為規模經濟，而是因為寡頭壟斷之下缺乏競爭。隨著競爭壓力減輕，大型金融機構提高生產力的動機顯著減弱。

　　四大銀行經常名列美國最「討人厭」的公司，其實一點也不奇怪。[1] 它們與其他臭名昭著的企業共同之處不只是規模巨大，還在於它們藉由剝奪消費者獲利。雖然這些市場原則上禁止壟斷，但市場競爭卻實際上幾乎不存在。在消費電子市場，粉絲常爭論哪一款手機自拍效果最好或運算速度最快。但在欠缺競爭的市場就不是這樣，例如美國銀行或富國銀行的服務幾乎沒有差別，而消費者也沒什麼理由選擇聯合航空而非達美航空，或選擇康卡斯特（Comcast）電信而非時代華納提供有線電視服務。

　　隨著大型金融服務公司成為綜合業務企業集團，現行監理體制因為仍反映早期《葛拉斯史提格爾法》規定的分業經營模式，變得無法有效監督各種金融活動的相互連繫和防止業者的逐利行為損害消費者。此外，因為許多監理機構——例如金融監理局（OCC）和儲蓄機構監理局（OTS）——的營運經費並非靠政府提供，而是從它們管轄範圍內的金融機構收取監理費，結果這些政府單位開始彼此競爭看誰對金融企業最為友善。

　　舉個例子：一九八〇和一九九〇年代的儲貸危機導致儲蓄機構監理局管轄範圍內的金融機構大幅減少。為了維持收入和人員編制，儲蓄機構監理局在金融產業大會上自我宣傳，自詡為反對監理的監理機構。二〇〇三年，儲蓄機構監理局局長吉勒朗（James

Gilleran）甚至帶著一把電鋸出席記者會，希望藉此彰顯他粉碎聯邦監理法規的決心。這種譁眾行為吸引了包括美國國際集團（AIG）和全國金融集團（Countrywide）在內的各個金融企業設立儲貸部門，為的就是讓儲蓄機構監理局成為它們的主要監理機關。

政治參與加深

除了市場影響力愈來愈集中，金融業的政治參與也日益加深。圖 3.4 呈現金融業從一九九〇到二〇一六年選舉週期的競選捐款總額，從中可見金融業者的競選捐款一直超過工會（工會是金融改革和促進平等政策的主要倡導者之一），而且隨著時間的推移，差距不斷擴大。一九八〇年代末，金融業者的競選捐款是工會的兩倍，如今已擴大至接近六倍。事實上，金融業在政治參與方面的擴張速度，遠遠超過其他所有主要產業。二〇一二年，證券和投資業投入更多資源在聯邦選舉上，政治捐款幾乎是面臨醫療改革的醫療部門的兩倍，同時幾乎是正在反對氣候變遷法規的能源和天然資源部門的三倍。

金融業倡導或阻撓監理政策時，經常得到其他產業的幫助。政治學家楊格（Kevin Young）和帕格利亞里（Stefano Pagliari）比較了能源、醫療、農業、電訊和金融業，發現金融業享有最強的跨產業企業團結。金融業推動法規鬆綁或阻撓新法規的努力往往得到其他產業支持，它們可能視金融為經濟的關鍵驅動力，或認為金融業為其他企業提供了信貸這種關鍵的基本資源。

這些投資是有直接報酬的。針對第一〇五屆國會的一項分析發

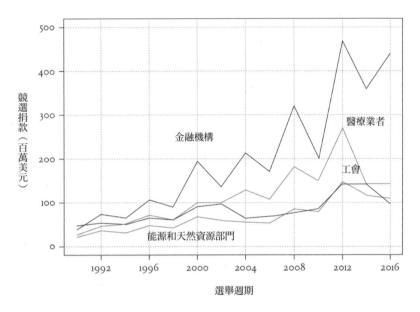

圖3.4 金融業的競選捐款總額

注：金融機構包括商業銀行、儲貸機構、信用合作社、學生貸款公司、發薪日貸款業者、
　　創投公司、對沖基金、私募股權公司和會計師事務所，但不包括保險和房地產公司。
　　競選捐款和遊說費用總額由回應政治中心（Center for Responsive Politics）估算。競選捐
　　款是根據向聯邦選舉委員會和州政府機構報告的逐項捐款計算。捐款總額包括該等機
　　構的雇員、其家人及其政治行動委員會的捐款。200 美元以下的捐款不納入統計。

現，來自企業相關人士和政治行動委員會的捐款通常促成了對企業
有利的監理和租稅政策表決結果。另一項研究顯示，電訊業一九
九六年解除管制之後，進入新市場的成本與既有業者的政治捐款呈
現正相關關係。金融學教授庫柏（Michael Cooper）及其同事檢視
一九七九至二〇〇四年間上市公司競選捐款與股價表現的關係，發
現上市公司未來的股價表現與公司支持的候選人數量和類型呈現正
相關關係。

國際貨幣基金組織經濟學家伊甘（Deniz Igan）、米瑟拉（Prachi Mishra）和楚瑟爾（Thierry Tressel）指出，針對房貸放款和證券化法規的遊說努力，可能是二○○八年金融危機的直接原因之一。他們發現，針對這些具體問題進行遊說的房貸放款業者比較可能自己降低授信標準、發放素質較低的貸款，以及承擔較高的風險。房市崩盤之後，這些業者也比較可能在問題資產援助方案（TARP）下得到政府援助，而援助規模與業者的累計遊說支出呈現正相關。

　　除了政策和監理方式偏袒業者，政府未能及時更新政策和執行法規也是金融業利潤過高的原因。這方面的一個著名例子是美國稅法中的「附帶收益」（carried interest）條款：這個條款將創投公司、私募股權業者和對沖基金經理的部分收入視為資本利得而非一般收入，因此適用低得多的稅率。此外，經濟學家費里曼（Richard Freeman）也指出，早在次貸危機爆發前，聯邦調查局就已經發現房貸詐欺方面的異常趨勢，但聯準會被總體經濟和金融數據蒙蔽了雙眼，對此一問題和其他的明確警訊近乎不聞不問。

公共政策仰賴私營中介執行

　　金融業與金融監理機關建立密切的關係，顯然可以因此獲益良多，而與此同時，美國聯邦和各州政府也十分仰賴金融機構協助執行它們的經濟、社會和外交政策。為了確保金融體系能吸引國際資本流入並促進經濟成長，聯邦政府為金融機構的債務提供擔保——除了利用著名的存款保險制度，還仰賴緊急干預措施，例如儲貸危機和二○○八年金融危機期間的措施。為了促進農業、購屋、教育等方面的活動，政府也仰賴私營金融機構提供信用中介服務。與其直接投入更多政府支出使民眾比較容易負擔買屋和大學教育，許多政策藉由購買貸款或保證報酬，鼓勵私人投資人提供資金。自二十世紀最後二十五年美國出現政治轉向以來，情況尤其如此；在此期間，市場手段開始取代直接服務，成為政府促進經濟平等的預設方法。國家債臺高築也促使政府透過金融業來達成政策目標，而非仰賴直接財政支出。

圖 3.5 比較美國政府擔保的金融債務與聯邦債務（公眾持有的公債和機構債券）、問題資產援助方案（TARP），以及二〇〇八年金融危機以來的三波量化寬鬆。我們從中看到，相較於政府對金融市場的常規干預（截至二〇一二年，政府因此擔保了超過 15 兆美元的債務），二〇〇八年政府緊急救助銀行動用的資金只是滄海一粟。政府擔保的債務比廣受爭議的美國國債多了近 50%，比量化寬鬆的規模（4.5 兆美元）大二・五倍。必須說明的是，這些債務擔保絕非等同國債，它們只是聯邦政府或明或暗擔保的債務。除非發生災難性事件，這些債務違約的風險相當低，但當然，災難性事件在發生之前總是看似不大可能發生。唯一清楚的是在現今的許多金融活動中，都有一隻看得見的政府的手。

此外，二〇〇一年以來旨在刺激經濟的一系列寬鬆貨幣政策對金融業的繁盛影響更深。用來刺激消費的低利率對金融業來說無疑是一劑仙丹，因為金融業可以近乎免費向政府借款，並從資產增值中賺取豐厚的利潤。低收益率也導致被動儲蓄的吸引力變得遠低於主動投資，促使退休基金和其他投資人利用私募股權、創投和高收

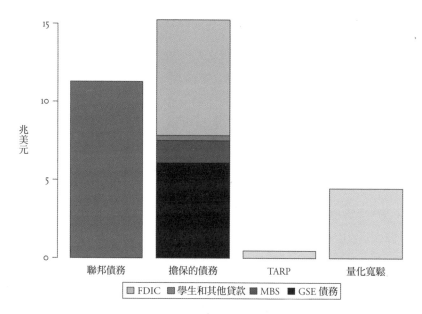

圖3.5 美國政府擔保的債務，2012年

注：聯邦債務包括公眾持有的公債和機構債券。GSE債務包括政府資助企業（GSE）發行的短債和長債，以及房利美和房地美擔保的房貸擔保證券（MBS）；GSE包括房地美、房利美、聯邦房貸銀行、農業信用系統、聯邦農業抵押貸款公司、融資公司（FICO）和清算融資公司。MBS包括來自政府國民抵押貸款協會（GNMA）和聯邦農舍管理局、以組合形式持有的抵押貸款，以及聯邦融資銀行持有的抵押貸款。學生和其他貸款包括聯邦家庭教育貸款，以及聯邦住宅管理局（FHA）、農村房屋服務和退伍軍人房屋福利計畫以外的計畫。FDIC是指聯邦存款保險公司承保的所有存款。TARP是指二〇〇八年制定的問題資產援助方案。量化寬鬆是指聯準會截至二〇一四年底持有的資產總額，包括在第一輪量化寬鬆之前持有的約9,000億美元資產。資料來源：Hamilton 2013。

費對沖基金等投資管道，進而增加金融業收入。

　　公共服務仰賴私營中介執行，尤其是仰賴少數金融機構，製造了典型的委託－代理（principal-agent）難題；在這個情形中，金融機構的首要目標通常是自身圖利，而不是達成政策目標。因為知道一旦出現不穩定的跡象政府就會介入，大型金融機構也可以孤注一擲，為了追求超高的報酬而不顧後果。

量化寬鬆政策在經濟大衰退時效果不佳，代理問題是個明顯的原因。為了提供資金流動性和刺激經濟成長，聯準會向銀行購買公債和房貸擔保證券，藉此增加對銀行的活性資金。但銀行卻不大願意把這些錢轉借給購屋者和小企業，因為如此一來，它們的資金就會被支付空前低利率的長期貸款鎖住。它們因此選擇留住多數資金，等待利率上漲。如果中央銀行資金輸送給州政府和市政府做直接財政支出，效果可能好上許多，但在二○○○年代後期主流的市場導向治理模式下，大額財政開支已經成為一種禁忌。

在接下來兩節，我們將檢視美國二○○五年破產法改革和學生貸款熱潮，藉此說明市場勢力集中、政治影響力擴大、公共服務仰賴私營中介執行如何共同為金融業創造超高利潤。這兩個案例都顯示，金融業異常豐厚的利潤並非源自生產力提高，而是有賴金融業者改變遊戲規則的能力。

二○○五年的破產法改革

一九八○年代以前，美國的個人破產率大致穩定（圖 3.6）：每年每一千名成年人中約有 1.2 人申請破產以減輕債務。但此後破產率急升，從一九八○年的每一千名成年人 1.5 例升至二○○三年的 7.7 例。雖然很多人以為這些申請破產的人是想鑽制度漏洞，但其實他們絕大多數是沒有穩定就業跟收入的家庭。破產率的這種上升趨勢引起公眾的一些關注，但卻是金融業一大頭痛問題，因為破

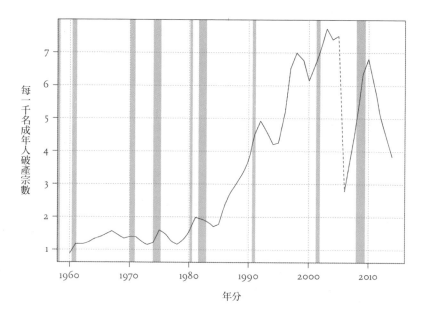

圖3.6 美國的個人破產率

注：1960 至 2005 年的數據源自確定的破產案，而 2006 至 2014 年的數據源自破產申請統
　　計，數值略大一些。成年人為 20 歲或以上的人口。資料來源：Garrett 2007、美國法院
　　行政辦公室、經合組織統計。

產率大幅上升會嚴重損害金融業者的利基。

　　這是因為積極推銷、大量發行的信用卡在此時為美國銀行和信
用卡公司帶來相當可觀的收入，但這些信用卡的高昂利息也促使個
人破產率急升。雖然這些信用卡極少是美國人宣告破產的唯一原
因，但高昂的循環利率往往迅速導致個人經濟每況愈下。當破產率
上升，許多人可能會預期銀行和信用卡公司開始收緊發卡標準，或
者更果斷地停卡，藉此減少客戶宣告破產可能造成的損失，甚至是
減少客戶宣告破產的機率，但在現實中，銀行選擇走另一條路。

　　只有在利率相當低和不收滯納金（對逾期繳款者收取的費用）的情況下，縮減信貸才是銀行的「明智」之舉。一九九七年，一項富爭議但號稱有兩黨共識的倡議浮現，其主旨在於阻撓民眾透過宣告破產來減免債務。這項倡議的支持者聲稱，消費者如果不是不懂理財，就是蓄意濫用寬鬆的破產法來不當消費。因此，政府應該提高破產申請門檻來「逮住」這些濫用者。意料之中，這些倡導者多數是替信用卡發卡機構工作。而這個產業在破產法改革之前十年間經歷了快速的整併，前十大信用卡發卡機構的市占率從一九九五年的 57% 大幅上升至二〇〇五年的 87%。在此期間，信用卡產業的稅前利潤成長了一倍以上。這幾家公司聯合起來尋求減少個人破產帶給它們的損失，同時繼續向迫切需要經濟援助的家庭推銷更多的信用卡，進而提高這項業務的盈利。

　　在柯林頓政府任內，新的破產法案首度提出，而這個法案保護銀行而非消費者利益的意圖至為明顯。根據該法案，債務人在根據《破產法》第七章申請破產之前，必須通過經濟審查並接受輔導；債務人若成功申請第七章破產，可以免除大部分債務。經濟狀況審查決定債務人是否有能力償還部分債務，若有就應該申請僅免除部分債務的第十三章破產。根據輔導要求，債務人必須在申請破產保護後六個月內接受信用輔導。但是，如果債務人接受輔導之後決定放棄申請破產並接受某種償債方案，提供輔導的公司通常可以從放款人那裡得到回扣；也就是說，這些提供輔導的公司有極大的誘因利用強制性的輔導要求引導借款人放棄申請破產，轉為接受可能歷時數十年的還款方案。

　　針對第十三章破產的改革，使還款期內的借款人受到更嚴格的監督。例如它禁止借款人花錢在奢侈品上，而借款人借錢購買的東西（例如汽車和電子產品）也不可以重複購買。支持該法案的說客認為這些是阻止不負責任財務行為的必要措施，完全忽略銀行浮濫放貸的問題，也忽略銀行的獲利模式如何仰賴陷入債務困境的借款人。說客和立法者將面臨破產的美國人形容為無知、不擇手段或兩者皆是的人，藉此把信用卡業務的社會成本轉嫁到一般民眾身上。這種「改革」不成比例地傷害黑人債務人，他們往往被引導去申請第十三章而非第七章破產。

　　這些顯然偏頗的規定立即引起反對。眾議員納德勒（Jerrold Nadler；民主黨籍、紐約州）替這項法案貼上「媽媽對抗大銀行」的標籤，藉此凸顯此法案如何為企業圖利。他作證時表示，該法案是信用卡公司為自己設計的，並公開表示：「這項法案處理的是一個假危機，是大銀行和信用卡公司花了4千萬美元遊說和宣傳炮製出來的」。參議員泰德・甘迺迪（Ted Kennedy；民主黨籍、麻州）在證詞中呼應此一說法：「一年來，國會一直與信用卡業者的說客合作，推動立法，使消費者、美國勞工階級更難從壓垮人的沉重債務中得到解脫。」

　　推動這場立法動員的關鍵人物之一，是美國銀行內部遊說團隊領導柯林伍德（John Collinwood）。投身金融業之前，柯林伍德曾擔任聯邦調查局的國會聯絡員，因此非常瞭解國會內部運作。其他銀行則大力資助旨在證實銀行業主張有理的研究活動，藉此為遊說取得學術支持。二〇〇二年，當時擔任哈佛大學法學院教授的伊莉莎白・華倫（Elizabeth Warren）揭露了消費信貸業如何資助華頓計量經濟預測公司（Wharton Econometric Forecasting Associates）、安永（Ernst & Young）和喬治城大學信用研究中心（CRC）所做的經濟研究。後者的研究報告特別賦予金融業界的說辭可信性。儘管這個中心發表的研究報告不過是隨聲附和信貸業的意見，政治說客、記者、參議員和眾議員仍然廣泛散播這份研究報告，報告結論甚至出現在美國國會紀錄中做為支持法案的證據。

　　信用卡產業的規模和勢力不斷擴大，使它得以成功遊說國會議員，並控制能影響他們政策立場的證據。即便柯林頓總統否決了這項法案，在二〇〇四年選舉之後，共和黨贏得了更多國會席次，賦予該法案新的動能。最後小布希總統於二〇〇四年簽署這項法案，使它成為法律。二〇〇五年的《防止濫用破產制度和消費者保護法》（Bankruptcy Abuse Prevention and Consumer Protection Act）導致次年個人破產申請量大跌（圖 3.6）。但是，儘管施加了新限制，個人破產率在經濟衰退期間再度急升，回到一九九〇年代的水準。這次改革對舒緩許多美國人的經濟困難顯然毫無幫助。

學生貸款

　　美國大學生背負的債務愈來愈重，是私營放款機構藉由操縱法規獲得空前利潤的另一個例子。二〇一五至二〇一六年，聯邦政府向接受高等教育的學生提供了 879 億美元的貸款。二〇一六年畢業的大學生平均欠債 3 萬 7 千多美元。如今美國每十名大學畢業生就有七人借了學生貸款，五分之一借了私營放款機構的貸款──這些貸款成本高昂，對借款人沒什麼保障。二○一六年，學生貸款未償還餘額達 1.3 兆美元，而且仍然不斷增加。

如何改革政策以減輕學生的債務負擔，是美國近年重要的公共議題之一。有人甚至認為學生債務很可能造成金融危機的「下一個泡沫」。華爾街投資人已經開始押注很大一部分未償還的學生貸款將會違約，政策制定者則正集思廣益，為一個可能造成重大災難的經濟和社會問題尋找解決方案。

五十多年前，倡導自由市場的著名經濟學家傅利曼（Milton Friedman）就指出，金融可以、也應該被用於促進國民教育水平。他有力地論證了教育投資可增加人力資本，造福勞工、未來的雇主和整個經濟體。一反他偏好市場方案的作風，傅利曼認為弱勢人士接受教育以改善經濟前景所需要的資本，最好是來自政府，因為教育投資的報酬率很難預測，而且很可能因人而異且差別很大。此類高風險高行政成本的貸款將很難吸引私人資本。即便有人願意投資，必然的高利息與費用一般學生也負擔不起。

傅利曼建議教育融資採用政府股權投資的形式，而不是補貼貸款，以避免過度投資於人力資本。具體而言，他設想的投資方案為政府每借出 1 千美元，借款人未來就業時就拿出一定比例的收入償還。根據傅利曼的計算：「接受培養的個人實際上將承擔全部成本」。他認為這種投資可為弱勢人士提供接受高等教育的機會，有助促進機會平等和社會流動。

但是，一九六五年《高等教育法》引進的卻是聯邦助學金和一個擔保貸款計畫；政府利用這項計畫鼓勵私營放款機構協助執行教育政策。因為政府願意擔保學生貸款，私營放款機構可以不管學生未來是否有能力付債，在法律容許的範圍內盡量發放貸款。美國大學學費在一九八〇年代開始上漲時，學生貸款需求增加；這制度內藏的道德風險此時就成為嚴重的問題。二〇〇〇年代出現了一連串的醜聞和不負責任的放款方式，而私營放款機構也展開政治遊說。

在這場風暴中，處於中心位置的是美國最大的學生貸款提供者沙利美（Sallie Mae）。沙利美成立於一九七二年，前身為學生貸款行銷協會（Student Loan Marketing Association），是一家政府資助企業（GSE），成立宗旨是要擴大可以獲得聯邦學生貸款資金的管道。因為有聯邦政府在背後支持，沙利美可以用較低的成本借貸，然後向私營放款機構購買它們的學生貸款，藉此刺激更多放貸。截至一九九〇年，沙利美持有市場上近一半的未償還聯邦學生貸款。

隨著美國政府轉為傾向直接提供學生貸款，沙利美從一九九七年起開始切斷與聯邦政府的關係，二〇〇四年成為完全私有化的股票上市公司。在這個過程中，該公司擴大持有未獲政府擔保、由私營機構提供的次級學生貸款，從二〇〇〇年的 165 筆增至二〇〇六年的 4 萬 3 千筆。雖然這些次級貸款收取的利息比政府擔保的學貸高得多，高達 50% 至 92% 的這些借款人最終無力償債，因此這些次級貸款並未帶給沙利美利潤。

但是，沙利美每年還是繼續推銷更多次級學貸。這是因為美國教育部規定，一間學校學生支付的學費，源自聯邦資金的比例不得超過 90%。沙利美利用私營貸款滿足那 10% 的要求，讓它可以向學校推銷更多的聯邦擔保貸款。對沙利美來說，高利次級貸款對借款人造成的傷害，是該公司增加擔保貸款業務量的必要之惡。許多這些借款人來自低收入家庭，而違約通常讓他們的財務狀況跌入深谷。但對沙利美來說這一後果毫不重要。

大專學院，尤其是專門營利的學校，受惠於這種安排，不只因為許多學生都仰賴貸款支付學費，愈多貸款也代表他們可以收愈多學費。有些學校甚至補貼沙利美的「吃小虧賺大錢」模式，同意將由私營貸款支付的學費回贈 20% 至 25% 給沙利美。有些放款機構則直接賄賂負責處理學生補助事宜的行政人員。紐約州檢察總長二〇〇七年一項調查發現，摩根大通向學生補助事務主管提供好處，以獲得「推薦放款人」地位。兩千多名負責學生補助事務的主管甚至被邀請到紐約港參加耗資 7 萬美元的遊輪派對，慶祝他們非凡的推銷才能。

學貸銀行也積極影響國會。一九九九至二〇〇五年間，沙利美花了 900 萬美元在遊說工作上，並向負責修訂破產法規的國會議員提供了超過 13 萬美元的競選捐款。結果二〇〇五年的《破產改革法》規定政府擔保的以及私營機構發放的學生貸款都無法透過宣告破產免除。學生貸款因此成為法定的「安全」投資，因為法規消除了這種貸款的違約風險。

與此同時，來自紐約州的前聯邦眾議員拉齊奧（Rick Lazio）二〇〇四至二〇〇八年間領導摩根大通的遊說工作。摩根大通向他和其他人支付以百萬美元計的金錢，替這家銀行遊說國會反對限制私營學生貸款。光是二〇〇七年，摩根大通就花了 544 萬美元進行政治遊說。這有效地阻撓國會立法將 200 億美元從用於補貼私營放

款機構轉為用於提供直接聯邦學生貸款。提出該法案的加州眾議員
米勒（George Miller）在摩根大通的活動受到調查之後表示：「二
〇〇七年的學生貸款醜聞終於暴露了一件事：放款機構花數以百萬
美元計的金錢來犯法。非常明顯的是，這些放款機構從納稅人那裡
得到太多補貼，而且這些錢實際上是在資助放款人的不良行為。」
因為這些不良行為，非聯邦學生貸款的比例增加至 25%，較二
〇〇〇年的 12% 大幅提高。

　　有心人數度嘗試減緩學貸危機。在一九九〇年代，老布希和柯
林頓政府因為希望盡可能降低學生和政府承受的成本，將經費轉為
直接提供貸款。私營放款機構的不良行為愈行氾濫，加上經濟衰退
期間學生貸款違約率愈來愈高，最終導致國會通過二〇一〇年《學
生補助和財政責任法》（*Student Aid and Fiscal Responsibility Act*），完
全取消了擔保貸款。自此之後，沙利美和摩根大通顯著改變了它們
的放款方式。二〇〇八年，沙利美執行長費茲派特（Thomas
Fitzpatrick）辭職，該公司也因為違約率不斷上升而停止提供次級
貸款。沙利美二〇一四年分拆為兩家獨立的公司，它的問題資產則
轉移到新成立的 Navient。與此同時，摩根大通宣布於二〇一三年
停止發放學生貸款。從這些轉變看來，這些放款機構此前能靠學生
貸款賺錢，完全是倚賴政府的補貼。

　　雖然政策終於改變，長年的劣質放貸已經造成了很難彌補的損
害。截至二〇一八年，學生貸款總額已攀升至 1.5 兆美元。布魯金
斯研究院最近一份報告指出，就某些借款人而言，累計違約率可能
高達 40%。黑人大學畢業生大規模違約的問題尤其嚴重，他們的違

約機率是白人大學畢業生和輟學者的五倍。

金融從業人員的薪酬

　　破產法改革和學生貸款危機這兩個案例闡明了金融業的市場勢力、政治影響力，以及執行政策的中介角色如何相輔相成，幫助金融機構從經濟弱勢族群掠取高額報酬。結果不只是金融公司利潤大幅成長（圖 1.1），其從業人員的薪酬也大幅增加。圖 3.7 比較金融與其他產業的從業人員年薪。它們在一九七〇年代大致同步變動，但在一九八〇年代出現顯著的差距，而且差距在接下來三十年間急劇擴大。近年，金融從業人員平均比其他產業的勞工多賺 35% 至40%。即使我們將人口特徵、教育程度、地域和其他差異納入考量，金融業的薪資「紅利」仍然可觀。條件相若的人從事金融業，最多的時候可比從事其他工作多賺四分之一。

　　除了薪資差異之外，圖 3.7 顯示，金融人員的薪資紅利並非源自金融業僱用高技術的勞工，而是因為異常高的薪酬吸引資歷出色的人進入金融業，而這些人的資歷再反過來證明他們的昂貴服務收費是合理的。事實上，最近關於「常春藤聯盟－華爾街快線」的研究顯示，哈佛、耶魯和普林斯頓的大學畢業生中，約 30% 的人立即投入金融業。相較之下，只有 10% 的畢業生選擇公職或到非營利組織服務。另一項研究顯示，快畢業的哈佛大學生裡，高達 70%會向華爾街和顧問公司投履歷。

　　金融業十萬美元以上的起薪對這些即將畢業的學生無疑有相當

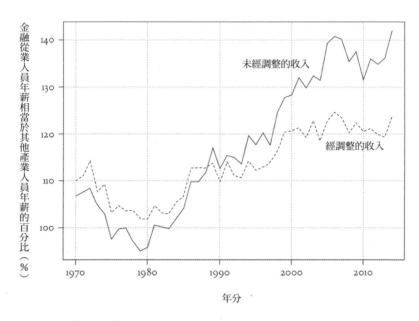

圖3.7 金融從業人員年薪相當於其他產業人員年薪的百分比

注：數據樣本包括 25-65 歲的全職、全年工作者。金融業是指銀行和證券業。收入調整考
　　慮的因素包括年齡及其平方項；地區與都會區地位的互動；種族；教育程度；以及性
　　別、婚姻狀態與有無子女之間的三方互動。資料來源：當前人口調查。

大的吸引力，除此之外，社會學家艾咪·賓德（Amy Binder）發
現，金融業者透過誇大了華爾街生活美好積極招聘這些「勝利
組」。為了吸引具有菁英背景的新人才，這些金融公司採用多種手
法，包括付費成為學校就業服務計畫的「白金」會員、共同舉辦就
業博覽會，以及用廣告信轟炸學生的收件信箱。這些公司向菁英院
校的學生不斷灌輸到金融業上班等於人生上流。這種製造出來的高
貴感讓許多大學生以到金融業工作為志願，特別是那些沒有清楚志
向或者面臨學貸償還壓力的年輕人。

除了金融業整體快速成長的利潤與薪資之外，我們需要注意金融業內部也有許多不平等。巨型全國銀行寡占了金融業大部分盈利。二○一五年，美國前十大金融綜合集團占整個產業總盈利60%，顯著高於它們51%的資產比例（圖3.2）。最大的四家銀行占整個產業總盈利45%。

這種「贏家通吃」的情況也呈現在金融從業人員的薪酬分配上。圖3.8呈現一九七○年以來不同位階金融從業人員的收入變化，從中可見底層金融從業人員（收入第十百分位數）的「金融紅利」在一九七○年代相當可觀。出納員和簿記員等低薪金融從業人員的收入比從事其他行業但條件相若者高20%至30%。考慮到金融業（或一般服務業）低薪勞工很少加入工會，這種現象似乎出人意表。但是，這很可能是因為金融業遠比其他行業擔心內部盜竊和詐欺傷害，老闆因此可能願意付基層較高的薪水好吸引比較誠實的員工與鼓勵良好行為。然而，隨著電腦科技進步以及自動櫃員機在一九七○年代日益普及，低薪金融從業人員享有的金融紅利從逾30%降至約10%。

那多賺的錢都跑去了哪裡？只有一小部分流向收入處於中間的金融從業人員。第五十百分位數的收入在一九九○年代開始穩步成長，最後增至比其他行業條件相若者高15%左右。金融紅利的擴張，主要流向金融從業人員中的菁英，包括證券經紀、交易員、分析師和投資組合經理。在一九七○年代，這些人只比其他人多賺約10%。隨後數十年間，此一差距擴大為先前的四倍，二○一○年時達到40%。在所得分配金字塔的更高處，金融紅利更為驚人。第

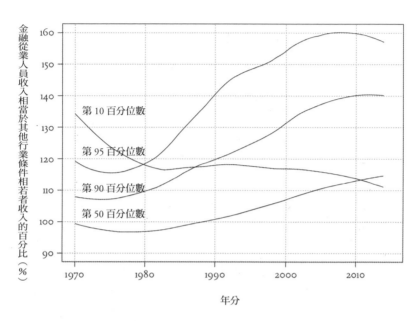

圖3.8 金融從業人員經調整收入相當於其他行業條件相若者收入的百分比

注：數據樣本包括25-65歲的全職、全年工作者。金融業是指銀行和證券業。收入調整考慮的因素包括年齡及其平方項；地區與都會區地位的互動；種族；教育程度；以及性別、婚姻狀態與有無子女之間的三方互動。年度估計值以局部多項式迴歸做平滑處理。資料來源：當前人口調查。

九十五百分位數的金融紅利從一九七○年的18%擴大至二○○○年代末的60%，年收入差額達九萬美元。

　　金融業菁英如何取得他們異常豐厚的薪酬？社會學家戈德修（Olivier Godechot）在金融機構進行田野研究時發現，金融業區隔化的運作方式，加上對某些領域或資產的獨家控制，使金融業菁英能夠可信地宣稱這些利潤是他們親手賺來的。換句話說，特定「職位」產生的利潤全都私人化，被視為屬於擔任該職位的人。極少有人質疑：這個職位如果換人做，公司是不是可以賺一樣的錢？中間與基層員工的貢獻是否被抹煞？能賺大錢到底是因為經理明智還是金融業錢淹腳目？只有在出現虧損時，這些菁英才開始檢討別人。

相對於圖 3.7 呈現的平均金融紅利，圖 3.8 呈現了一種相似但有所不同的情況。金融從業人員的薪酬隨著時間的推移而增加，但薪酬顯著上漲的只有位居所得分配中上層的從業人員。底層的薪酬相較於一九七○年代反而下跌了。此外，即使平均金融紅利在二○○○年代開始進入高原期，但金融業菁英享有的紅利卻在金融危機前繼續擴大，推深了美國整體所得集中的趨勢。

除了贏者全拿之外，一些針對金融公司的田野調查也發現，即使是比較績效和資歷相若的員工，男性與女性在薪酬和升遷機會方面的差異仍非常顯著。這與產業問卷調查結果一致；這些調查顯示，金融服務這個高薪行業是男女薪酬差距最大的行業之一。

社會學家露易莎・羅斯（Louise Roth）認為，講求績效、強調社會背景（social similarities），以及缺乏友善家庭、性騷擾和多樣性政策，都是造成高級金融業男女差異的原因。她記錄了所謂基於績效的獎勵制度如何讓偏見、誤解和歧視決定薪資。管理層為了討好多為男性的大客戶，通常安排男性員工與他們交涉，而讓男性員工有比較多機會建立社會資本和客戶關係。而即使許多華爾街公司在一九九○年代採用友善家庭政策，羅斯發現，金融業仍期待員工全力投入工作而忽略女性員工在平衡家庭責任和事業發展方面承受的負擔。

當然，主導高級金融業的故舊網絡（old-boy network）也是另一個追求兩性平等的障礙。在強調信任和關係的金融業，男性往往壟斷了最有價值的關係，女性則往往難以利用非正式網絡晉升。女性即使成功建立專業關係，這些關係帶來的好處也不如男性同業，因為女性的網絡受限於工作區隔，可用的社會資本因此也受限。

金融業的男女不平等會因為親職而擴大。相關研究明確指出，雇主看到成為母親的員工與成為父親的員工大不相同。相較於沒有子女的男性員工，當了爸爸的員工常被視為更成熟、有責任感，而且願意付這些員工更多薪水好讓他們養家。相較起來，當了媽媽的員工常被視為不像無子女的女性員工那麼投入工作，因此應該被轉移到次要職位。基於信任和忠誠的領導制度進一步確保性別區隔和男性統治在華爾街延續下去。藉由僱用、訓練和種子投資（seed investing）等做法，一代菁英白人男性培養另一代的白人男性金融家，這兩代人的學歷與社經背景通常非常相似。

種族不平等在金融業也相當嚴重。一些研究顯示，少數族裔男性和女性一樣，無法從基於績效的薪酬制度中得益。透過分析種族歧視訴訟中的專家報告，社會學家比爾比（William Bielby）發現即使在基於績效的薪酬制度中，黑人金融專業人員也無法獲得與白人相同的薪酬，這是因為他們通常被指派去與黑人客戶交涉，而沒有機會與富有的白人家族建立私人關係。黑人財務顧問的收入因此比白人同事少三分之一至 40%，而且這種劣勢通常在他們的職業生涯中不斷累積。

圖 3.9 比較按人口特徵劃分的菁英勞工年收入，證明從事金融工作的報酬因種族、性別和有無子女而呈現顯著差異。有子女的白

人男性是華爾街的大贏家，年收入高達約六十萬美元。有子女的亞裔男性也享有巨大的金融紅利，在金融業工作比在其他行業工作多賺一‧五倍。相較之下，女性在金融業工作一般未能獲得顯著的薪酬優勢。種族隔離的社會網絡造成許多金融業黑人男性領到比白人男性低上許多的薪水。然而，很多黑人男性似乎仍然認為自己比女性容易進入這些白人男性主導的網絡。

這種認知與現實之間的明顯矛盾，可能源自美國金融業內不與同事分享薪酬資訊的慣例；這種慣例導致實際薪酬差異通常大於從業人員所想的水準。雖然有些人還是願意分享自己賺多少，但白人同事可能僅與最親近的友人分享薪酬資訊，而被排拒在外的黑人員工因此不瞭解他們的薪酬比白人同儕低得多。此外，雖然黑人男性表示他們可以進入公司的男性內部圈子，但如果他們試圖將自己在公司裡的網絡擴展至一般業界，就可能遇到種族歧視，因為業界仍受白人男性支配。例如在社會學家凱瑟琳‧圖可（Catherine Turco）的研究中，美國黑人男性表示，商務談判期間與其他公司的白人高層互動常使他們感到相當挫敗。因為高級金融業的收入主要與掌握銷售和投資機會有關，這種劣勢可能導致顯著的薪酬差異。

總結

二〇〇八年金融危機讓人們體會到金融體系穩定的重要性，但一般人卻常忽視一個穩定的金融業仍然可以傷害經濟並損害中產和勞工階級的生計。美國金融業在過去四十年經歷了許多變遷，從眾

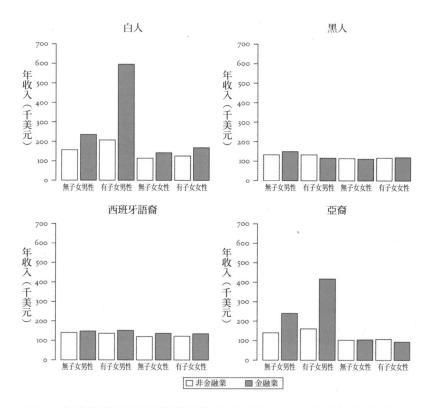

圖3.9 金融和其他行業菁英從業人員（第95百分位數）的年收入

注：數據樣本包括 2010-2015 年間 25-65 歲的全職、全年工作者。估計值是在收入分布的第
　　95 百分位數產生，採用再中心化影響函數（RIF）迴歸。金融業是指銀行和證券業。
　　收入調整考慮的因素包括年齡及其平方項；地區與都會區地位的互動；教育程度；以
　　及婚姻狀態。資料來源：當前人口調查。

多業者各有各自的「領地」變成由少數企業集團支配全國甚至全球市場。維持穩定和限制金權曾是政府管理金融業的主要原則，但隨著一九七〇年代出現銀行業危機，解除管制成為看似可行的解決方案。自由市場的信仰興起，進一步削弱了這些監理機關的執法、控管的正當性，使金融業者得以在法律的灰色地帶尋求利潤。在此一轉變中，與客戶保持良好的私人關係對銀行業的成功愈來愈不重要。

法規鬆綁和科技發展並未提高金融業的運作效率，讓大公司、小企業和家庭等客戶享受較便宜的金融服務。反之，金融業因為這些「改革」跟進步得以開始從其他經濟部門吸取愈來愈多經濟資源。這些公司的利潤和其員工的薪酬之所以能不斷成長，是因為在過去四十年巨型金融公司的市場勢力不斷擴張，它們的政治影響力逐漸加深，以及美國許多公共政策仰賴這些私人銀行中介執行。

在一九八〇年代，金融法規鬆綁確實導致競爭加劇，並破壞傳統業務模式，但金融業在地域和業務方面隨即經歷了快速的整併。新的巨型金融機構崛起，不只在美國各地都有分公司，並一條龍經營存款、貸款、資產與財富管理、交易、投資銀行、創投、保險和房地產業務。它們因為規模龐大，通常能不受市場機制自行定價，並利用一個業務部門取得的私人資訊嘉惠另一個部門。因此產生的寡頭壟斷方便大銀行彼此串通，藉由詐欺、違反反壟斷法規和其他不良行為獲利。

同時，這些以銀行為核心的金融集團不斷透過選舉捐款與政策遊說增強它們的政治影響力。腳踏民主黨與共和黨兩條船，這些集團大力支持願意維護金融業利益的政治人物。過去二十年裡，金融業在政治活動方面的開銷遠超過其他所有產業，包括醫療和能源業。這些政治投資讓金融業者得以不顧後果，在幾乎不受監理機關監督的情況下，藉由高風險甚至掠奪性的活動獲利。政治投資甚至使金融業者能為了自身利益扭曲法規和壓制改革。

　　美國政府對金融業在協助執行其經濟、社會和外交政策上的倚賴也助長了金融業的實質影響力。從維持金融體系穩定到促進農業、購屋、教育和退休儲蓄，以至制裁外國政府，美國政府都仰賴私營金融機構合作來達成政策或戰略目標。政府因此以應急基金、保險、擔保、免稅等形式設置各種對私人金融公司的補貼，鼓勵金融機構執行公共職能。公共政策仰賴私營中介執行製造出委託－代理問題：金融機構在達成這些政策目標時，通常將自身利益置於公共利益之上。

　　隨著金融業掠取愈來愈多的資源，金融從業人員的薪酬也迅速成長（即便薪資所得因種族和性別有異）。一九八〇年代之前，金融業平均薪酬與其他行業大同小異，但隨後迅速出現巨大的差距。在其高峰期，金融業平均薪酬比非金融業多了 40%。重要的是，金融業的薪資「紅利」出現在其從業人員的教育程度顯著提升之前，而非之後；由此看來，這些紅利不是因為人才湧入金融業，而是因為既有的豐厚薪酬吸引了高學歷畢業生。

　　金融業理應將資本分配到生產力最高的用途上，藉此為經濟服務。但在現實中，它已經化為一條無情貪食自己尾巴的蛇頭。金融化將經濟資源不斷吸收到金融業，圖利一小撮金融業菁英，導致美國的不平等加劇。這些錢來自哪裡？誰是受害者？在接下來的章節裡，我們將檢視美國企業界和家庭經歷的變遷。

1　這份榜單通常是基於哈里斯民調（Harris Poll）的年度調查，這項調查著眼於大眾對 100 家知名企業的觀感，採用六個名譽指標編出企業名譽排行榜：http://www.theharrispoll.com/reputation-quotient。美國銀行、高盛和富國銀行落在最後 15 位，其中富國銀行排在第 97 位，還在孟山都（Monsanto）和川普集團（Trump Organization）之後，但高於哈維溫斯坦（Harvey Weinstein）的溫斯坦影業（Weinstein Company）。

4 | 美國企業的金融轉向

　　隨著美國經濟金融化將利潤和薪酬大量轉移到金融業，這項趨勢也廣泛影響非金融產業的所得分配和就業成長。華爾街的邏輯——其衡量成敗的標準——成了各行各業的「遊戲規則」。對許多企業來說，最重要的客戶不再是自家產品的消費者，而是自家股票的投資人。

　　在本章，我們將焦點轉向理應是「非金融」的部門如何金融化，以及這項發展如何擴大不平等。如同本書先前提到，過去四十年許多非金融企業逐漸增加了對金融市場的參與。這些公司減少對廠房、機器、商店、研發和員工的投資，而持有愈來愈多的金融資產（圖2.6）。因此，即使是非金融產業，許多企業藉由利息和股息而非銷售產品獲得他們相當大部分的利潤（圖1.3），而這些利潤又藉由配發股息和回購股票，直接流回金融市場（圖1.2）。為了盡可能提高股東的報酬，企業背負規模空前的債務，財務狀況因此惡化，長期成長隨之放緩。

　　這些發展全都將珍貴的資源從其他經濟活動傳輸至金融業（及其投資人的口袋）。得益者往往是已經擁有不少財富的上層或中上層階級（第六章），此一發展顯示金融化侵蝕了二戰之後確立的勞資協定，提高了股東和管理層的議價能力，同時削弱了企業對勞動力的需求。股東和企業高層得到的報酬隨之飆升，多數勞工的薪水和就業保障卻受到損害。

　　這些發展是如何展開的？此章將說明美國非金融企業為何在一九六〇年代末和一九七〇年代初出現金融轉向。我們關注兩個方面的金融化：非金融企業開始積極從事放貸業務和證券買賣，以及股東至上的管理模式興起。最後我們指出這些發展產生哪些「贏家和輸家」，以及如何惡化美國勞工的經濟生活。

從賣車到賣債

　　美國非金融企業自二十世紀初以來一直有提供某程度金融服務的傳統。身為第一家提供貸款的汽車製造商，通用汽車一九一九年成立了通用汽車金融服務公司（GMAC），為顧客和經銷商購買汽車提供融資服務。當時汽車在美國被視為奢侈品，而多數銀行業者認為汽車貸款是高風險的生意。因此，幾乎所有顧客購買汽車都必須用現金一次付清，而這嚴重限制了通用汽車和其他汽車製造商的市場規模。交車時必須付清現金也限制了經銷商的數量和他們能庫存多少輛車。GMAC 提供新的金融服務大獲成功。在最初四十年裡，GMAC 的融資服務幫通用汽車多賣了四千萬輛汽車。該公司在報章雜誌上廣泛宣傳其「分期付款計畫」，承諾美國家庭可以利用這種計畫提早購買新車。其融資服務也含括汽車保險和借款人壽險，避免一旦出了意外，消費者無法償債。這些廣告也審慎警告顧客「切勿過度借貸」，而且應該「在能力範圍內盡可能多付頭期款，然後盡快付清餘款」（圖4.1）。由此可見，GMAC 的主要目的是促進汽車銷售，而不是藉由提

圖4.1 GMAC的平面廣告，1957年

供貸款來賺取利息或滯納金──通用汽車的金融部門是為了輔助汽車銷售業務，而不是靠放款賺錢。

　　GMAC 成功利用金融服務促進汽車銷售，促使福特汽車於一九五九年成立福特汽車信貸公司，克萊斯勒則於一九六四年成立克萊斯勒信貸公司。提供信貸成為美國汽車製造商的標準做法。雖然這些子公司違反了《葛拉斯史提格爾法》和《銀行控股公司法》有關金融與實業分離的規定，但因為它們借出的資金並非民眾存款，而且它們的活動是輔助汽車銷售，監理機關也就睜一隻眼閉一隻眼。這些借貸業務所做的正是金融業應該做的事：穩定和促進商品的生產與消費（在汽車業的例子中，商品是汽車）。汽車業的成功讓其他產業也迅速跟進：奇異公司一九四三年成立奇異資本

（GE Capital），為購買該公司的收音機、冰箱和電視機的消費者提供貸款，也為購買發電機、引擎和其他工業機械的商業客戶提供貸款。

在一九六〇年代美國企業重組時期，二戰之後快速的經濟成長顯著放緩。歐洲和亞洲的重工業已經重新站穩腳跟，而在美國，以華倫（Earl Warren）為首的最高法院擴大了反壟斷法的適用範圍，禁止產業之內的整併（最高法院認為經濟力量過度集中有礙社會公正）。為了維持成長和營利能力，美國大企業開始轉型為跨產業的綜合集團，同時涉足許多沒有相互關係的業務。

在企業經營多元化的過程中，金融逐漸從一門會計和預算編製技術升級為一門決策「科學」。因為這些企業不再著重某項特定產業，金融專業人員開始取代特定產業專家成為企業高層。相較於過往的企業高層和在第一線生產商品和提供服務的員工，這些金融專業人員往往對公司或相關產業認識有限。不過他們深信不管是哪個產業，公司的績效都可以藉由精細的成本效益分析加以優化。在他們眼中，公司的每一個單位都是可買可賣的金融資產，應根據其營利能力加以評估，據此決定擴大業務或裁員賣出。

在一九六〇年代日益壯大的去中介化（disintermediation）趨勢中，美國大企業開始自行發行和買賣大量商業本票，不再需要銀行當中間人。而伴隨著股東價值管理模式（包括重視短期績效和股價表現）日漸主導企業策略，這些金融化趨勢在一九七〇年代的貨幣動盪時期和一九八〇年代加速發展。此時，雷根政府推動的金融法規鬆綁不但放鬆了政府對金融業的控制，也模糊了長期以來的金融與實業疆界。一九八二年，美國全國型銀行的主要監理機關金融監理局（OCC）正式批准非金融企業經營「非銀行的銀行」（nonbank banks）。只要這些非銀行金融機構不同時提供商業貸款和接受活期存款，它們就不會被視為正式銀行，因此不受銀行控股公司法規和聯準會的管制。

隨著金融人員主導企業管理層，加上股東價值運動導致企業更渴求獲利，這些法規鬆綁提供了「在緩慢成長的經濟中快速發展」的新方向。許多公司因此在一九八〇年代擴大金融業務範圍。一九八五年，GMAC 進入房貸市場，推出與汽車產品完全無關的金融服務；福特則收購了第一全國金融公司（First Nationwide Financial Corporation），進入儲蓄和住宅貸款市場。在隨後十年裡，GMAC 和福特汽車信貸皆擴展業務至保險、銀行和商業放款領域。

在傑克‧威爾許領導下，奇異公司的跨界發展至為積極：奇異資本從為客戶提供分期付款擴展至小企業貸款、房地產、房屋抵押貸款、信用卡和保險等業務（稍後再細論）。美國零售業巨頭席爾斯（Sears）一九八一年進入房地產經紀和證券業務，一九八五年發行名為「發現卡」（Discover Card）的信用卡，提供包括儲蓄帳戶的一條龍金融服務。美國電話電報公司（AT&T）同年成立金融部門，一九九二年進入小企業貸款市場，很快成為全美最大的非銀行放款機構之一。

銀行業務對這些績優公司來說有利可圖是因為它們擁有龐大資產以及最高的 AAA 級信用評等，能藉此以低於家庭、小企業或甚至銀行的利率借入資金。這些企業的金融部門再以較高的利率將這些資金借出去，不只用錢養錢，而且風險很低。因為這些企業已經與它們的消費者和其他企業有所互動，它們能比銀行接觸到更多潛在客戶。而且因為這些金融機構不是銀行，它們不受規範銀行跨州分行的法規限制。有人甚至認為，這些公司因為熟知產業內幕和民眾消費模式，比銀行更有能力準確評估各種業務的潛在報酬。

不意外的，「非銀行」銀行激增使聯準會感到困擾，也使傳統銀行備受威脅。聯準會擔心愈來愈多金融活動發生在其管轄範圍之外，傳統銀行則擔心它們的市場占有率萎縮和不公平的新競爭環境。為了限制非銀行放款機構進一步擴張，聯準會一九八四年擴大了「活期存款」和「商業貸款」的定義。但是，兩年後，此舉遭到最高法院否決。社區銀行強烈敦促國會阻止更多非銀行金融機構創立，但對於應該如何修訂《銀行法》卻很難尋得共識。這顯然不是銀行業者希望看到的那種金融法規鬆綁。

一九八七年頒布的《銀行業公平競爭法》（*Competitive Equality Banking Act*）是多重妥協的產物。它擴大了「銀行」的定義，將聯邦存款保險公司承保或接受活期存款並提供商業貸款的所有金融機構納入其中，但明確豁免產業貸款公司（ILC）、信用卡銀行、有限目的信託公司、信用合作社和儲蓄協會。一些已經在金融市場建立穩固基礎的非銀行機構得以延用舊法規，它們的金融活動因此不受影響（如果適用新法規，這些活動會遭禁止）。

《銀行業公平競爭法》對產業貸款公司的豁免特別值得注意，因為它實際上為非金融企業進入銀行業開了一扇窗。美國在二十世紀初就已經有產業貸款公司，而它們最初的目的是為產業工人提供貸款；這些工人有穩定的收入，但往往無法提供抵押品以取得銀行貸款。隨著銀行逐漸進入此一市場，產業貸款公司擴展至其他銀行業務，但美國國會起卓《銀行業公平競爭法》時，產業貸款公司在金融業的運作規模微不足道（一九八七年時，整個產業貸款業僅控制 42 億美元的資產，商業銀行控制的資產則高達 3.5 兆美元）。但在《銀行業公平競爭法》頒布後不久，通用汽車公司取得產業貸款經營執照。其他許多非金融企業緊隨其後，希望藉此進入金融市場。到了二〇〇七年，產業貸款業總資產膨脹至 2,703 億美元。二〇〇〇年代初，零售商目標百貨公司（Target）15% 的總利潤來自信用卡業務——難怪這家公司的所有收銀員都接受了推廣「目標紅卡」的培訓。寶馬（BMW）、福斯汽車（Volkswagen）、哈雷機車（Harley-Davidson）、優比速（UPS）快遞公司和高檔百貨公司諾思通（Nordstrom）全都提供銀行產品，包括商業貸款、房屋淨值貸款（home equity loan）、信用卡和支票帳戶。零售業巨頭沃爾瑪在一九九九年和二〇〇五年兩度打算取得產業貸款經營執照，但因為社區銀行業者、工會和其他零售商的強烈反對而未能成事。

在諸多發展中，一般消費者最常接觸到的是聯名信用卡。早期的分期付款方案方便消費者購買高單價商品如汽車和鋼琴，商家提供的信用卡服務與此不同——它們向消費者承諾會提供購物折扣、積點和顧客忠誠方案，藉此說服消費者使用信用卡來購買服飾、家具、電器和電子產品。這些福利遠遠低於這些信用卡的高昂利率——有些聯名卡的利率高達一般信用卡的兩倍。二〇一六年，折扣零售商科爾百貨（Kohl's）的信用卡收入貢獻了 35% 的公司利潤，梅西百貨（Macy's）的信用卡收入更是高達總利潤的近 40%。因為信用卡業務極其重要，梅西與其說是一家百貨公司，不如說是一家信用卡和房地產公司，因為這兩項業務貢獻了這家公司一半以上的年度營業利潤。梅西百貨的收銀員經常敦促顧客辦信用卡（他們堅稱這是「好康多多」），因為他們的生計十分仰賴他們推銷信用卡的能力。

航空公司也間接受惠於它們的聯名信用卡。持卡人用這些信用卡購物時，合作的銀行會從中抽成（它們向店家收取交易處理費），然後利用此收入的一部分向航空公司購買里程，做為「獎勵」回饋給持卡人。業務產生的收入，可以高達航空公司總營收的 12%。消費者實際上透過他們的日常消費，自掏腰包購買這些里程，但往往認為這些里程是他們對某個品牌忠誠而得到的獎勵。

一九九九年的《金融服務業現代化法》消除了一些企業用來建立金融子公司的儲貸機構漏洞（但產業貸款公司這個漏洞不受影響），暫時強化了金融與實業的分隔。但這些限制並未抑制非金融企業利用金融活動獲利的野心。一些公司開始模仿對沖基金，動用資金投資於金融市場。試圖重塑零售業的藍伯特（Edward Lampert）就是一個好例子。席爾斯與凱瑪特（Kmart）二〇〇五年合併後，藍伯特將公司的零售業務產生的現金流拿來進行投機交易。在二〇〇八年金融崩盤的前一年，席爾斯三分之一的稅前利潤來自金融投機交易。在當時，藍伯特因為他看似高明的金融操作被譽為下一個巴菲特。

　　同樣的，安隆（Enron）在二〇〇一年破產之前，與其說是一家能源公司，不如說是一家大宗期貨和衍生工具交易公司（我們稍後會再討論）。安隆創立了電力交易市場，它的交易大廳每天處理25至30億美元的大宗期貨交易。一名華爾街分析師二〇〇〇年估計，標準普爾五百指數成分股近40%的盈利來自放款、交易、創業投資和其他金融活動，當中三分之一由非金融公司賺取。

　　美國企業金融化使它們的焦點從生產和銷售轉移到其他方面，損害了核心業務的穩定性和成長潛力。在席爾斯，因為許多零售業務產生的現金流被導向金融活動，可用於店面裝潢和廣告宣傳的資金顯著減少。在藍伯特的管理下，席爾斯每平方英尺店面的維護費用僅為1.5至2美元，遠低於零售業的標準6至8美元。這些做法和其他成本削減方案推高了員工的流動率，導致服務品質低下。消費者自然開始把在席爾斯和凱瑪特購物視為可怕的體驗，逐漸改去其他商店。

　　更可怕的是公司內部勞資關係的惡化。金融化提供了一種不用實際生產就能獲利的手段，因此削弱了資本與勞動之間的相互依賴關係。專門的產業知識、經驗豐富的勞工、生產性投資和產品創新曾經是造就一家龍頭企業的關鍵因素，但在財務工程和金融交易人才崛起之後，這些基本功不再被看重。這種顛倒的金融化世界在二〇〇四年尤其突出，當時通用汽車公布13億美元的季度盈利高達66%來自GMAC。此前一天，福特汽車宣布汽車業務出現虧損，但淨利仍達11.7億美元（主要來自金融子公司）。最「有價值」的員工不再是製造和銷售汽車的人，而是那些負責金融操作的人。

一場奉股東之名的革命

美國企業的金融轉向與公司治理的快速轉變同時發生。隨著美國企業的全球市占率和利潤在一九七〇年代降至空前的低點，美國企業界和學術界均開始質疑：為什麼相較於外國競爭對手，美國的階層式大型企業集團表現如此不濟？管理者和學者亟欲找到一種效率較高的治理模式來阻止帝國崩潰。

代理理論（agency theory）最終成為解釋美國企業弊端的主流說法。在他們一九七六年發表的經典論文中，金融經濟學家顏森（Michael Jensen）和梅克林（William Meckling）指出，公司存在的唯一目的是為股東服務，而一九七〇年代美國企業效率低下的根本問題源自所有權與控制權不契合。因為當時企業「錯誤地」以公司的規模和穩定性做為標準獎勵管理層，即使擴張業務導致整體投資報酬率降低，管理層往往仍致力擴張營業規模和發展多元業務。此外，因為這些經理人花的是「股東的錢」，他們願意支付員工過高的薪資福利、做慈善捐款、建造奢華的公司總部、乘坐公司私人飛機，以獲得同儕、員工和社區的欽慕，而這一切全都嚴重浪費公司的資源。

顏森和梅克林提出的解決方案，是重新確立股東在公司治理中的核心地位，並且調和經理人與股東的利益。具體來說，他們建議公司高層的薪酬要增加股權激勵，藉此使經理人更傾向站在股東的立場行事。綜合企業集團應縮小業務範圍，集中資源發展最賺錢的事業；此外，公司的支出應該更仰賴舉債融資，以確保所有投資的報酬率皆高於市場利率。管理層應受獨立的董事會密切監督，並在公司股價表現不佳時予以撤換。這些建議全都鼓勵企業放棄追求成長和穩定，不惜代價追求股東報酬。

如果說代理理論確定了公敵並提出戰略，那麼退休金改革則是提供了彈藥。一九七四年的《雇員退休收入保障法》（ERISA）希望分散風險，建立以市場為中心的退休體系，要求退休基金持有的雇主發行的證券不得超過投資組合的 10%。這引發大量退休資金外流至金融市場。《雇員退休收入保障法》有關保護員工的規定也大大提高了這些退休基金的營運成本，促使許多公司將它們的退休基金外包給金融服務業。

為了解決圍繞著現金或遞延給付計畫（CODA）的不確定性，一九七八年的《歲入法》在美國稅法第四〇一條加入新的（k）項，容許從員工薪資扣款，提撥至退休金計畫。沒人預料到，美國的一些大型企業迅速支持這項新法規。一九八二年，嬌生、百事、潘尼百貨和休斯飛機等公司開始實施四〇一（k）退休儲蓄計畫。一九八六年，美國聯邦政府也實施退休改革，以一個不大慷慨的確定給付計畫和一個較為慷慨、類似四〇一（k）計畫的確定提撥計畫取代聯邦退休金計畫。這增強了公眾對確定提撥計畫的信心與興趣。一九八五年，確定給付計畫與四〇一（k）計畫參與者的比例為三比一，但到了二〇一〇年代初，這個比例已經逆轉為一比三。

大量退休儲蓄湧入金融市場，在股票市場催生了共同基金這種新的巨型投資機構。共同基金是專業管理的金融公司，集合大量個別投資人的資金投資於證券；這種基金迅速成為四〇一（k）和個人退休帳戶等確定提撥計畫最常用的工具。圖 4.2 呈現美國共同基金總資產規模對 GDP 的百分比。我們從中看到，共同基金管理的資產在過去三十五年間穩步成長，從一九八〇年相當於 GDP 的 5% 左右，大增至二〇一〇年代的 100% 左右。

　　除了共同基金，州與地方級別的公家退休基金也增加投資於股市（圖 4.3）。一九六〇年之前，這些公家退休基金幾乎僅投資於低風險的固定收益證券，例如美國公債、政府和企業債券，以及房

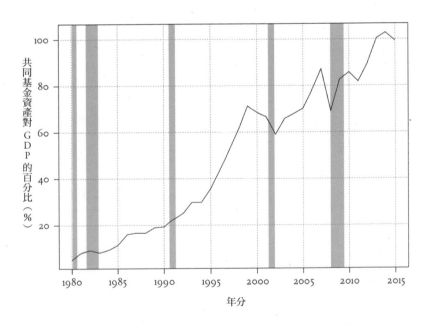

圖4.2 美國共同基金資產規模對GDP的百分比

注：共同基金是一種專業管理的集體投資計畫，將許多投資人的資金集合起來購買證券，是確定提撥計畫和個人退休帳戶最常用的工具。資料來源：世界銀行、聖路易聯邦準備銀行、聯準會經濟數據（DDDI07USA156NWDB）。

貸。在一九六〇年代，它們的投資組合開始發生巨大變化：這些退
休基金透過直接持有公司股票或投資於對沖基金和私募股權進入股
市。整體而言，這些風險較高的投資從一九五七年僅占公共退休基
金總資產的 3% 大增至近年的逾 75%。

　　這些局勢發展的直接後果之一，是許多上市公司的董事席位逐
漸落入機構投資人的代表手上。自現代公司面世以來，所有權與控
制權之間一直存在緊張關係，但所有權的集中，賦予了機構投資人

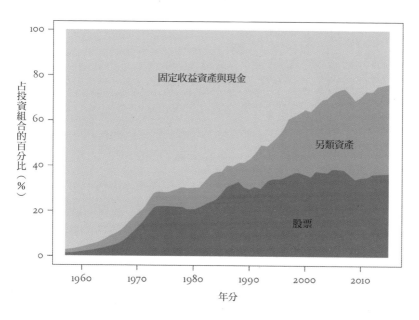

圖4.3 州與地方公共退休基金的資產配置

注：固定收益資產包括政府證券如美國公債和市政債券、公司債和抵押貸款。股票是指直
　　接持有公司股票。另類資產包括投資於私募股權和對沖基金、外國證券、房地產和其
　　他投資。資料來源：1957-1992 年的數據源自公職人員退休金制度歷史資料庫；1993-
　　2015 年數據源自公共退休基金年度調查。

與管理層談判的空前優勢。退休基金大量投資於股市,也改變了誰
是股東的說法。基金經理現在可以義正辭嚴地宣稱他們努力保護的
是勤勞老百姓的退休儲蓄,而並非代表有錢人或「貪婪的資本家」。
誰能與老百姓作對呢?

　　就這樣,我們有了股東革命的理由(代理理論)和彈藥(大型
機構投資人),那麼戰場在哪裡呢?廝殺通常發生在企業的董事會
議裡。一九七〇年代的高通膨、股票空頭市場加上低利率,提供了
基金經理一門新生意:他們利用債務融資大量購買股價表現疲軟的
公司,以此取得控制權,再把公司的各別資產以高價變賣。一九七
〇年代末和一九八〇年代美國出現新一波併購潮,有些收購是在未
得到目標公司同意下發生,而銀行業者往往協助(甚至鼓勵)這些
交易,例如提供「過渡貸款」,也收取顧問費。這些銀行業者早於
公眾知道市場上將出現怎樣的公開收購要約,因此可以在股市提前
建立倉位,並在合併消息宣布時獲利了結。

　　為了維持控制權,企業高層開始採用「毒丸防禦」和「黃金降
落傘」等策略避免公司被外人惡意收購。前者容許既有股東以折扣
價格購買更多股票,藉此提高外部收購的成本。後者則保證最高層
在失去公司控制權時可以得到豐厚的離職補償。在若干備受矚目的
案例中,管理層甚至與企業掠奪者達成贖回安排,以較高的價格買
回掠奪者之前買進的股票。為了抵擋收購威脅,管理層開始讓公司
大量負債以降低資產淨值。管理層也密切監控和操縱公司的股價,
進一步助長了舉債和股票回購。

　　當然,收購只是股東行動主義的一種極端形式。較為常見的情

況，是基金經理直接向管理層或經由媒體表達他們的不滿和要求較高股利；因為他們影響力巨大，大公司於是開始投入大量資源來管理股東關係。如同政治人物常耗費大部分精力取悅金主，現今的企業高層同樣非常努力與機構投資人保持良好關係。無法適應這種新環境的經理人逐漸被比較重視股東的經理人取代。

必須澄清的是，股東崛起並不意味著以長期發展為重的強勢執行長已經絕種了。企業創始人和家族企業往往會限制多少公司股份可以對外銷售，或建立投票權不一的雙重股權結構，藉此維持對公司的控制權。雙重股權結構在科技業尤其普遍。例如 Google 二〇〇四年股票上市時，創造了 A、B 兩類股票：A 股對公眾發行，每股有一票的投票權（可用來參與董事選舉和公司重大決策的表決），B 股則由三名創始人和若干高層持有，每股有十票的投票權。二〇一四年，Google 推出 C 股，經濟權利與 A 股和 B 股相同（也就是每股可獲得的股息與 A 股和 B 股相同），但沒有任何投票權。這種分層級的股權設計將控制權集中在高層手上，可以防止外部投資人干預高層決策。臉書（Facebook）也在二〇一二年發行兩類股票，然後在二〇一六年發行無投票權的股票，藉此維持該公司以創始人為核心的領導方式。從這些負面案例看來，即使是最成功的執行長，也必須設法抑制機構投資人的影響力。

美國企業報答股東的花費倍增證明了股東價值革命大獲全勝。二戰之後數十年間，美國企業每年動用 20% 至 40% 的盈利配發股息給股東。然而在一九八二年，首位出任證券交易委員會（SEC）主席的華爾街高層夏德（John Shad）決定縮窄股票操縱的定義之後，企業向股東發放的現金隨後大增。夏德的做法為股票回購打開了閘門。因為回購可以減少發行在外的股份而提高股價，即使公司財務沒有實際的改變，回購仍可製造績效較佳的假像。一九八四年，股息和股票回購總金額跳升至相當於企業總盈利的 80% 左右，一九八六年更是超過 100%（圖 1.2）。如今美國企業經常動用大部分盈利報答股東，甚至不惜為此舉債。

股東主義的勝利在股票市場也顯而易見（圖 4.4）。美股從一九七〇年代初到一九八〇年代初低迷了十年之久，隨後開始飆升。直到一九八〇年代末，標準普爾五百指數的起伏並未大幅偏離GDP 的成長。兩者脫鉤始於繁華的一九九〇年代，美股隨後的飆升速度高過美國經濟成長（二〇〇八年金融危機期間除外）。聯準會在主席葛林斯潘（Alan Greenspan，一九八七至二〇〇六年在任）領導下維持低利率政策，以及二〇〇九至二〇一四年間為了刺激經濟復甦而執行量化寬鬆政策，也將儲蓄從債市推向股市，進一步促使美股價格偏離經濟基本面。

為了具體解釋金融轉向如何改變美國的大企業，我們接下來要比較仔細審視兩家公司。它們一度被視為企業龍頭，是金融化時代的成功典範。其中一家公司在二〇〇〇年代初的一場大災難中關門大吉，另一家則仰賴政府和私人援助，勉強度過二〇〇八年的金融危機。但兩者都顯示了企業的金融化發展。

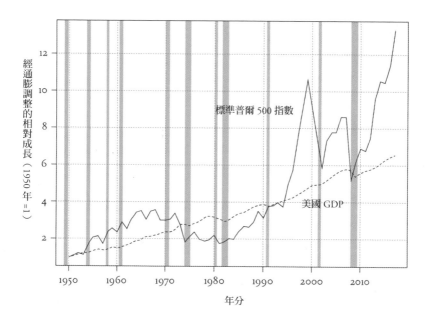

圖4.4 經通膨調整的美國股市表現

注：標準普爾 500 指數以每年 12 月第一個交易日的收盤價為準。與道瓊工業指數不同的
是，標準普爾 500 指數是市值加權的指數，而且成分股較為多樣，更能代表美國股
市。圖中兩個趨勢均採用消費者物價指數做通膨調整，並以 1950 年的數值做標準化處
理。資料來源：標準普爾；美國經濟分析局，國民經濟統計，表 1.1.5。

奇異：閃亮的山巔之城

　　奇異公司成立於一八九二年，是由發明家愛迪生的多家企業合
併而成，包括愛迪生燈泡公司、愛迪生機械公司和愛迪生電燈公
司。七年後，奇異公司股票上市，成為道瓊工業指數最初的十二檔
成分股之一。奇異公司成長迅速：一九五五年財星五百大公司
（Fortune 500）排行榜面世時，奇異是美國第四大企業。一九八一

年,傳奇人物傑克‧威爾許成為奇異公司執行長,當時該公司是美
國戰後經濟的典範企業。它提供勞工夢寐以求的僱用合約:終身僱
用、高工資、醫療和退休福利一應俱全。奇異的員工在整個職業生
涯享有穩定的工作、固定加薪和許多晉升的機會。這些做法不只造
福員工也振興美國經濟,這是因為截至一九八〇年,奇異是美國第
四大企業雇主。

　　做為奇異史上最年輕的董事長暨執行長,威爾許開創了一種重
視追求利潤甚於對員工忠誠的新企業範式。威爾許早年對奇異內部
的官僚主義深感挫折,因此自然傾向支持股東價值管理模式。他認
為建立精實而靈敏的組織、大砍多餘的層級和公司的繁文縟節,對
提高效率和利潤至為重要。威爾許的口號是「修好它,收掉它,不
然就賣了它」(Fix it, close it, or sell it)。在他領導公司的頭五年
裡,威爾許出售了七十一個業務部門並裁減掉超過 10 萬名員工。
這為他贏得「中子彈傑克」(Neutron Jack)的綽號——中子彈是一
種戰略核武器,可以大規模殺傷敵方人員但不怎麼破壞建築物和設
施。

　　在威爾許領導下,奇異的盈利增加了 78 億美元,但當中 50 億
至 70 億美元來自縮編。雖然公司員工對他心存畏懼,威爾許卻在
金融圈廣受讚譽。一九八一年,他在紐約市對投資人發表題為「在
緩慢成長的經濟中快速成長」的演講,正式宣告了股東價值管理模
式是企業王道。一九九九年,他獲《財星》雜誌譽為「本世紀最傑
出的經理人」。奇異公司市值從一九八一年的 120 億美元大增至二
〇〇一年的近 3,000 億美元,人們認為威爾許對此大有功勞。

一九八九至二〇〇一年間，奇異在四十八個季度中有四十六季達到或超越分析師的業績預測，但這個空前的紀錄在威爾許退休後被發現是財務作假的結果。

奇異的非凡成長源自於威爾許的不擇手段。在他領導下，奇異實施稱為「活力曲線」或「考績定去留」的年度績效考核，強制要求經理人推薦表現最好的 20% 員工接受更多栽培，而表現最差的 10% 員工則馬上被解僱。威爾許將接受栽培的員工稱為「產品」（products），而產品開發由經理人負責。威爾許並不允諾終身僱用，但認為公司為奇異員工提供的培訓可以確保他們將來一定有工作——即使那是在其他公司。奇異的競爭對手迅速採用威爾許的這種「適者生存」制度。

在革新僱傭條件的同時，威爾許重用哈佛商學院畢業生溫特（Gary Wendt），將奇異的金融部門改造成一部「賺錢機器」。如同其他大型製造商，奇異很早就設立了金融部門：早在一九三二年，奇異就設立奇異契約公司（General Electric Contracts Corporation），在大蕭條時期為奇異許多產品的顧客提供小額貸款。隨著金融業務自一九七〇年代起愈來愈有利可圖，繼承奇異金融業務的奇異資本（GE Capital）擴大信貸業務範圍，不再僅為購買奇異產品的顧客提供融資。在威爾許和溫特領導下，奇異資本的成長速度超過了奇異的製造業務。此外，數十年來以小幅差距屈居第二的奇異資本，在一九九二年超越通用汽車的 GMAC，成為全美最大的非銀行放款機構。

到了一九九〇年代末，奇異公司大部分的收入有賴奇異資本貢獻。財星五百大公司排行榜開始把奇異稱為「多元化金融公司」，以反映該公司在商用不動產、住宅抵押貸款、保險、飛機、鐵路車輛和信用卡融資方面的業務規模。奇異資本與三百多家零售商簽約，提供的信用卡比美國運通還多。在二○○八年金融危機前夕，奇異資本管理的資產多達 6,960 億美元，是銀行業以外最大的金融公司，全美只有四家銀行的資產規模超過它。

雖然奇異資本的金融交易提高了奇異的整體利潤，但這項業務也吸走了奇異的工業根基的可用資源。在威爾許領導下，奇異的研發支出與收入比下降了一半。公司在金融市場承擔的新風險也使奇異更容易受市場動盪衝擊。二○○一年網路泡沫破滅時，奇異面臨了數十年的穩定成長之後前所未見的危機。奇異的股價在三年內下滑逾 60%（從二○○○年的近 60 美元跌至二○○三年的 22 美元）。

到了二○○七年，奇異已經收復部分失土。金融危機爆發前夕，奇異的股價回到 41 美元。但是，隨著二○○八年信貸迅速緊縮，奇異資本的預期盈利大幅滑落；奇異的股價再次跳水，二○○九年初跌至 7 美元的低點，跌幅高達 83%。若不是因為政府和私人企業的援助，這家美國百年老牌企業早已破產。隨著危機不斷升級，奇異要求歐巴馬政府為奇異資本的 1,390 億美元債務提供擔保，代價則是該公司願意接受聯邦存款保險公司的監理。除了透過公開發行股票籌集 120 億美元，奇異當時的執行長伊梅特（Jeffrey Immelt）還主動聯繫巴菲特，請求巴菲特個人拿出 30 億美元幫奇異止血。

　　金融危機之後，奇異資本被金融穩定監督委員會（FSOC）認定為「大到不能倒」。它因此成為一家「系統性重要金融機構」（SIFI），而根據二〇一〇年的《陶德法蘭克華爾街改革與消費者保護法》，它必須接受聯準會最高規格的嚴密監督，包括每年做壓力測試、準備破產方案（也就是所謂的生前遺囑），以及滿足較高的資本要求。這些要求有望增強「系統性重要金融機構」的穩健性，但也意味著相較於不具這種地位的競爭對手，「系統性重要金融機構」的營利能力較弱。

　　因為這種特殊地位帶來的種種限制，加上金融危機期間暴露出來的財務風險，奇異公司開始逐步縮減放貸業務。二〇一四年，奇異藉由規模高達 29 億美元的首次公開募股，讓信用卡融資部門 Synchrony Capital 成為一間獨立的公司。隨後又出售奇異資本管理的資產，把其中 265 億美元的房地產資產轉賣給富國銀行，而 160 億美元的顧客存款賣給高盛。整體而言，自二〇〇八年之後，奇異資本占奇異總營收的比例有所降低，從 42% 降至 28%。這些決定讓奇異在二〇一六年成功擺脫了系統性重要金融機構的身分。

　　奇異終究回歸到了原本的工業根基。充當奇異集團火車頭三十年之後，奇異資本開始被視為阻礙公司發展的負累。隨著能源成本降低和外國勞動成本上漲，製造業在美國再度有利可圖。過去十年裡，奇異開設了超過二十間新工廠，增聘 1 萬 6 千名工人，而且伊梅特將奇異的研發支出翻倍，並投入資金將奇異廠房的硬軟體同時升級。

　　至少在奇異這家公司，金融化似乎已經走到了盡頭，但金融化的幽魂還是在公司裡徘徊不去。該公司董事會在二〇一七年六月趕走了伊梅特，理由是他沒有像威爾許那樣積極奉行股東價值模式。新任執行長佛蘭納瑞（John Flannery）為了和前任總裁有別，迅速宣布自己打算削減 20 億美元支出、提升利潤也提高股息。此外，雖然奇異在伊梅特的監督下出售了大部分金融業務，但某些資產和負債因為沒有買家願意接手而還留在帳簿裡。二〇一八年一月，奇異承認過去高估了再保險業務的營利能力，必須認賠高達 75 億美元的損失，並得大幅增加保險準備金。二〇一八年二月，奇異宣布，公司可能因為在二〇〇六和二〇〇七年違反聯邦放款法律而遭受美國司法部調查。這些消息導致奇異股價跌回金融危機時的低點，並動搖了人們以為這間公司能重現江湖的信心。在叱吒風雲一個世紀之後，奇異於二〇一八年六月被踢出道瓊工業指數。

安隆的完美風暴

　　與奇異不同的是，安隆公司未能從自己的金融冒險中倖存下來。在二〇〇一年申請破產時，這家公司名下的資產達 660 億美元，是當時美國史上最大的破產案。但是，一直到公司不得不宣告破產（和因此引發的調查）前夕，業界領袖仍以為萬事太平，時常讚賞安隆在天然氣和電力產業的創新。做為一家長期健在的能源公司，安隆於一九八〇年代末和一九九〇年代初迅速發展，獲得投資人和業界領袖的讚譽。一九九〇年代末，一連串的失敗交易導致安隆盈利萎縮，但其股價在財務操作支撐下仍然高漲。隨著這些操作在破產過程中曝光，安隆的種種「創新」看起來比較像是詐欺。政策制定者將安隆描述為受貪婪和腐敗驅動的「害群之馬」，在抨擊安隆肆意妄為的同時，人們時常忽略金融化在其中的關鍵角色。

打從一開始，安隆就自認是一家「新型公司」，完全支持股東價值。公司創始人雷伊（Kenneth Lay）是一名浸信會牧師的兒子，專業背景為經濟學。雷伊有兩大信仰：自由市場和基督教價值觀。一九七〇年完成博士學位後，雷伊在尼克森政府的內政部擔任能源事務副次長，任內領導為企業解除管制的工作。他的公職生涯相當短，回到能源業後利用自己的內幕知識和人脈，從能源市場法規鬆綁中獲利。雷伊很快就成為休士頓天然氣公司的高層，然後與總部設在奧馬哈的北際（InterNorth）公司達成合併協議，一九八五年因此誕生的公司就是安隆。

一九九一至二〇〇一短短十年間，安隆的收入因為金融化從135億美元膨脹至1,010億美元。一九八九年，安隆創立天然氣銀行（Gas Bank），這個部門保證生產商和批發買家能以固定的價格買賣未來的天然氣供給。這個金融部門由哈佛商學院畢業生、前麥肯錫顧問史基林（Jeffrey Skilling）領導，為安隆帶來巨額利潤。天然氣銀行很快擴展為安隆資本與交易（Enron Capital & Trade），成為能源商品與衍生工具最大的造市商，涉足的衍生工具包括電力、煤、鋼鐵和水的掉期合約、選擇權合約或期貨合約。在網路泡沫高峰期，安隆甚至進入寬頻電訊市場，打算像買賣其他大宗商品那樣買賣網路頻寬。

一九九〇年代，安隆的金融轉向使它的身分從能源生產商轉變為交易商，而該公司也因重心轉移賣掉了北美逾五千英里的油氣管道。前銀行家史基林的本領並非僅限於買賣和做交易，他還非常擅長「安排」安隆的盈利。他採用證券業的主流做法，在安隆實施按市價評估（mark-to-market）的會計方式，藉此墊高安隆的總資產價值。按市價評估這種會計方式並非根據資產的歷史成本衡量其價值，而是以資產的「市價」做為評估基礎。史基林聲稱這種做法可以更準確反映安隆的資產額，「捨此別無他法」。但是，由於安隆持有的許多資產並沒有公開的市場，按市價評估往往變成按模型評估（mark-to-model），也就是基於盈利預測評估資產的價值。安隆因此得以宣稱它從尚未產生任何收入的資產獲得了利潤——而且是以最為樂觀的盈利預測做為評估基礎。這種會計方式予人安隆快速成長的印象，儘管最後成功的投資案其實很少。

為了將這些賠錢資產隱藏在安隆的負債表之外並維持高額股價，史基林找來了西北大學凱洛格管理學院的企管碩士和前金融業人員法斯托（Andrew Fastow），幫忙建立了數千家特殊目的公司（SPE）。許多這些地下公司隸屬於「猛禽」計畫（Project Raptor）——象徵視力敏銳、專門獵食地表鼠類的肉食者。這些沒列在資產負債表上的「夥伴」被命名為猛禽一號、二號、三號和絕地（Jedi）一號、二號之類，它們使安隆得以祕密地從有違客戶利益的交易中獲利。猛禽計畫也成為一道防火牆，使安隆得以（至少暫時）與賠錢的交易區隔：光是在二〇〇〇年，安隆就在這些地下公司裡藏了約 5 億美元的損失，而等到計畫曝光的時候，它總共已為安隆掩蓋了 10 億美元的損失。在計畫曝光的前夕，安隆的高層早已把握機會，趁公司還沒崩潰前，悄悄將他們取得的股票選擇權套現。

史基林之所以可以做這些財務操作，負責稽核安隆帳目的安達信會計師事務所（Arthur Andersen）扮演了關鍵角色：因為安達信核准安隆的財務報表，人們通常以為安隆財務狀況良好。二〇〇一年春，隨著一系列的高風險投資開始損害安隆的現金流，史基林和法斯托的詐欺性資訊揭露方式開始令人起疑。投資人對安隆的未來失去信心，紛紛拋售股票，導致安隆股價從二月時的 80 美元左右跌至八月時的不到 40 美元。

因為多數特殊目的公司是靠安隆的高股價支持，安隆股價重挫導致它必須額外發行 5 千 8 百萬股籌資，以免這些特殊目的實體破產。這導致安隆的股價進一步下滑。安隆最終決定在二〇〇一年十月結束猛禽計畫，並將所有表現不佳的資產放回公司的資產負債表。這項決定也讓真相大白：安隆的交易業務實際上承擔的風險比投資人看到的要大得多，而股價縮水加重了這家公司的財務困境。整體而言，這次財務報表重編導致安隆的損失增加 5 億 9 千 1 百萬美元，債務則增加 6 億 2 千 8 百萬美元，而受此影響，安隆股價跌至 10 美元左右，信用評等則被降至僅高於「垃圾」級別。

到安隆申請破產時，它已經騙了投資人超過 700 億美元。參與該公司退休金計畫的員工，一半以上的人損失了所有儲蓄。美國勞工聯盟暨產業工會聯合會估計，在安隆倒閉後的一年裡，2 萬 8 千 5 百名雇員失去了他們在安隆、世界通訊（繼安隆之後爆發會計醜聞）和安達信的工作，而美國勞工則損失了 1.5 兆美元的退休儲

蓄。安隆前執行長雷伊和史基林被判犯了證券和電信詐欺罪，22
名安隆員工被判犯了財務瀆職相關的刑事罪。負責稽核安隆帳目的
安達信會計師事務所因為銷毀證據（以碎紙機銷毀安隆相關文
件），被判犯了詐欺罪，被迫結束營運。二〇〇二年，美國國會通
過《沙賓法》（_Sarbanes-Oxley Act_），設立上市公司會計監督委員
會，負責追究外部審計師的責任。雖然這些應對措施確實懲罰了少
數罪犯，也改善了監督，但未能處理金融衍生工具對公司營運帶來
的空前風險──這種風險已經成為美國經濟的一項特徵。

安隆這個名字如今代表企業肆意妄為的惡行，但除此之外，它
也應該代表一家非金融企業金融化之後可能產生的一連串問題。安
隆運用衍生工具和特殊目的實體的方式，起初被視為創新和值得稱
道的行為，但它們實際上不過是偷雞摸狗，飲鴆止渴的金融操作，
終究導致一間龍頭企業的崩潰。在這方面，安隆反映了一種鼓勵承
擔金融風險、迅速變化的企業模式的潛在陷阱，此外也說明了金融
操作凌駕生產經濟的潛在危險。

不平等的後果

誰是美國企業金融化的贏家？顯而易見的贏家是金融專業人
員：傳統金融業以外的世界愈來愈需要他們的專業技能，也提供給
他們相當豐厚的報酬。因此，隨著金融成為美國企業的指導原則和
主要利潤來源，華爾街也就成為企業高層和其他關鍵人員的跳板。
近年來，財星五百大公司約有 30% 的執行長曾在金融領域度過他

們的職涯成形期；對金融市場的敏銳度更成為企業高層的關鍵條件。

美國退休金制度市場化和股票價格飆漲，也使基金經理成為股東革命中的天之驕子，因為他們的薪酬是以他們管理的資產規模和創造的投資報酬為計算基礎。股東價值運動在美國企業界促成許多分拆、合併和收購交易，投資銀行業者為此歡呼雀躍，從中獲利甚豐。在《富比世》雜誌列出的美國四百大富豪中，從事證券和投資業的人從一九八二年的 24 人大增至二○一五年的近 100 人。

這種金融轉向最出人意表的一個結果，或許就是企業高層薪酬暴漲──照理說，他們正是企業揮霍背後的「壞人」。圖 4.5 呈現一九六五至二○一五年間，美國營收最大的三百五十家公司經通膨調整的執行長平均薪酬。一九八○年之前，這些執行長年薪約為 100 萬美元。到了一九九○年代，美國企業開始流行以股票選擇權做為高層薪酬的一部分。到了二十世紀末，美國最大型企業執行長的平均年薪達到 2,000 萬美元，幾乎是這些公司一般員工年薪的四百倍。

因為股票選擇權使企業高層的薪酬與股市密切相關，在金融危機引發的經濟大衰退期間，美國企業執行長的薪酬嚴重受挫，不過之後大幅回升。二○○九年，執行長的薪酬跌至不到一般員工薪酬的二百倍，但僅僅三年間就已回升至三百倍以上。二○一五年，這些執行長的平均年薪約為 1,500 萬美元。他們不但比數十年前的執行長多賺超過十四倍，收入也遠高於其他先進經濟體的同儕。彭博二○一六年的一項調查顯示，美國企業執行長對一般員工的薪酬倍

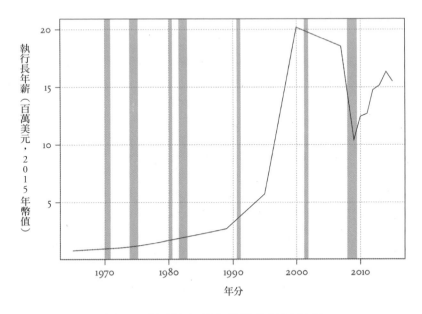

圖4.5 美國最大型企業的執行長年薪

注：執行長年薪採用「選擇權實現」（options realized）薪酬序列計算，包含營收最大的350家美國公司的執行長得到的工資、獎金、交易受限制的股份、已行使的選擇權和長期績效獎金。資料來源：Mishel and Schieder 2016 中的 Table 1，利用 Compustat 的 ExecuComp。

數遠高於英國、加拿大、瑞士、德國、西班牙和荷蘭。在瑞典、法國、新加坡和芬蘭等國家，這個倍數僅介於六十至八十之間。

　　政治經濟學家高登（David Gordon）指出，股東價值運動並未削減管理層的權力，因為企業需要更多管理監督，才可以迫使已受擠壓的勞動力產出更多價值。股東價值運動並沒有使企業變得「精悍高效」（lean and mean），反而藉由擴大管理層的權力，使企業變得「臃腫刻薄」（fat and mean）。社會學家辛宅鎮（Taekjin Shin）

分析上市公司執行長的薪酬，發現執行長愈是呼應股東價值意識形態（無論是採用基於績效的策略，還是公開表明自己的信念），董事會給他們的金錢獎勵就愈多。此外，相較於沒有金融背景的執行長，具有金融背景的執行長薪酬往往高得多。

　　管理人員的薪酬和權力提升，並非僅限於最高層。社會學家葛斯坦（Adam Goldstein）檢視一九八四至二〇〇一年的產業動態，發現合併與收購之類的股東價值策略與各級經理人薪酬成長有正相關。企業收入分配給管理人員的比例從一九八九年的不足 17% 升至二〇〇一年的近 23%，而分配給非管理人員的比例則從逾 35% 降至 27%。

　　與此同時，一般民眾並未受惠於美國企業的金融轉向。雖然金融繁榮理論上會嘉惠家庭儲蓄者，但在現實中，許多美國人並未投資於股市（第六章將再討論這一點）。公司有提供退休福利金的美國勞工比例，從一九八〇年的 55% 跌至二〇一四年的 40% 左右（圖 4.6）。所得中位數以下的美國勞工絕大多數並未獲得任何退休福利。所得居最高五分之一的群體跌幅最為顯著，他們的百分比從一九八〇年代初的 80% 降至 60% 左右。蓋洛普最近一項研究顯示，即使計入所有類型的投資，包括直接購買股票或間接投資於共同基金或個人退休帳戶，仍有一半的美國人並未投資於股市。

　　即使是有錢在股市裡的另一半美國人，這些投資也不保證他們未來可以無憂養老。美國最大共同基金公司之一的先鋒集團（Vanguard Group）指出，二〇一三年，他們五十五至六十四歲客戶的儲蓄中位數僅為 76,381 美元，顯然不夠退休。許多儲蓄帳戶裡沒什

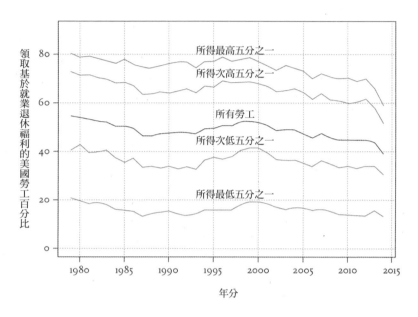

圖4.6 領取退休福利的美國勞工百分比

注：數據涵蓋所有 25-65 歲的私部門雇員。當前人口調查於 2014 年重新設計問卷，據稱這
　　是導致 2013 和 2014 年數值較低的一個原因。資料來源：美國勞動統計局、當前人口
　　調查社會經濟年度附錄。

麼錢，一部分的原因是這些帳戶索取高額管理費，另一部分原因是
許多家庭在經濟不景氣時得將價格大跌的股票變現好貼補家用。因
此，美國退休保障研究所（National Institute on Retirement
Security）的問卷調查顯示 86% 的美國民眾認為美國正面臨退休危
機、四分之三的人對自己的退休前景非常焦慮，也就完全不令人意
外。

　　股東價值運動為何導致這些意想不到的後果？部分原因是：在
處理代理問題的過程中，股東價值革命在基金經理與個人投資人之

間製造出一個新的代理問題。社會學家多賓（Frank Dobbin）和鄭智旭（Jiwook Jung）認為，股東價值管理實際上創造的是「基金經理價值」。因為基金經理的薪酬是以投資組合的年度報酬為評估基礎，但若投資出現虧損卻不需要自己掏腰包賠償，因此他們有追求短期獲利的誘因。此外，股市跌宕起伏對他們有利許多，這鼓勵他們助長而非刺破泡沫。同樣的，分配到股票選擇權的企業高層在公司股價上漲時獲利巨大，而如果公司股價跌破選擇權指定的認購價，他們也沒有任何損失。加上他們任期不長，這種誘因結構鼓勵企業執行長奉行高風險策略，而非致力促進公司的長期持續發展。

　　除了危害數以百萬計的美國退休人士的未來，金融化也摧毀了美國社會的「基本協議」──只要你願意努力工作，你和你的家人就能過小康的生活。隨著非金融企業開始仿效銀行和投資公司，原本用於生產和銷售商品的企業資源，轉而投資於金融子公司和市場。更多資金投入到抵押貸款、信用卡債務、商業貸款和衍生工具交易中，對人力資源開發和業務創新的投資大幅減少。在金融危機引發經濟大衰退之前，最依賴金融收入（如利息、股息和資本利得）的產業往往勞動所得占比較低、高層薪酬較高，而且所得不平等較嚴重。依賴金融收入造成盈餘的多寡與本業脫鉤，導致股東和管理高層能將公司賺的錢整碗捧去。

　　隨著金融專業人員開始主導大企業的經營方式，壓縮成本成為通往榮耀之路。除了工資停滯不前（見圖 2.3），美國多數勞工如今面臨更不穩定的就業狀況。大規模裁員曾被視為管理失敗的結果，如今卻成了促進股東價值的當紅策略。裁員的受害者已經從中西部的藍領工人擴散至東西兩岸的白領。為了保持利潤導向的靈活性，許多企業取消穩定的正職工作，代之以能夠隨意解僱的兼職或臨時工。

除了大規模裁員，美國最大型非金融企業的營業額與僱用規模在一九八〇年代開始分道揚鑣。也就是說，隨著產業龍頭在美國經濟有更大的影響力，它們僱用的勞工數量占全美勞工的比例反而降低了。這種脫鉤在某種程度上受到金融化驅動。金融業務的高獲利，以及華爾街文化主導美國企業界，皆促使企業高層涉足金融活動以尋求更高的報酬。與此同時，許多企業高層認為所有投資活動都應該以債務加以約束，而公司存在的目的是股東價值最大化，他們因此不再一心促進成長。如今他們不再致力策劃設計新產品，而是致力藉由債務融資和股票回購來操縱公司股價。原本用來創造就業的企業資源，愈來愈多轉移到金融操作上，包括付錢給債權人和股東。

在私募基金這樣極端的行業中，經濟學家艾琳・阿佩鮑姆（Eileen Appelbaum）與羅絲瑪莉・拜特（Rosemary Batt）也觀察到類似情況。為了盡可能提高投資報酬，私募基金往往利用所收購的資產大量借貸，並實施嚴厲的成本削減策略，而這兩種做法既犧牲了被收購公司的財務穩定性，也損害到員工的就業保障。最近一個例子是玩具「反」斗城破產：私募基金貝恩資本（Bain Capital）、KKR 和 Vornado Realty Trust 收購這家公司的時候在它的財報表上加了超過 50 億美元的債務。因此，即便玩具「反」斗城在面臨網路商家競爭之下仍保持穩定的收入，一大部分的收入都被拿去償債。

最後，這家公司的 735 家門市在二〇一八年全部關門大吉。3 萬 3
千名員工在沒有遣散費的情況下失去了工作。然而此時執行長布蘭
登（Dave Brandon）早已逃離沉船，在公司完成破產申請前領取了
上千萬美元的「黃金降落傘」補償。

　　除了削弱就業，金融化也助長了破壞勞資協定的其他發展。社
會學家弗利斯坦與辛宅鎮指出，在許多不同產業，併購之類的股東
價值策略盛行，與電腦技術投資增加和加入工會的勞工比例降低有
相關性。米爾伯格（William Milberg）則指出，金融化也助長了生
產製造的全球分化（global disintegration of production）：為了在緩
慢成長的經濟中為股東創造利潤，美國企業將生產活動遷移至開發
中國家，進一步損害一般美國人的經濟前景。

　　政治經濟學家達西隆（Thibault Darcillon）也提出了重要的觀
察：金融崛起時常破壞用於保護勞工的勞動市場制度。他發現，在
經合組織各成員國之間，金融化藉由降低工會密度、瓦解集體設定
工資的做法，以及縮減集體談判協議的適用範圍（導致非工會勞工
較難享有與工會成員相同的就業條件），削弱了勞工的議價能力。
金融化也削弱正式員工免受個別解僱的保障，放寬了對臨時僱用的
規範，並且讓大規模裁員更為容易。其他學者則發現金融化常減弱
集體工資談判（coordinated wage bargaining）並創造低薪公司。這
些研究共同顯示，金融化不只將資源從非金融產業吸到金融業，還
從根本上改變了經濟結構。驅動美國戰後經濟繁榮的勞資協定在許
多方面受到衝擊：企業變得脆弱，替代勞動力的技術開始普及，外
包盛行，工會受到打擊，勞動保障受損。結果是流向勞工的國民所

得比例降低，穩定的工作減少，經濟資源集中在少數人手上（和錢包裡）。

總結

除了將所得轉移到金融業，金融化對實體經濟的所得和就業動態也有廣泛影響。著眼於一九七〇年代以來美國大企業的金融轉向，我們看到，非金融企業主動以及被動地擴大了金融市場參與，藉由向家庭和小企業放款以及買賣股票和其他證券獲利。與此同時，股東價值治理模式崛起將華爾街的邏輯和做法引入實體經濟，使股票價格成為衡量企業表現的唯一標準。

雖然在二十世紀上半葉，通用汽車和奇異公司等大型製造商已經開始向它們的顧客提供金融服務，但這些服務的主要目的是促進公司產品如汽車和家電的銷售。然而隨著金融在一九七〇年代成為有利可圖的誘人生意，這些服務開始自行擴張。它們的顧客不再僅限於想購買汽車、鋼琴和冰箱的人，而是擴大至需要信貸的所有小企業和家庭。提供金融服務的非金融企業快速增加，長期以來金融與實業的分隔因此變得模糊。

除了傳統的銀行業活動，一些公司也找到進入高階金融領域的途徑。二〇〇五至二〇〇八年間，席爾斯利用大賣場產生的現金投資於高風險衍生工具，經營方式變得比較像對沖基金而非零售業者。在二〇〇一年倒閉之前，安隆公司從能源生產商轉型為各種商品（包括天然氣和網路頻寬）的交易商。金融從輔助性質的次要活動升級為這些公司的主要利潤來源，導致這些公司可投資於生產性資產和就業的資源減少，而且往往因此承受巨大的財務風險。

在這些一般企業紛紛擴大金融業務的同時，美國的公司治理模式也出現巨大變化。二十世紀初以來主導企業界的管理主義在一九七〇年代的危機中受到質疑，最終被股東價值模式推翻。在基金經理和企管顧問倡導下，這種新的治理模式認為企業存在的唯一目的是為股東提供財務報酬。

為了增強股東在公司治理中的核心地位，金融經濟學家提出各種獎懲手段，包括提供基於股票的薪酬，鼓勵公司高層奉行縮編和股票回購等策略以立即刺激股價。此外，企業廣泛利用債務做為資本的來源和對收購的嚇阻，導致企業承受沉重的財務壓力。這種對股東價值的重視確實將股市推升至空前的高位。

但是，對股市有利的事，對多數美國人不一定是好事。美國企業的金融轉向產生的明顯贏家，是基金經理和企業高層。基金經理的薪酬是以他們管理的資產規模和創造的投資報酬為計算基礎。蓬勃的金融市場即使並未反映經濟現實，也使這些金融專業人士大發利市。而隨著股票選擇權成為企業高層薪酬的主要部分，他們受惠於膨脹的股價。與此同時，只有不到一半的一般美國人擁有四〇一（ｋ）或個人退休帳戶，而在金融市場動盪時，他們也無法受惠於金融投資。當然，我們總是可以設想一些兼職和隨時待命的勞工如何因為多頭市場間接得益，但這些人的工作之所以不穩定，正是拜金融化所賜。

金融化不但辜負了一般美國勞工，還根本破壞了美國的勞資協定——根據這個協定，經理人完全控制企業，勞工則享有就業保障，並獲得可以滿足生活需求的工資。股東價值最大化成為最高要求，導致原本用於商品和服務的生產開發的企業資源，轉而投資於金融業務，加快了勞動在國民所得中的占比降低、所得差距擴大，以及就業成長停滯等趨勢。

非常重要的是，金融崛起也助長了不利於勞工的趨勢，從而損害美國勞工的生計。為了追求股東價值，企業採用新科技，取代了加入工會的勞工（從而削弱在美國倡導勞工權益的主要組織）。外包出去的工作主要流向沒有工會的公司和人力派遣業者，製造出大量剝削勞工的非標準工作。削減成本的使命也助長生產製造的全球分化，不但將工作轉移到低工資國家，還為這些國家的勞工製造危險的工作環境。許多美國家庭如今要靠借錢生活也就不足為奇。

---

1 Corkery, Michael and Jessica Silver-Greenberg, "Profits From Store-Branded Credit Cards Hide Depth of Retailers' Troubles," *New York Times*, May 11, 2017.

2 https://gregip.wordpress.com/2002/06/10/credit-window-alternative-lenders-buoy-the-economy-but-also-pose-risk/.

3 有關威爾許年代奇異公司日常內部運作的詳情，可參考 Bloomberg News, "How Jack Welch Runs GE," June 7, 1998。

4 在威爾許領導下，奇異確立了出售資產以填補工業部門利潤缺口的做法，雖然威爾許後來批評一種過度重視短期利潤的企業管理方式。
"Losing Its Magic Touch," *The Economist*, March 19, 2009.

5　掉期（swaps）合約是指締約雙方約定在未來某個時候交易，而交換的
　　是標的資產的市價和某個固定價格。選擇權合約是買方取得以約定價
　　格買進或賣出標的資產的權利（而非義務）。期貨合約則要求締約者在
　　未來某天以約定的價格買入或賣出標的資產。為了說明安隆或其他公
　　司如何鎖定未來的價格，我們以一家航空公司為例：這家公司擔心燃
　　料成本上升，希望鎖定油價。它可以購買石油的選擇權，獲得在未來
　　約定的日子以約定的價格購買石油的權利（而非義務）。因此，如果
　　2017 年 4 月時一桶石油的價格為 49 美元，該航空公司可以買進選擇
　　權，獲得在 2018 年 4 月以每桶 50 美元的價格購買石油的權利。如果
　　到了那時候，油價已升至每桶 100 美元，該航空公司將會行使權利，
　　以每桶 50 美元的價格買進石油，藉此穩定營運成本。但如果油價跌至
　　40 美元，該公司就不會以 50 美元的價格買油，而是會以 40 美元的市
　　價購買石油。簡而言之，選擇權之類的金融衍生工具使動盪市場中的
　　行為者得以盡可能降低未來的風險。

6　當時美國財務會計準則委員會（FASB）的準則僅要求外部投資人擁有
　　公司 3% 的股權。這種低門檻使安隆可以輕易建立名義上獨立的子公
　　司。

7　詳情參見 Lu, Wei and Anders Melin, "Ranking Where to Work to Be a Rich
　　CEO or Richer than Neighbors," Bloomberg News, November, 16, 2016。
　　跨國比較本身相當困難，因為非金錢的企業福利難以追蹤；因此，美
　　國執行長得到的福利占總報酬比例較大的時候，薪酬差距會比較大，
　　而這個比例較低的時候，薪酬差距較小。

8　美國政府問責辦公室（GAO）一項研究發現，即使在 55 歲以上的民眾
　　當中，約一半的人沒有退休儲蓄，29% 的人既沒有退休儲蓄帳戶，也
　　沒有確定給付退休金計畫：http://www.gao.gov/products/GAO-15-419。
　　在這個群體中，41% 的人並不擁有房子。

5 │ 揹債的美國人

你想知道什麼比在脫衣舞夜總會揮霍更重要嗎？

信用額度。

——傑斯（Jay-Z），〈O.J. 的故事〉（The Story of O.J.），二〇一七

在前面兩章，我們討論了金融崛起如何擴大美國的經濟不平等。這個過程當中，家庭債務大增是非常重要的一環（圖 1.4）。一九八〇年以前，美國家庭債務平均約為年度可支配所得的 65%。隨後二十年間，家庭債務穩步增加，對可支配所得的比率在二〇〇二年升至 100% 以上。這種趨勢於二〇〇〇年代持續，並在大衰退爆發時達到 132% 的歷史高點。不當放款當然是債臺高築的一個原因：例如次級房貸業者以低廉的最初還款額引誘低收入家庭借款購屋，但幾個月後實際利率生效，許多家庭就再也無力償還房貸。

這種不顧後果的掠奪式放款行為無疑會造成傷害，但美國家庭背負的債務不斷增加，對不平等有何影響並不是那麼簡單明確。一

方面，家庭債務增加可能代表經濟狀況的差異加深了：愈來愈多美國家庭入不敷出，必須舉債度日。債務負擔加重可能導致這些家庭的財務狀況持續惡化，洞愈補愈大。信用擴張的得益者是現代高利貸者，他們以經濟狀況脆弱和財務不穩定的人為獵物。

另一方面，這種趨勢可能意味著金融化使更多家庭負擔得起中產階級的生活水平，因此減輕了消費不平等。在金融化時代，美國家庭獲得信貸的機會大大增加，他們因此得以購屋買車、接受高等教育，以及購買各種消費品。這些新出現的機會可能提高了一般美國家庭的生活品質，改善他們的長期經濟前景，並使貧者與富者有

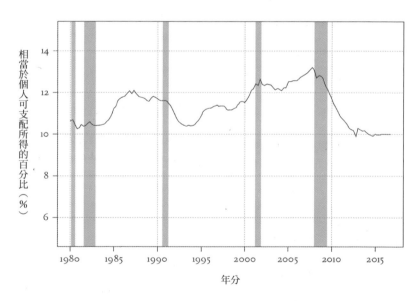

圖5.1 家庭償債支出對個人可支配所得的百分比

注：以聯準會經濟數據中的家庭償債支出除以個人可支配所得得出。資料來源：聖路易聯邦準備銀行、聯準會經濟數據。

較平等的機會獲得商品和服務。你甚至可以說,債務對可支配所得的比率[1]誇大了美國家庭債務負擔的成長幅度,因為這些家庭的借貸利率比以前低得多,而這一切全都拜金融化所賜。

事實上,如果我們將關注點從美國家庭的負債總額轉移到他們的償債支出,整體趨勢看起來便非常不同。圖 5.1 呈現美國家庭的債務負擔,以償債支出對個人可支配所得的比率為指標。相較於圖 1.4 呈現的負債急增情況,我們看到美國家庭的債務負擔大致穩定,而由此看來,負債增加主要是受到債務成本降低所驅動。美國家庭平均用 10% 至 13% 的收入償債。

本章將指出,無論是對家庭債務成長樂觀或悲觀的解讀,兩者都未能充分理解這個現象。這是因為國家層面的經濟數據掩蓋了這個重要事實:負債總額和債務負擔在美國家庭中的分布並不平均。必須注意的是,**欠很多債的人,債務負擔往往並不沉重**。富裕家庭有大量債務,但這並不代表他們的財務岌岌可危,而是反映他們比其他人容易獲得信貸和積累財富。房貸和學生貸款使這些家庭不必動用儲蓄或投資,而相較於這些貸款的利息成本,他們的儲蓄或投資往往可以為他們帶來更多報酬或稅務優惠。也就是說,對上層階級家庭來說,欠債其實很划算。

中產階級家庭的財富比有錢人少,但仍比窮人容易獲得信貸,他們在金融化時代背負了更多債務——相較於他們的淨資產,他們的債務增加了。因此,相較於淨資產,這些家庭的債務負擔也往往有所加重。可以取得信貸使這些家庭得以提升教育程度、改善生活方式,以及維持「輸人不輸陣」的消費,但這些債務也使他們承受更大的財務風險。許多美國家庭因為沒什麼儲蓄，只要一失業或生重病，就可能保不住自己的房子。

至於低收入家庭，他們並未因為信貸擴張而得到很多好處。這些家庭多數沒什麼機會可以從主流放款機構那裡獲得信貸。少數借到錢的人必須承受高昂的信貸成本，而這種負擔可能會摧毀他們的財務狀況。因此，除了那些原本已經擁有豐富資源的家庭，信貸擴張反而使多數美國家庭在經濟上變得脆弱。這種情況非常諷刺，因為信貸一直被宣傳為解決社會不平等的市場化方案。

在本章，我們要檢視金融化如何藉由家庭債務擴張而加劇了不平等。我們指出家庭債務擴大家庭間不平等的三個主要途徑。首先，美國家庭獲得信貸的機會並不平等。最需要信貸的家庭最不可能獲得信貸；而如果有幸獲得信貸，這些家庭將因此背負非常沉重的財務負擔。第二，有錢人有大量機會獲得成本低廉的信貸，他們也常利用借貸來增加財富。因此，有錢人把信貸當成一種資源，窮人則必須支付高昂利率。第三，儘管政策制定者長期以來一直倡導利用信貸來解決工資和勞動市場的不平等問題，但信貸擴張不足以解決經濟困境。雖然信貸可以為有需要的家庭提供短期救濟，長期而言，它只會加深經濟差距。簡而言之，信貸是治不好社會不平等的一門偏方。

我們首先回顧歷史，說明消費金融如何在二十世紀被視為不平等的解藥和經濟成長的催化劑，以及數十年來的政策如何增強消費金融在美國社會的影響。然後我們要檢視信貸在美國家庭間的分配，以及借貸的不平等後果。

美國家庭債務的歷史

> 銀行就是如果你能證明自己不需要錢，它就會借錢給你的地方。
>
> ——鮑伯‧霍伯（Bob Hope）

　　消費金融在美國有悠久的歷史。這種活動起初背負汙名，被視為與赤貧和輕浮有關，但隨著時間的推移，最後被視為解決這些禍害的靈丹妙藥。這種轉變源自進步時代（譯按：美國一八九〇年代至一九二〇年代的一段時期）兩個經常互相競爭的利益集團出乎意料的結盟。製造商和零售商視信貸為刺激消費的手段，進步改革派則視消費信貸為能夠幫助美國勞工階級承受經濟動盪的工具。兩者都主張政府祭出政策，使大眾有更多機會獲得信貸。這種共識在整個二十世紀持續，期間消費信貸和房屋貸款廣受歡迎，因為這些服務能滿足人們消費與購屋的需求。在本節，我們追溯消費貸款如何從一種不正當的活動變成一種廣為接受的金融服務，然後在二〇〇八年危機爆發後成為公憤的焦點。

信貸做為不平等解決方案的起源

　　二十世紀初，「好」債與「壞」債之間在美國有明確的道德界線。當時的衛道者大致上認為申請貸款購買農場或創業是有益的金融應用，而借錢消費則會受到譴責，被視為輕浮之舉。一九一六年之前嚴格的高利貸法律將利率限制在 6% 至 8% 以下。這種限制使社區銀行不願意建立個人貸款部門，因為在低利率和沒有抵押品的情況下，這種業務無利可圖。需要救急的家庭沒什麼選擇，許多人從朋友或親人那裡取得非正式小額借款，或是以賒帳的方式在社區的商店購物。走投無路時，人們會求助於當舖或聲譽不佳的放款人，他們願意接受有價值的抵押品（例如手錶或項鍊），以相當高的利率借出小額貸款。

第一次世界大戰之後，一般美國人可取得的信貸類型增加了。經濟歷史學家海曼（Louis Hyman）指出定義了現代消費信貸的兩項金融創新：分期付款與合法的個人貸款。分期付款使消費者得以購買高單價商品如汽車、鋼琴、洗衣機、電視和冰箱。一九一一年，當時全美最大的零售商席爾斯開始為顧客提供分期付款方案，傑西潘尼也很快就跟進。一九一九年，在史隆（Alfred P. Sloan）領導下，通用汽車成為第一家成立金融子公司的美國汽車廠商；通用汽車金融服務公司為分期付款方案提供資金，藉此幫助通用汽車擴大客戶群。

與此同時，改革派認為，借貸是美國勞工階級和窮人應付意外醫療費用或失業的必要手段。為了抑制掠奪式放款[2]，有心人設立了專門從事借款救急的非營利銀行。一九一〇年，莫里斯（Arthur Morris）在維吉尼亞州創立第一家「莫里斯方案銀行」（Morris Plan bank），向那些有可靠推薦人的勞工發放小額貸款，並安排一種特別的還款方案，以定期購買存款單的方式償還貸款。莫里斯相信，他可以幫助借款人「藉由系統性投資養成節儉儲蓄的習慣」。此後，莫里斯方案銀行擴展至一百多個社區，成為慈善放款的典範。

為了進一步鼓勵營利性金融機構進入消費金融市場，羅素賽吉基金會（Russell Sage Foundation）等進步組織開始為各州研擬信貸法律改革藍圖。它們認為貸款利率必須提高，銀行才會願意從事這種高風險業務；它們因此主張放寬對個人貸款利率的限制，同時規範適當放款方式。一九一六年，紐澤西州成為第一個採用這種法律的州；到了一九三〇年代，另外二十五個州也通過了類似的小額貸款法律。商業銀行渴望進入這些新市場，在一九二〇和一九三〇年代開始設立個人貸款部門。截至一九三四年，向聯準會註冊的消費者放款機構多達 1 萬 3 千家。

在隨著公共福利計畫和重分配政策在歐洲大為流行，許多美國的政治人物和實業家認為信貸可以在美國取代這些政策，發揮類似的功能。在快速轉變的經濟體中，私營金融機構可以成為經濟救濟的主要提供者，國家因此不必建立正式的公共安全網。但是，因為多數金融機構都想靠放款業務賺錢，上述改革的得益者主要是工作穩定的中產階級白人男性。信貸改革對解決最弱勢家庭的經濟困難毫無幫助。

這種以金融為基礎的零碎安全網在「咆哮的二〇年代」還過得去，因為期間美國家庭可靠的收入使他們得以償還債務，但隨著美國陷入大蕭條，這種體制的缺點就變得顯而易見。驚人的高失業率不但導致許多美國家庭收入減少，還阻斷了他們獲得信貸的途徑。小羅斯福政府因此推出一系列的社會計畫，確保美國中產階級和勞工階級的生活不至於因為經濟動盪而陷入絕境。其中一九三三年的《屋主再融資法》（*Homeowner Refinancing Act*）和一九三四年的《國民住宅法》（*National Housing Act*）為建築工人、屋主和房貸放款業者提供了他們迫切需要的救濟。

小羅斯福總統在簽署這些法案的正式聲明中表示:「我覺得我們向結束通縮又邁出了重要的一步,通縮原本正迅速剝奪數以百萬計的農場主和屋主的財產所有權和權益。」[3] 然後他呼籲放款機構在新法提供的再融資全面實施之前,先讓付不出房貸的家庭繼續住在自己家裡。因為當時幾乎所有的房貸都在銀行的資產負債表上,銀行確實能夠自己做這個決定。《國民住宅法》也設立了聯邦住宅管理局,為放款人發放的房貸提供保險,從而降低房貸利率和頭期款,並延長還款期。

二戰之後的家庭信貸擴張

根據美國一個流行的傳說,「最偉大的一代」,也就是那些參加二戰後回國創造了嬰兒潮的人,是靠勤勞和節儉贏得生計。比較少人知道的是,消費信貸對於促進戰後繁榮發揮了關鍵作用。隨著軍人榮歸並在郊區展開家庭生活,他們得以藉低利率貸款購屋或創業,振興戰後經濟。製造商也為消費者提供誘人的付款方案,藉此刺激市場對它們產品的需求。經過二十年的動盪之後,消費信貸似乎再度成為促進經濟成長與維持社會平等的妙方。

如同早年的改革派,勞工組織支持信貸擴張,因為這可以為勞工階級提供他們急需的安全網。政治經濟學家特倫布爾(Gunnar Trumbull)指出:「信貸似乎創造了一種良性循環,信貸支持的新消費助長了製造業規模擴張,因此成就的生產力成長使工資得以提高。」信貸因為使中產和勞工階級得以改善生活品質而獲得讚揚。

消費信用卡面世也助長了美國的家庭債務。西聯匯款（Western Union）於一九一四年推出第一張簽帳卡（charge card），而在一九二〇年代連鎖飯店、百貨公司和石油公司陸續跟進。我們現在熟悉的多用途金融卡，則是在二戰之後才進入主流。一九五〇年面世的「用餐俱樂部卡」（Diners Club card；後來發展成為大來卡）為餐廳顧客提供信貸，引領潮流。這張卡收取 7% 的利息和年費，但極受經常光顧高級餐廳的富裕家庭歡迎。短短一年間，它就吸引了 2 萬名新會員。其他放款機構很快開始提供類似服務，例如國民信用卡公司（National Credit Card Inc.）就提供一種針對商務旅行者的卡。美國運通公司於一九五八年加入信貸市場，向 8 百萬名潛在顧客發出信用卡申請表，產品設計模仿用餐俱樂部卡。提供信用卡的銀行從一九五八年的 27 家增至一九六七年的 1,500 家，估計服務 1 千 1 百萬至 1 千 3 百萬個活躍帳戶。

儘管美國人所欠的債務比上一代顯著增加，但因為工資快速成長，加上新政法律賦予的就業保障，多數美國家庭都能夠償還債務並累積儲蓄。二戰之後，美國家庭借款每年都增加，但還款額也增加，未償還債務比率因此保持穩定。信貸容易取得，使住在郊區的勞工和中產階級家庭至少看似平等（有錢人不必借錢消費，窮人則仍被排除在信貸市場之外）。雖然約有一半的白領和藍領勞工住在郊區（符合那個時代的整體趨勢），但他們負債的可能性是那些擔任管理人員和專業人員的鄰居的一·五倍。在某種程度上，這些趨勢實現了倡導個人貸款的進步人士當初的目標：債務協助減輕了位於所得分配中間部分的家庭之間的消費不平等，創造出多數美國人是中產階級的持久印象。

戰後信貸體系的勝利，呈現在一九五九年莫斯科舉行的為期六週的美國國家展（American National Exhibition）。當時的美國副總統、美國資本主義首席大使尼克森展示了一個典型的美國郊區住宅，配置全套現代家用器具，包括電視、洗衣機、冰箱、爐灶和洗碗機。尼克森知道當時美國在太空技術方面落後於蘇聯，但他自豪地宣稱，那個展出的住宅並非脫離現實的宣傳工具，而是「典型」美國人負擔得起的房子。他沒講的是：美國人必須借入房貸和利用分期付款方案，才買得起那樣的房子和所有家用器具。

此外，尼克森也沒指出：美國黑人家庭的信貸選擇比較有限，為了過中產階級生活他們得付出高昂許多的代價。歧視性的放款和僱用安排導致美國黑人必須支付較高的利息，但他們的收入僅為白人同儕的一半左右。黑人家庭累積財富的能力因此弱上許多。因為儲蓄和收入都比較少，他們需要用錢時比白人更仰賴借貸，而這導致他們容易陷入更深的財務困境。在負債的家庭中，有 24% 的白人家庭沒有儲蓄，但有高達 69% 的黑人家庭沒有儲蓄。種族差異在郊區至為顯著，黑人家庭的債務負擔是他們的白人鄰居的兩倍。

其他形態的制度性種族歧視更為加重了這種債務負擔。在一九三〇年代，聯邦住宅管理局明確拒絕為有色人種和少數族群社區的其他借款人提供房貸保險。二戰之後，因為金融機構認定非白人借款人的資本和信用紀錄不足，連黑人退伍軍人也無法取得政府擔保的房貸。例如在紐約州和紐澤西州，在 6 萬 7 千筆獲得擔保的退伍軍人房貸中，只有不到 100 筆是發放給少數族群借款人。

　　一九四〇年代末，在全國有色人種促進會（NAACP）施壓下，聯邦住宅管理局啟動一個計畫，希望改善放款中立性和該機構在少數族群間的形象。但是，因為金融業者假定黑人社區對投資人構成更多風險，歧視性的放款和保險安排還是繼續運作（在那段時期，整體而言，黑人社區的房屋價值上升，黑人財富也成長，可見那種更多風險的假設實為偏見）。後來，《房屋公平交易法》（*Fair Housing Act*），也就是一九六八年《民權法》第八章，規定任何住宅的銷售、融資或租賃不得存在歧視。但是，早期的歧視對種族之間的財富差距仍有深遠的影響，而向美國黑人和其他群體擴張信貸的運動將再度強化信貸可以解決美國不平等問題的信念。

　　這個社會運動始於一九六〇年代末和一九七〇年代，其主要訴求是促進弱勢者（尤其是女性和少數族裔男性）獲得信貸的機會，因為這些人長期被銀行業者視為「不值得獲得信貸」。二十世紀上半葉勞權團體帶頭倡導的目標，在二十世紀下半葉由全國婦女組織（National Organization for Women）和國民福利權利組織（National Welfare Rights Organization）等倡議團體接力推動。這項運動促使美國制定一系列的新法律。一九七四年的《平等信貸機會法》（*Equal Credit Opportunity Act*）禁止基於性別或婚姻狀態的歧視，一九七七年的修訂進一步禁止基於種族、宗教和民族血統的歧視。為了遏制「畫紅線」（redlining；歧視特定地區居民的做法），一九七五年的《住宅抵押貸款揭露法》（*Home Mortgage Disclosure Act*）要求都市區放款機構按類型和地理位置揭露其抵押貸款，避免居住在黑人區的民眾無法獲得貸款。一九七七年的《社區再投資法》(*Community Reinvestment Act*)要求銀行為社區內收入較低的少數群體提供服務;而在柯林頓時期的修訂中,績效測試取代了文件要求,以刺激低收入社區的放款。雖然這些政策致力促進信貸機會平等,但它們也使政策制定者進一步將解決不平等問題的責任轉移到金融機構身上。而這意味著不平等問題基本上沒有得到解決。

一九八〇年代的金融轉向

家庭貸款方面的早期發展使某些美國人更容易獲得信貸,但家庭債務並未因此顯著增加,遠低於現今的水準。截至一九八〇年左右,消費信貸一直被視為支撐郊區生活方式的次要手段。但是從一九八〇年代起,信貸出現顯著的轉變。金融法規鬆綁使消費者債務得以激增,消費信貸對於支撐美國人的物質生活的重要性變得與家庭收入同樣關鍵。隨著國家逐漸放寬大蕭條之後為了促進穩定和約束金融勢力的限制,「方便的」新金融產品誘使美國家庭背負更多債務。政府取消利率上限,使銀行得以向家庭借款人收取在進步時代會被視為掠奪性的高利率和費用。與此同時,中產和勞工階級家庭的工資停滯不前(見圖 2.3),導致美國家庭需要更多信貸。

證券化普及加快了貸款成長的趨勢。放款機構將家庭貸款債權打包成可以買賣的證券,藉此將放款賣給國內外投資人,獲得資金提供新一輪的貸款。隨著資本市場對這些債權的需求增加,債務擔保證券(CDO)、房貸擔保證券(MBS)和信用違約交換(CDS)等金融工具蓬勃發展。二十年間,對消費信貸的強勁需求(一方面是消費者需要信貸,另一方面是金融市場樂於購買這種債權)鼓勵銀行和其他金融機構以最快的速度大量放貸。此外，因為放款機構不再持有這些貸款，它們放款時重量不重質。政治人物和監理官員為金融機構的大肆放款歡呼雀躍，顯然仍相信隨手可得的信貸是解決貧困和不平等問題的最有效方法。

雖然家庭債臺高築主要源自房屋貸款，但其他類型的消費債務也迅速增加。圖 5.2 呈現過去五十年間的美國人均非房貸消費債務。一九八〇年代之前，家庭債務大致隨著經濟週期增減：美國家庭在經濟繁榮時期增加借款用於消費，經濟衰退時則減少這種借款。雖然同樣的形態隨後一直持續著，但消費債務增加的速度在一九八〇年代開始超過還款速度。一九八二至二〇一六年間，因為信用卡債務、汽車貸款和（近年）學生貸款增加，美國人均消費債務從約 5 千美元大增至 1 萬 3 千美元（經通膨調整）。

總的來說，一九八〇年代標誌著消費信貸進入新時代，由銷售金融產品而非製造產品所驅動。消費信貸曾經主要是為了穩定和促進商品與服務之消費，如今變成為了自身而存在：金融機構將信貸當成一種商品販售，藉由不斷上升的利率、隱蔽的服務費、滯納金，以及在金融市場上打包出售消費貸款，靠發放貸款獲利。

家庭信貸擴張最終導致了二〇〇八年的金融危機。歐巴馬政府上任後推動數項改革以抑制崩盤：首先是在二〇〇九年通過《信用卡問責與資訊揭露法》（*Credit Card Accountability, Responsibility, and Disclosure Act*），提高信貸條款的透明度並加強對放款人問責，為消費者提供更大的保護。然後是在二〇一〇年通過《陶德法蘭克華爾街改革與消費者保護法》，試圖恢復「伏克爾規則」（Volcker

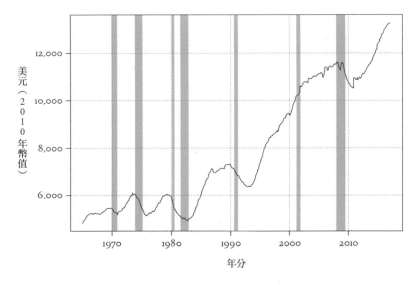

圖5.2 美國人均消費信貸餘額

注：消費信貸餘額為「美國所有項目總額」（CPALTT01USM661S），是非機構平民人口（CNP16OV）持有和證券化的未償還消費貸款（TOTALSL），並利用消費者物價指數做調整。消費信貸包括信用卡債務、學生貸款、汽車貸款和用於購買商品和服務的其他計畫，但不包括抵押貸款和其他投資貸款。資料來源：聖路易聯邦準備銀行、聯準會經濟數據。

Rule），禁止接受存款的金融機構投資於證券、衍生工具、商品期貨和選擇權的自營交易。政府還設立消費者金融保護局（CFPB），加強監督房貸放款機構和經紀商，以保護屋主及其家庭。消費者金融保護局致力提高房屋貸款、信用卡和學生貸款條款的透明度，但最近被大幅解除權力。理論上，這些政策應該可以藉由規範放款方式和控制高風險投資的後果，來減少消費和房貸債務的潛在負面影響。但這些干預措施的實際影響至今仍不明確，尤其是因為川普在任期間積極縮減這些干預措施。

這些在經濟衰退後推行的改革或許可以改善借款人的處境，但它們完全沒有改變一個世紀以來的政策模式。在這個模式中，**不平等問題被誤解為周轉的問題**：政策制定者、改革派和銀行業者不去探究為什麼窮人和勞工階級家庭沒有辦法靠收入負擔中產階級的生活（或無法向上流動過這種生活），而是著眼於如何幫助窮人獲得信貸。政府並不提供真正的安全網，而是試圖用金融蜘蛛網來保護美國人。也就是說，聯邦政府經常補助金融業和授予金融業者放款任務，但並沒有提出完善的教育、居住、退休和福利政策來縮小階級差距。而因為私營放款機構一心追求利潤，最弱勢的家庭仍不大可能獲得信貸，除非他們願意支付可能會摧毀他們長遠財務狀況的高昂費用和利息。

柯林頓政府的政策最明確暴露了認為信貸可以解決不平等問題的錯誤觀念。為了確保銀行為中低收入社區的家庭提供貸款，柯林頓總統推動監理和法律改革以加強《社區再投資法》。與此同時，《個人責任與工作機會法》（*Personal Responsibility and Work Opportunity Act*）打破了新政政策，規定福利領取人得有份工作或者認真在找工作，並為政府援助設定五年的期限。這些要求將單親媽媽和其他弱勢人士導向低工資、低保障的工作，而雇主知道這些美國人需要工作才有資格獲得福利（同時也知道因為政府提供福利，所以工資不必高到可以滿足基本生活需求）。整體而言，這些政策鞏固了美國是信貸國家而非福利國家這個核心觀念。

信貸分配

　　但是，擴張的信貸到底落入哪些人手上？數十年來，當局致力引導信貸流向低收入和邊緣化社區，這些努力有效嗎？金融法規鬆綁是否已經使信貸「民主化」？本節利用聯準會的消費者財務調查（Survey of Consumer Finance）以回答這些問題。這項三年一次具有代表性的抽樣調查蒐集美國家庭的財務和人口特徵資料。我們的分析剔除戶主年齡小於二十五歲或大於六十五歲的家庭，這有助避開教育、退休和與人生歷程有關的其他變化造成的干擾。[4] 然後我們根據家庭總收入，將美國家庭分為六組。第一組為收入居所得分配最高 10% 的家庭，第二組為收入次高的 10% 家庭，餘下的家庭根據他們的收入水準平均分為四組。

　　圖 5.3 呈現家庭信貸在這六個美國家庭群組中的分配情況。或許並不令人意外的是，信貸分配非常不平均。一大部分信貸流向收入最高的 10% 家庭。一九八九至二〇一六年間的每一年，這十分之一的家庭獲得約 30% 的家庭信貸。如果加上收入次高的 10% 家庭，則收入最高的五分之一家庭過去三十年間獲得近 50% 的家庭信貸。相較之下，底層的五分之一家庭只拿到一點點。他們獲得的信貸比例從一九八九年的 2.7% 增至二〇一〇年的 6.4%，但到二〇一六年時降至 3.9%。

　　圖 5.4 按房屋、信用卡、教育和運輸工具這四個主要債務類別剖析信貸分配情況。[5] 在這四個市場，富裕家庭在獲得信貸方面皆居於主導地位，但程度不一。信貸在房屋貸款市場的分配最不平

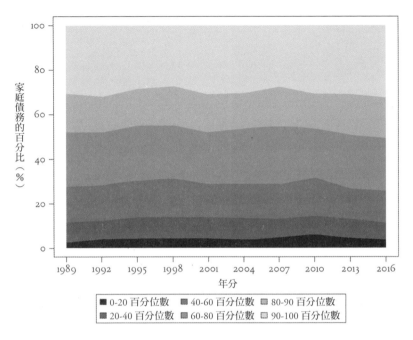

圖5.3 家庭信貸在各收入階層的分配情況

注：每一個收入階層的家庭債務百分比，是根據該階層的家庭當年度背負的債務總額計算得出，並利用樣本權重糾正富裕家庭的過度抽樣問題。收入包括上一年度所有來源的家庭收入。數據樣本剔除戶主年齡小於 25 歲或大於 65 歲的家庭。資料來源：聯準會 1989-2016 年消費者財務調查。

均；在這個市場，借錢通常需要可獲得優惠利率貸款的信用分數（prime credit score）和大量儲蓄，但這種貸款直接有助於借款人累積財富。在過去約三十年間，房貸集中在富裕家庭身上的程度僅略有變化。底層五分之一家庭占房屋債務的比例從一九八九年的 1.6% 增至二〇一六年的 3.1%，而頂層五分之一家庭所占的比例則從 49% 升至 52%。

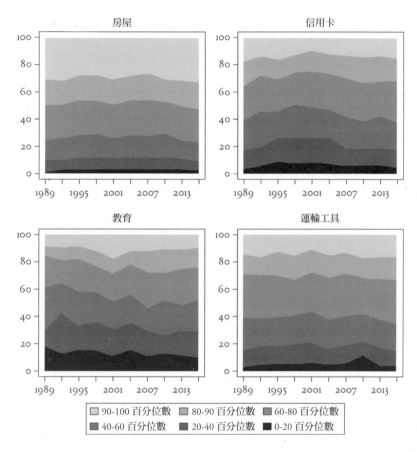

圖5.4 按類型分列的家庭信貸分配情況

注：每一個收入階層的家庭債務百分比，是根據該階層的家庭當年度背負的債務總額計算
　　得出，並利用樣本權重糾正富裕家庭的過度抽樣問題。收入包括上一年度所有來源的
　　家庭收入。數據樣本剔除戶主年齡小於 25 歲或大於 65 歲的家庭。資料來源：聯準會
　　1989-2016 年消費者財務調查。

　　信用卡債務的利率相當高，而且對累積財富沒有幫助，富裕階層所占的比例隨著時間的推移有所降低。頂層 20% 的家庭曾背負逾 35% 的信用卡債務，但隨著中產和勞工階級家庭更容易取得信用卡，這個比例在二〇一六年已降至 31%。信用卡債務擴張主要發生在收入居第六十至八十百分位數的家庭身上，他們所占的債務比例從 25% 增至 31%。底層 60% 家庭所占的信用卡債務比例在一九九〇年代有所上升，然後在二〇〇〇年代下降。

　　教育債務是四類信貸中分配最平均的。聯邦政府提供的補貼和擔保使底層 40% 的家庭獲得約 35% 的學生貸款。近年來，隨著利率降低，中上層家庭取得的學生貸款開始增加（教育債務可說是變「便宜」了許多）。收入居第八十至九十百分位數的家庭所占的教育債務比例從一九八九年的 6.6% 大增至二〇一六年的 14%。

　　運輸工具貸款（包括房車、卡車、運動型休旅車、機車、船隻、飛機等）的分配大致上跟隨經濟週期起伏。富裕家庭在經濟繁榮時期所占的債務比例較高（通常用於購買豪華汽車），低收入家庭則在經濟衰退時期占較高比例的汽車貸款。頂層 10% 的家庭占這個市場 10% 至 16%，底層五分之一的家庭則占 5% 左右。

　　圖 5.3 和圖 5.4 共同顯示，信貸的實際分配顯著偏離刻板印象。雖然債務常使人聯想到貧困，但大部分信貸是上層階級家庭在利用。勞工階級和窮人僅獲得一小部分信貸。信貸分配不均不僅是因為低收入家庭借貸少於富裕家庭，還因為他們常常完全無法借錢。近年來，在收入最低的五分之一家庭中，只有約 60% 的家庭表示有欠債，而富裕家庭則是超過 90% 有欠債。

　　因此，家庭信貸擴張主要是嘉惠有錢人，他們借錢以利用低利率和租稅獎勵，即使他們不需要借錢也買得起想買的東西。例如屋主為自己主要住宅的房屋抵押貸款和房屋淨值貸款所支付的利息，可以用來扣除自己的應稅所得。此外，理財顧問經常建議富裕家庭借入聯邦學生貸款，因為借貸成本十分低廉，再將自己的資金用於投資以賺取較高的報酬，同時把握機會爭取優等生獎學金。[6]中低階級家庭則僅在信用卡債務所占的比例顯著上升，但這種債務不但成本高昂，對累積財富也沒什麼幫助。

　　圖 5.5 按收入和種族地位劃分，呈現過去五年曾申請貸款被拒或擔心被拒的家庭比例。並不令人意外的是，相較於低收入家庭，高收入家庭需要借錢時比較不會遇到困難。令人意外的是，信貸擴張對縮小這種差距沒什麼幫助。過去三十年裡，中低收入家庭仍不容易獲得信貸：30% 至 40% 的白人家庭在受訪之前的五年裡，申請貸款曾遇到困難。相較之下，收入居最高十分之一的白人家庭似乎愈來愈容易獲得信貸：他們申請貸款被拒的機率從一九八九年的約 15% 降至二〇一六年的低於 10%。

　　種族地位對當事人能否獲得信貸有重要影響。在各個收入階層，黑人和西班牙語裔家庭遇到借貸困難的機率遠高於白人家庭。在所得分配的中間部分，這種差異尤其顯著，少數族裔家庭總是較難獲得信貸。不過，在所得最高的十分之一家庭中，這種差異看來已經消失：高收入的黑人和西班牙語裔家庭近年獲得信貸的機會，與白人家庭大致相同。

　　這些種族差異很可能是放款歧視加上財富差異造成的，而財富

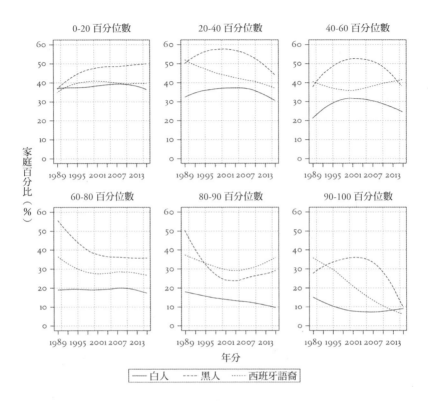

圖5.5 過去五年曾申請貸款被拒或擔心被拒的情況

注：白人是指非西班牙語裔白人。數據樣本剔除戶主年齡小於 25 歲或大於 65 歲的家庭。
趨勢以局部多項式迴歸做平滑處理。資料來源：聯準會 1989-2016 年消費者財務調查。

差異是系統性種族歧視的結果。雖然美國已經實施了許多政策以減少放款歧視，但各種形式的「畫紅線」行為仍然存在。例如最近的研究顯示，即使條件相若，黑人和西班牙語裔申請人獲得房貸的機率仍低於白人。在成功的案例中，研究人員發現，少數族裔家庭比較可能獲得利率和費用較高的次級貸款。

基於種族的放款歧視並非僅限於房貸市場。即使考慮信用和其他因素，黑人小企業申請貸款被拒的可能性仍高達白人企業的兩倍。此外，觀察研究和實驗研究顯示，在同儕借貸（peer-to-peer lending）網站上，黑人獲得資金的可能性低於信用狀況相若的白人。

除了歧視，財富差異也阻礙少數族群借款人獲得平等的信貸機會。因為財富是多代人累積的結果，黑人與白人的財富差距顯著大於其他經濟不平等指標所呈現的情況。最近一項估計顯示，白人家庭的淨資產中位數是黑人家庭的十二倍，是西班牙語裔家庭的十倍。[7] 巨大的財富差距意味著少數族群借款人支付頭期款或提供抵押品的能力較低。因此，即使他們有足夠的能力償還債務，仍有可能無法獲得貸款。

整體而言，美國家庭債務迅速增加與某些人承諾的信貸「民主化」完全不同。過去三十年間，信貸分配一直非常不平均，集中流向最富裕的家庭：收入最高的五分之一家庭占家庭總債務一半以上。低收入和少數族裔家庭至今仍很難獲得信貸。底層的 20% 美國家庭最多僅占所有家庭貸款的 5%。黑人和西班牙語裔家庭最有可能被排斥在信貸市場之外。

對那些無法從傳統管道獲得信貸的美國家庭來說，高利率貸款是唯一的選擇。「邊緣放款業」滿足了 20% 美國家庭的需求，這些家庭無法從商業銀行或信用卡公司那裡獲得信貸。常見的邊緣放款形式包括費用高昂的匯票、支票兌現、先租後買（rent-to-own）服務、匯款、發薪日貸款、當鋪貸款、退款／退稅預期貸款和汽車所有權貸款。許多提供此類信貸的機構承諾「現金快速到手」、「無需

審核信用」或「六個月無需還款」。為了吸引現金短缺的家庭借入
高利貸，航海家金融公司（Mariner Finance）和其他消費者分期放
貸機構（consumer installment lender）甚至會主動寄支票給低收入
家庭，希望他們需要用錢時兌現支票，因此欠下高利貸。這些看似
寬鬆的商業模式，只有在放款人可以指望多數借款人無法按時還款
時，才會有利可圖。換句話說，邊緣放款人希望借錢給那些證明自
己無力還債的人。

　　發薪日貸款是最常見的短期借貸形態，信用分數偏低的勞工可
以利用他們未發的工資取得這種貸款。每年約有 1 千 2 百萬美國人
利用這種貸款服務。對許多借款人來說，發薪日貸款不是一次性
的，而是循環的。這種小額貸款通常在 500 美元以下，利率和費用
相當高。平均而言，發薪日貸款的借款人每年借八筆貸款，每筆
375 美元，一年支付 520 美元的利息。多數借款人是二十五至
四十四歲的白人女性，但整體而言，最有可能利用發薪日貸款的人
為教育程度較低者、租屋者、收入較低者，以及離婚或分居者。相
較於其他種族和族群，美國黑人借發薪日貸款的比例特別高。

債務的後果

　　創作者經常陷入的困境，其實沒有窮人的生活那麼令我感動。
找到錢付房租和為孩子提供衣食，需要勇氣、夢想、耐心與急躁、
純真與謀略，需要的才華不比創造一件傑作少。

　　　　　　　　　　　　　　　　　　── 博班（Christian Bobin）

隨著消費金融去汙名化，其對社會的影響仍不明確。有些人認為信貸擴張是令人擔憂的發展。隨著家庭債務規模擴大（圖 1.4 和 5.2），美國家庭承受的財務壓力加重了。另一些人則認為，家庭債務增加大致上是一種健康的趨勢。在他們看來，美國家庭因應利率下降和其他誘因增加借款是合理的。金融創新也使放款機構得以更準確地評估風險，並可以開始向高風險群提供信貸。最重要的是，美國家庭的債務負擔看似大致穩定（圖 5.1），可見家庭債務並非某些人所想像的噩夢。

但以上所述是美國的總體情況，然而每個家庭卻得在高度不平等的社會中打理自己的財務狀況。高收入者極少支付高昂的利息，高負債者未必背負著沉重的債務負擔。本節檢視債務如何影響收入水準不同的家庭。我們將看到，債務的影響因家庭收入不同而大有差異，不瞭解家庭背景就無法充分理解。高收入家庭獲得大部分信貸，但中低收入家庭的債務負擔最重。

首先，低收入和少數族裔家庭必須承受較高的借貸成本。圖 5.6 呈現按收入水準和種族地位劃分的每一百美元債務的平均每月償債額。為了償還相同金額的債務，收入最低 20% 家庭的每月償債額高達頂層 10% 家庭的二至三倍。這種差異主要是因為高收入家庭借錢時能夠拿出抵押品，可以獲得較低的貸款利率和較長的還款期。在收入相若的家庭中，黑人和西班牙語裔的每月償債額高於白人。例如在收入居中間水準（四十至六十百分位數）的家庭中，黑人平均每月必須為一百美元的債務支付 3.56 美元，白人則只需

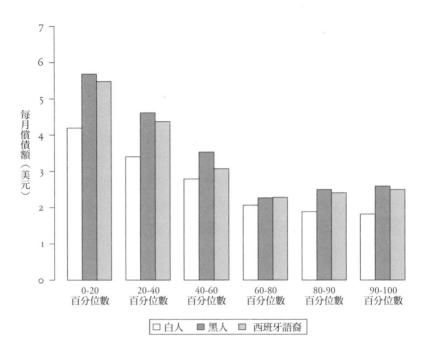

圖5.6 每一百美元債務的平均每月償債額

注：數據樣本剔除完全不欠債的家庭。白人是指非西班牙語裔白人。數據樣本剔除戶主年
齡小於 25 歲或大於 65 歲的家庭。資料來源：聯準會 1989-2016 年消費者財務調查。

要付 2.78 美元。在收入最低的 20% 家庭中，這種差距最大：黑人
支付 5.68 美元，白人付 4.18 美元。

　　低收入家庭不但必須為相同金額的債務承擔較高的每月償債
額，他們的償債支出也占收入較大的比例。圖 5.7 呈現六個收入組
別每月償債額對每月收入的比率。針對每一個收入組別，我們根據
債務負擔水準將所有家庭歸入五個類別。第一類是完全不必還債的
家庭，通常是因為他們沒有機會獲得信貸。第二類是債務負擔相當

輕的家庭，他們的償債支出不到收入的 10%。第三類是債務負擔中等的家庭，他們的償債支出介於收入的 10% 至 25% 之間。第四類是債務負擔沉重的家庭，他們動用 25% 至 40% 的收入償債。最後一類是債務負擔極重的家庭，他們動用超過 40% 的收入償債。

在收入最低的五分之一家庭這個組別，債務負擔最為兩極化。這些低收入家庭約有一半完全不必還債，但同時有超過 15% 的家

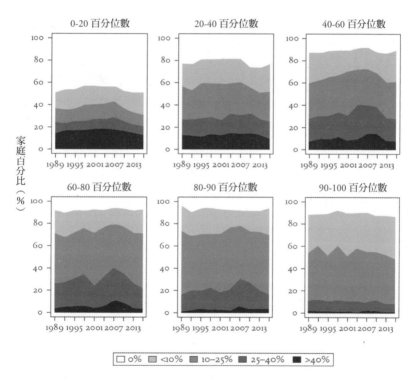

0% ☐ <10% ☐ 10–25% ☐ 25–40% ☐ >40% ☐

圖5.7 每月償債額對每月收入的比率

注：收入包括上一年度所有來源的家庭收入。數據樣本剔除戶主年齡小於 25 歲或大於 65 歲的家庭。資料來源：聯準會 1989-2016 年消費者財務調查。

庭面臨沉重或極重的債務負擔。事實上，雖然這些家庭獲得信貸的機會有限，但他們比其他所有收入組別的家庭更有可能面臨極重的債務負擔。因為這些家庭本來就收入微薄，償債額對收入的比率非常高往往意味著他們很難支付食物、水電和房屋等必需品的帳單。

隨著收入逐漸升至中等水準，債務負擔極重的家庭減少，能夠獲得信貸的家庭增加。但是，動用頗大比例收入償債的家庭也增加了。例如在收入居中間水準這個組別，約 30% 的家庭動用超過四分之一的收入償債。在二〇〇〇年代的信貸膨脹時期，這個比例曾上升至接近 40%，隨後降至略低於 30%。

收入最高的五分之一家庭顯然是金融化時代的贏家。如同中等收入家庭，這些富裕家庭多數都有借入貸款，但他們極少背負難以長久持續的沉重債務。例如在收入最高的十分之一家庭中，只有約 2% 的家庭動用超過 40% 的收入償債，而收入居中間的五分之一家庭則有約 10% 是這樣，收入最低的五分之一家庭則有約 17%。多數高收入家庭都達到債務上的「最適點」：他們得以運用債務，但不必動用頗大一部分收入來償債。

債務的不平等後果也反映在拖欠債務的可能性上。圖 5.8 呈現過去一年曾拖欠債務六十天或以上的債務人比例。相較於償債額對收入的比率，逾期還款是反映家庭陷入財務困境比較極端但也比較明確的指標；拖欠債務會產生額外的利息和費用，而且會損害債務人未來的借貸能力。圖 5.8 顯示，收入較低的家庭若有欠債，比較可能會拖欠還款，而且這種差異隨著時間的推移而擴大。在收入最低的五分之一家庭中，拖欠還款者的比例從一九九五年的 15% 增至二〇一三年的 20% 以上。而且惡化趨勢並非僅限於這個組別：即使是中等收入家庭，按時償債也愈來愈困難。

隨著中低收入家庭的債務像滾雪球那樣增加，他們的財富開始萎縮。圖 5.9 呈現各收入組別當中資產淨值為負數的家庭比例，這些家庭所欠的債務超過了他們擁有的資產。我們可以看到，金融化導致美國家庭的財富普遍受到侵蝕。隨著時間的推移，愈來愈多家庭「資不抵債」——他們的房屋、車輛、儲蓄、生意、退休帳戶和

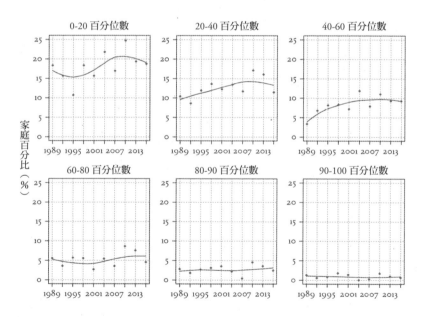

圖5.8 有債務的家庭過去一年曾拖欠債務60天或以上的情況

注：數據樣本剔除完全不欠債的家庭。趨勢以局部多項式迴歸做平滑處理。收入包括上一年度所有來源的家庭收入。數據樣本剔除戶主年齡小於 25 歲或大於 65 歲的家庭。資料來源：聯準會 1989-2016 年消費者財務調查。

其他資產的總價值低於他們所欠的債務總額。這種情況在中低收入
家庭中至為顯著：中等收入（四十至六十百分位數）家庭的負淨值
比例從 7% 大增至 15%，中低收入（二十至四十百分位數）家庭的
負淨值比例則從 10% 增至接近 20%。二〇〇五年的破產改革（見
第三章）使這些家庭的財務狀況變得更難控制。

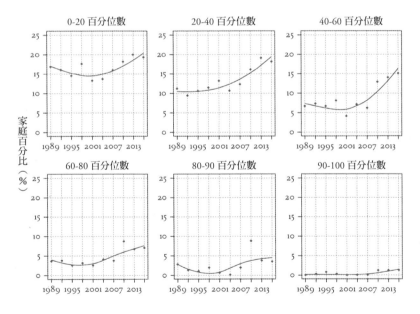

圖5.9 資產淨值為負數的家庭

注：資產淨值為負數，是指家庭的債務總額超過資產總值。趨勢以局部多項式迴歸做平滑
　　處理。收入包括上一年度所有來源的家庭收入。數據樣本剔除戶主年齡小於 25 歲或大
　　於 65 歲的家庭。資料來源：聯準會 1989-2016 年消費者財務調查。

但他們是成年人了

有些人認為，某些美國家庭的債務負擔過重是需求面而非供給面的問題——太少借款人具備足夠的理財素養。事實上，最近一項全國調查顯示，四分之一的美國人不大懂得計算利息支出，另有40%的人不理解通膨的概念。根據這種觀念，理財素養不足是美國家庭入不敷出的原因，顯而易見的補救措施應該是針對消費者進行教育而不是政府的管制借貸。政府設立財務教育局（Office of Financial Education）和理財素養與教育委員會（Financial Literacy and Education Commission）等機構以提升民眾的理財技能，並將每年四月定為「全國理財素養月」（National Financial Literacy Month）。甚至連家得寶（Home Depot）和達美航空等企業也為員工提供財務健康計畫，以改善員工的「財務體質」。

理財素養的倡導者相當成功，但其成功不在於提升美國人的理財知識，而是在於為金融產品設定了不同的標準。消費者日常生活中使用的多數產品，從玩具、食物、電器、汽車、家具到不斷增加的各種電子產品，製造商和零售商都必須對產品安全負責。廠商知道自己的產品有缺陷或有危險時，我們期望他們自願召回產品並向消費者退款。政府甚至設立了消費品安全委員會、食品藥物管理局（FDA）和國家公路交通安全局等監理機關，確保這些產品在正常使用的情況下不會傷害消費者。消費者如果因為這些產品而受傷害，絕不會因為他們的化學、機械、電子或木工素養不足而被斥責。

因此，如果我們將金融產品與醫藥產品並列比較，就會發現強調理財素養顯得特別奇怪。對一般消費者來說,這兩類產品的內容都難以理解,也都該審慎和適度使用,但它們的銷售方式卻截然不同。製藥公司若想推出新產品,必須進行大量的實驗和反覆的臨床試驗,以確定產品有效以及沒有嚴重副作用。然後食品藥物管理局會評估產品是否利大於弊,並僅在產品達到食品藥物管理局高標準的情況下批准上市。消費者若想購買可能有害的藥品,必須去看醫生,由醫生檢查診斷並選擇合適的藥品,然後開出處方。然後藥劑師會獨立評估藥品是否合適,並向消費者說明使用須知和可能出現的不良反應。消費者如果受到傷害,醫療從業人員、藥劑師和藥廠必須向食品藥物管理局報告情況;而情況如果非常嚴重,藥品會被要求停售。

　　消費金融市場的運作方式幾乎恰恰相反。雖然美國也有法律和政府機構旨在防止歧視性、掠奪性或詐欺性的消費金融運作方式,但當局實際上很少介入市場。當局如果執行法規,通常是臨時性的,而且是在金融產品造成廣泛傷害之後。金融服務業者可以發明和銷售「創新的」產品,不必考慮產品可能造成的後果,也不必確保產品利大於弊。令問題更嚴重的是,金融業者有強烈的誘因推銷有害或甚至令人上癮的產品,因為這些產品利潤最豐厚,而且許多契約隱藏的強制仲裁條款使受害者無法集體起訴。至少在二○○八年金融危機爆發之前,傳統觀念認為劣質金融產品經不起市場的考驗。因此,多數法規的重點在於提高金融產品的透明度,並鼓勵消費者貨比三家。但是,只有財力雄厚的消費者才可以獲得獨立專業人士的協助。現行制度期望多數人成為自己的「醫師」,在面臨巨大困難時自己決定應該選擇什麼金融藥品，而如果出了問題，受責怪的通常是病人。

此外，將理財素養提升到金融監理之上，可以規避如今許多家庭收入非常不穩定的現實。貧困或接近貧困的家庭本來就捉襟見肘，加上汽車拋錨或水管爆裂造成的意外開銷，他們往往很難制定預算並為長遠目標儲蓄。這些家庭想出巧妙的應對策略以增加收入、減少支出，以及保護儲蓄。如果這些措施不足以維持生活，他們就會向親友或高利貸業者緊急借款。

總結

美國經濟金融化並非只能從華爾街和大公司的董事會看到，在美國家庭的財務狀況也一清二楚。本章檢視一九八〇年代以來美國家庭債務的起源、分布和後果。我們對比了兩種主要觀點：一種認為藉由大幅增加家庭債務來處理工資停滯和不平等加劇的問題不是長久之計，而且可能會造成嚴重後果；另一種認為這是一種有益的發展，顯示更多美國家庭正利用不斷下降的利率和愈來愈多的金融服務，來提升自己的生活水準。

這些籠統的說法忽略了一個重要事實：債務和債務負擔的分布非常不平均，債務的意義和後果對不同的家庭因此截然不同。在金融化時代，富裕家庭仍拿走大部分信貸。信貸擴張使他們有更多機會取得成本低廉的資金用於投資，或滿足短期財務需求。與此同時，中低收入家庭背負最重的債務負擔。因此，擴大家庭債務的政策已經創造出一種累退的分配機制，嘉惠有錢人並傷害窮人。

　　我們追溯美國消費金融的演變至二十世紀初，當時進步改革派、實業家和政界人士開始認為，消費信貸是緩和經濟快速變化造成的財務困難和政治動盪的必要手段。這種信念在戰後時期得到鞏固：政府、製造商和工運人士開始視信貸為幫助更多人過中產階級生活和刺激經濟成長的手段。在這段時期，雖然金融在美國人的生活中發揮愈來愈重要的作用，家庭債務水準還是大致保持穩定。

　　一九八〇年代是美國消費金融發展的分水嶺。利率管制放寬和債務證券化流行，為銀行和其他放款機構創造了擴展信貸業務的有利條件。外國資本流入和美國工資停滯助長了信貸成長趨勢。美國家庭開始增加利用債務，舉債規模成長，使用的信貸產品類別也增加，並且獲得兩大黨政客的熱切支持——他們堅持已有百年歷史的信念，認為提供流動資金可以解決不平等問題。

　　事實上，金融化提高了低收入家庭所占的債務比例，但並沒有成就信貸「民主化」的理想。美國一大部分家庭信貸仍落在收入最高的十分之一家庭手上。房屋貸款的分配最不平均，收入最高的五分之一家庭獲得約一半的房貸。即使在教育貸款市場，低收入家庭借款獲得補貼，但底層的 40% 家庭也僅獲得約 35% 的學生貸款。完全沒有證據顯示，隨著時間的推移，低收入和少數族裔家庭變得比較容易獲得貸款。

　　信貸是有錢人的遊戲：他們借得最多，借貸成本最低。相較於高收入家庭，低收入家庭必須為相同金額的債務付出更多，而少數族裔會受到額外的懲罰。因此，低收入家庭即使借貸能力最低，卻最有可能承受極重的債務負擔。在收入最低的家庭之外，我們看到中產階級家庭的債務負擔穩步加重。本來就財力雄厚的家庭沒什麼償債困難，但無法按時償債的美國人則顯著增加。在此情況下，愈來愈多美國家庭資不抵債，擁有的資產少於所欠的債務。整體而言，家庭債務擴張多年來不但未能解決不平等問題，還加重了不平等。

1　家庭背負的債務對家庭年度稅後所得的比率。

2　掠奪式放款是指，針對欠缺其他信貸管道的人提供高利率貸款。

3　Franklin D. Roosevelt: "Statement on Signing the Home Owners Loan Act Is Signed," June 13, 1933. Online by Gerhard Peters and John T. Woolley, *The American Presidency Project.* https://www.presidency.ucsb.edu/documents/statement-signing-the-home-owners-loan-act-signed

4　年輕和年老的家庭往往收入較低，因此在我們的分析中，這些家庭即使收入潛力較大或擁有大量財富，仍會被歸入貧困家庭中。

5　房屋債務包括房屋抵押貸款和房屋淨值貸款（home equity loan，以房屋為抵押、套取現金的貸款），教育貸款納入延遲還款期和還款期內的債務，運輸工具貸款包括所有類型運輸工具的分期付款計畫。

6　與此同時，許多州立大學已經將財務援助從基於需要（need-based）改為基於表現（merit-based），結果是教育資源進一步流向有錢人。這是因為表現往往是看學生的 SAT 分數和高中成績，而來自富裕家庭的學生通常表現較佳。在此情況下，每五個來自高收入家庭的學生就有一個獲得基於表現的援助。詳情可參考 Rampell, Catherine, "Freebies for the Rich," *New York Times Magazine,* September 24, 2013。

7　皮尤研究中心發現，在大衰退之後的幾年裡，種族財富差距有所擴大。2013 年，白人家庭的淨資產中位數分別為黑人和西班牙語裔家庭的 13 倍和 10 倍。Kochhar, Rakesh, and Richard Fry, "Wealth Inequality Has Widened Along Racial, Ethnic Lines Since End of Great Recession," Pew Research Center, December, 12, 2014.

6 │ 誰投資？誰致富？

金融化快速發展，將愈來愈多的資源從勞工手上轉移到華爾街。然而華爾街不只是一個抽象概念，而是捍衛美國富裕家庭經濟利益的公司與專業人士。隨著資源從金融圈外人重新分配到圈內人手上，有形資產和經商利潤對有錢人創造財富的重要性逐漸不如建立多元的金融資產組合。只要可以成為金融圈內人，就可以替自己累積財富。雖然中產階級家庭在股市的獲利遠低於上層階級，但他們的經濟安全也與股市息息相關。對其他人來說，賭注太高了——他們被排除在這場巨型金錢遊戲之外。投資於股市如今對美國家庭累積財富至為重要；投資於股市的機會不同，是美國家庭之間財富差距巨大的主要原因。

上一章檢視了美國家庭債務的起源和近期趨勢。我們指出，一九八〇年代以來消費信貸迅速擴張，其實惡化而非減緩了不平等問題。信貸擴張給予富裕家庭財務操作彈性，中低收入家庭卻因此承受更重的債務負擔，難以維持收支平衡，遑論改善財務狀況和累積財富。

在本章，我們著眼於銅板的另一面，關注金融化如何改變家庭財富——此一趨勢對社會階級不平等如何變得根深柢固有長遠的影響。我們首先回顧美國財富分配不均的情況。自二十世紀最後二十五年以來，美國的財富不平等顯著加劇。現在愈來愈少美國家庭有能力長期積累財富，而資本集中在少數人手上擴大了富豪與其他人的差距。這並非只是錢的問題：財富與教育、婚姻、健康和壽命都密切相關，有錢往往可以享有許多優勢。因為財富可以移轉，這些優勢可以代代相傳，我們因此重新關注這個重要事實：美國人的人生起跑點差距懸殊。

金融資產無疑是財富差距巨大的主要原因。股票和債券占富裕家庭資產組合的比例愈來愈大，而且其他金融資產的重要性也隨著時間的推移而提高。居財富分配上半部分的其他家庭也出現類似的趨勢，但程度低得多。至於居財富分配下半部分的家庭，他們的財富並沒有金融化；他們如果有任何財富，通常只是像房屋和汽車這樣的有形資產，而不是金融資產。

因此，如同信貸分配，股票市場民主化，也就是邁向所謂的「有產社會」（ownership society），基本上是宣傳口號而非真實的轉變。如果只計算美國人擁有的股票，財富最多的 10% 家庭擁有市場上約 80% 的股票。過去三十年間，這方面的種族差距擴大了，白人家庭配置在股市的資產比例高於黑人家庭。管理這些資產的金融公司因為財富高度集中和家庭之間財富差距巨大而得益。與此同時，新興的全球金融與法律服務網絡，使富裕家庭得以藉由合法避稅和非法逃稅手段留住更多財富。

本章也檢視財富分配如何跨世代改變。嬰兒潮世代的財富狀況與千禧世代（一九八〇年代初至二〇〇〇年代初出生的人）差別很大。因為財富積累是一輩子的事，我們特別關注成年不久和臨近退休的家庭。我們發現當代美國多數年輕成年人擁有的財富少於以前的年輕成年人。財富顯著增加的，主要是臨近退休的家庭（底層家庭除外）。我們發現，多個世代以來，這兩組家庭內部的財富不平等一直擴大。這些事態發展顯示，勞資之間的緊張關係被轉化為菁英勞工與邊緣化勞工之間和新舊世代之間的緊張關係。

家庭財富

如同所得不平等，財富不平等在過去一個世紀的演變呈現明顯的 U 型曲線。二十世紀初的財富不平等非常嚴重：美國頂層 0.1% 的家庭擁有全國約四分之一的財富。一九二九年的大崩盤以及兩次世界大戰的大規模破壞，縮小了貧富之間的財富差距。從一九五〇到一九七〇年代，財富不平等保持在較低的水準；在此期間，底層 90% 家庭在全國財富中的占比從 20% 增至 35%。這種趨勢在一九八〇年代逆轉。雖然美國全國的財富繼續增加，但經濟成長的成果幾乎全都落入最富有的 20% 家庭手裡。其他家庭的財富不增反減，在絕對和相對基礎上皆如此。

財富日益集中在有錢人手上，並非只是意味著有些人買得起豪華汽車、玩得起豪華遊艇，或住得起豪宅。電視和電影渲染這些

「富貴名流的生活方式」，但事實上，最富有的 10% 家庭並沒有花很多錢在奢侈享受上。財富不平等與其說是關於奢侈享受，不如說是攸關人生機會。隨著最富有的家庭累積更多財富，而非把錢花在奢侈品上，他們囤積財富，並將財富和財富造就的更好人生機緣傳給子孫後代。所謂「人生機緣」，是指一個人獲得的資源和機會，決定了這個人的生活品質和改變生活品質的能力。

因此，人一出生，家境好壞就已經非常重要。兒童時期家裡有錢，對當事人未來一生的財務狀況非常有利。[1] 富裕的父母為照顧、教育和培養年幼的孩子投入更多資源。事實上，自一九七〇年代以來，有錢人在這些方面的投資已經是原本的三倍。他們每個月花在每個孩子身上的支出（經通膨調整）從一九七二年的約 700 美元增至二〇一二年的逾 2,500 美元。經濟資源較少的家庭根本追不上，貧富家庭幼兒的發展因此出現顯著的差距。所得不平等助長了此一趨勢。在所得不平等較嚴重的情況下，高收入家長可能更願意增加育兒投資，因為在一個極端不平等的社會裡，在競爭中落敗的後果更為嚴重，而且社經地位不同的家庭更常居住在不同的社區。對富裕家庭來說，「輸人不輸陣」已經變成得「贏人又贏陣」。

孩子就學後，這種貧富之間的差距繼續擴大。有錢人家的孩子上資源較多的公立或私立學校，同學多是社經背景相似的人（這些學校所在的地區稅收較多，學校往往因此享有較多資源）。學齡兒童的認知發展，尤其是數學成績與家境有關；富裕家庭的孩子因此更有可能進入著名學府並在這些大學取得學士學位。雖然家庭財富與教育結果的關係，有部分是因為上一代將有利於求學和累積財富的特徵遺傳給下一代，但即使學者考慮這些因素並據此調整研究，他們仍然發現財富本身的效應相當顯著。

成年子女開始建立自己的事業和家庭時，有富爸爸還是窮爸爸會讓結果大為不同。社會學家夏皮羅（Thomas Shapiro）發現，在這個階段，富有的家庭常藉由協助子女支付購屋頭期款或大學學費而移轉財富，但這些子女很少意識到這是一種「繼承」或自己因此占了不公平的優勢；他們往往輕描淡寫地表示，自己只是得到父母的「一點幫助」。夏皮羅稱呼以這些形態繼承的財富為「轉化性資產」（transformative assets），因為這種財富對當事人未來的階級地位至為重要，影響他們能否組織家庭、擁有房子或租屋、住什麼社區，以及孩子上什麼學校之類。

財富一代傳一代，是黑人家庭與白人家庭經濟狀況持續不平等以及被分隔在不同社區的部分原因。繼承的財富和隨之而來的教育與居住優勢，使白人在購屋和就業方面表現優於黑人。因為白人成年人往往在年輕時獲得上一代贈與財富，他們更有能力也更有可能投資於金融資產，而這種投資將持續為他們創造更多財富。相較之下，黑人年輕成年人承受的債務比年輕白人重得多，這嚴重限制了他們擁有房屋或組織家庭的能力。

美國財富不平等為何持續加劇？所得日益集中，顯然是經濟資源愈來愈集中在少數人手上的一個重要原因。除了可以過舒適的生活，高薪家庭還有能力將 30% 至 50% 的收入存起來做投資。他們可以將收入轉化為賺錢的資產，而許多美國家庭卻必須努力避免入不敷出。金融化大大提高了這些投資的報酬率，使有錢人得以進一步改善子女的人生機會。所得不平等因此導致財富不平等一代比一代嚴重，最終是貧富兩極化。

一九七〇年代以來的一系列減稅政策加速了貧富兩極化。二十世紀中期，頂層 1% 群體的有效稅率約為 42%，最近已降至 36% 左右。另一方面，財富轉手的稅負也大幅減輕了：遺產稅免稅額從一九七六年的每名繼承人 27 萬美元（經通膨調整）大幅提升至二〇一八年的 1,118 萬美元，最高稅率也從 77% 降至 40%。你可能知道這種稅被稱為「死亡稅」，而它會影響到直接繼承；免稅額提高意味著繼承者可以保留更大比例的財富。此外，一生中贈與超過 500 萬美元的現金原本必須納 70% 的稅。如今這項稅率已經降至 40%。這種減稅使高收入者得以在家族內保留更多經濟資源，並使富有的父母或祖父母得以將大部分（甚至是全部）財產傳給他們的子孫。

藉由財務操作增加和保存財富

拜這些減稅措施所賜，頂層 1% 群體可以投資更多金錢於金融市場，進而加劇財富不平等。社會學家麗莎・凱斯特（Lisa Keister）認為，財富進一步集中在有錢人手裡，部分原因在於中上階層的投資方式與眾不同。富裕家庭可以承受金融市場的波動，他們因此更有可能投資在高風險、高報酬的金融資產上。金融化時代開始以來，股市興旺（圖 4.4）帶給這些家庭非凡的報酬。另一方面，中產階級將他們的大部分財富放在房地產上，而美國房產的報酬率低於股票，而且較難變現。

　　財富不平等加劇的同時，資產配置的差異也擴大了。圖 6.1 呈現美國家庭一九八九至二〇一六年的資產配置情況，分為頂層 1%、隨後 9%、隨後 40% 和底層 50% 四個組別。在最富有的 1%

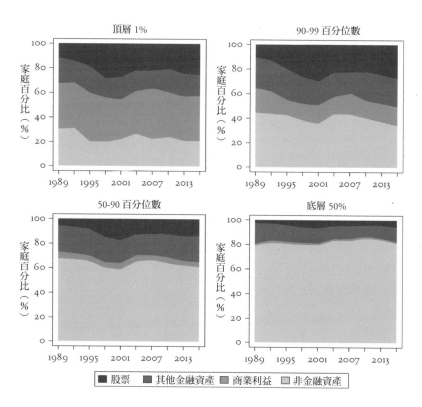

圖6.1 美國人的資產配置情況

注：股票包括直接持有的股票、股票共同基金、退休帳戶、年金和信託。針對組合資產和
　　金融工具（例如股票加債券），消費者財務調查估算出每一項資產中的股票價值。其他
　　金融資產包括其他所有金融資產，例如帳戶和債券。商業利益包括積極管理和非積極
　　管理的生意。非金融資產包括車輛、主要住宅的價值、其他住宅的價值和非住宅房地
　　產的權益淨值。資料來源：聯準會 1989-2016 年消費者財務調查。

家庭中，商業利益平均占總資產的 37%；也就是說，開公司做生意仍是最富裕家庭的關鍵財富來源。但是，自一九九〇年代中以來，金融資產已經超過商業利益，從一九八九年占最富裕家庭總資產的 32% 增至二〇一六年的 42%。在此期間，股票所占的比例倍增，從占總資產的 12% 增至四分之一，而汽車和房屋等非金融資產的重要性則顯著降低，從占總資產的 30% 降至 20%。

頂層十分之一當中的其他 9% 家庭也呈現類似**趨勢**，雖然他們在生意上的投資遠少於最富有的 1% 家庭。一九八九年，股票占這些家庭總資產的 10%，後來大增至 28%；總金融資產所占的比例則從 36% 增至 51%。汽車和房地產之類的有形資產同樣變得沒那麼重要，從占總資產的 45% 降至 34%。

往下看會發現，接下來的 40% 家庭也呈現類似**趨勢**：一九八九至二〇一六年間，股票占這些家庭總資產的比例從 6% 增至 15%，總金融資產所占的比例則從 27% 增至 35%。但底層一半家庭的情況就大不相同。

不同於比較富有的一半家庭，底層的一半家庭並未出現財富金融化的**趨勢**。在我們著眼的那段時期，股票占這些家庭總資產的比例從 2.5% 增至 5.3%，但總金融資產所占的比例不升反降，從 20% 跌至 18%。非金融資產仍占這些家庭財富的絕大部分 —— 高達 80% 左右。換句話說，較窮的 50% 家庭沒有盈餘可用來投資於家庭的未來；如果有錢，他們通常先買個房子或買一輛車來維持過活。在美國這些資產是有助穩定家庭生活的必需品，但是對累積財富沒什麼幫助。

　　儘管美國人的整體持股有所增加，但參與股市的程度仍然高度不均。研究發現，相較於白人，黑人家庭較少投資於高風險但高報酬的資產。圖 6.2 呈現一九八九年和二〇一六年黑人和白人家庭估計擁有的股票價值。如同圖 6.1，它顯示持股規模與財富規模呈正相關，而且在一九八九至二〇一六年間有所擴大。儘管如此，相較於白人家庭，富裕的黑人家庭配置較少資產於股市。一九八九年顯而易見的種族差異隨著時間的推移而擴大，尤其是在財富分配的高端。這些數據顯示，白人與黑人家庭之間的金融資源分配不但沒有往比較平等的方向發展，還可能在大金融時代惡化。

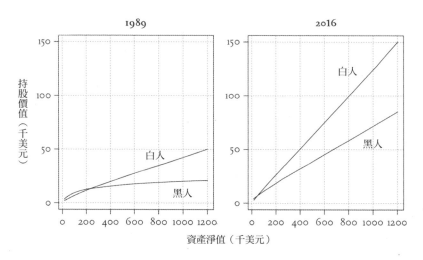

圖6.2 按種族和財富規模劃分的持股估計值

注：樣本包括資產淨值為正數的所有家庭。股票包括直接和間接持有的股票。估計值考慮了戶主的性別、家庭結構、記錄的家庭收入、教育程度和年齡。這些特徵維持在母體的平均水準。估計值因此低估了高淨值家庭的持股規模，同時高估了低淨值家庭的持股規模。資料來源：聯準會 1989-2016 年消費者財務調查。

　　種族差異源自許多因素，包括金融業的歧視以及親朋好友理財的方式。持久的歧視性做法，例如上一章探討的高利貸和「畫紅線」行為，事實上可能導致少數族裔家庭不信任金融機構。行銷活動中的種族歧視，也可能導致黑人家庭比較不瞭解和比較少投資的機會。如同上一章指出，即便一九六八年的聯邦《房屋公平交易法》和一九八八年的《房屋公平交易修正法》禁止各式各樣的歧視，放款機構仍然繼續基於種族而鎖定某些潛在借款人。二〇一六年，臉書被揭發幫助房屋廣告公司用種族篩選廣告的觀眾，因而激起公憤，但這當然不代表這些廣告公司在臉書提供這種服務之前沒有做這種事。即便被歧視的實際經驗有時顯得遙遠，這些痛苦的經驗常藉由朋友、同事或鄰居之間彼此分享而成為鮮明的共同回憶，讓許多黑人家庭至今仍不願跟金融機構多有交涉。

　　退休儲蓄是財富差距持續存在的另一個關鍵因素。將財務風險轉移到個別勞工身上的確定提撥退休金計畫，已經成為美國勞工的主要退休金方案（取代了為許多戰後家庭提供經濟保障的退休金計畫）。但是，許多勞工無法參與這些自願的退休金計畫，因此不但失去參與金融市場的機會，還損失了退休福利（圖4.6）。社會學家唐波里尼（Christopher Tamborini）與金昶煥（ChangHwan Kim）分析稅務紀錄，發現許多符合資格的勞工沒有參加確定提撥退休金計畫，因為他們根本負擔不起每個月的提撥款。相較之下，高收入者的參與率非常高，而且選擇較高的提撥金額，充分享受提撥款免稅和雇主提供配對提撥（matching contributions）的好處。他們這麼做的能力不但使他們得以建立退休儲蓄，還意味著他們的總薪酬實際上比從時薪或薪資差異所得知的高。

　　事實上，相較於財富的整體分配情況，股票集中在少數人手上的程度更為嚴重。圖 6.3 呈現居財富分配最高 1%、隨後 9%、隨後 40% 和底層 50% 家庭擁有的股票比例（包括直接持有的股票，以及藉由共同基金、對沖基金、退休帳戶和其他投資工具持有的股票）。美國最富有的 1% 家庭控制著美國人擁有的約 40% 的股票，隨後的 9% 家庭同樣擁有約 40%。底層的 90% 家庭總共僅擁有約

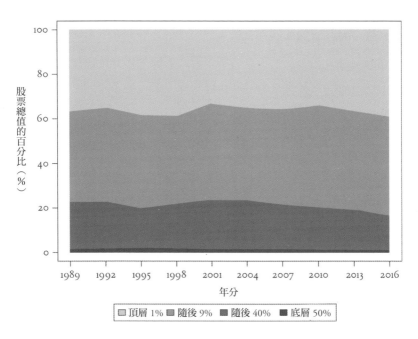

圖6.3 股票資產在四個財富組別的分布情況

注：股票包括直接持有的股票、股票共同基金、退休帳戶、年金和信託。針對組合資產和金融工具（例如股票加債券），消費者財務調查估算出每一項資產中的股票價值。資料來源：聯準會 1989-2016 年消費者財務調查。

20% 的股票。更重要的是,近年來股票進一步集中在有錢人手上,而非像某些人所講,四〇一(k)和個人退休帳戶等退休投資工具讓股市更為民主化。現實顯然又一次與有心人宣傳的截然不同:投資公司所促進的,主要不是勤勞的美國中產階級的儲蓄,而是最富裕家庭的財富。

值得注意的是,金融機構日益介入美國家庭參與股市的方式。圖 6.4 對比美國家庭直接持有股票的比例和透過管理機構(例如共同基金和對沖基金)持有股票的比例。在每一個財富組別,美國家庭直接持有股票的比例都有所降低,變得比較仰賴專業人士替他們管理股票投資。最富有家庭的股票投資規模巨大,他們持續將愈來愈大比例的股票投資交給基金經理管理。過去三十年間,專業管理的股票占富裕家庭總持股的比例從 40% 大增至 75%;另一方面,底層 90% 家庭的直接持股比例二〇一六年時徘徊於 10% 左右。從這些趨勢看來,「市場民粹主義」——愈來愈多美國人主動選股投資——只不過是業餘投資人小圈子裡的現象;大部分的民眾都是將股票投資交由經理人管理。

全球財富管理業不斷壯大,除了為經濟菁英創造更大的投資報酬,還保護他們的財富,同時幫助他們逃避責任。社會學家哈靈頓(Brook Harrington)花了超過八年時間研究全球財富管理業,發現財富經理人大多像金融建築師。他們設計了一套複雜的金融法律結構,藉此防止客戶的財富因為賦稅、債務、費用、罰款和贍養費而流失。他們利用離岸銀行帳戶、空殼公司、基金會和信託來分隔控制財富的權利與義務。除了幫助有錢人掩蓋財富所有權、逃避納稅

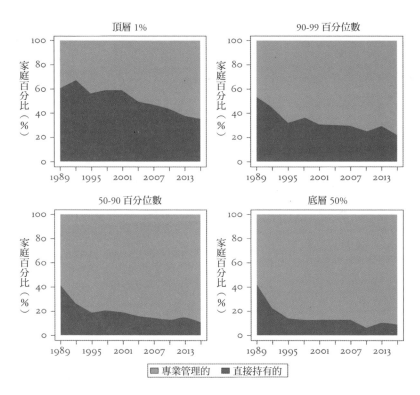

圖6.4 四個財富組別直接持有和專業管理的股票比例

注：股票包括直接持有的股票、股票共同基金、退休帳戶、年金和信託。針對組合資產和
　　金融工具（例如股票加債券），消費者財務調查估算出每一項資產中的股票價值。資料
　　來源：聯準會 1989-2016 年消費者財務調查。

義務和不法行為的罰款，個別的財富經理人和他們的同業公會藉由
遊說修改國際稅法和相關法律以維護客戶的利益，將貧富懸殊合法
化。

　　有多少財富隱藏在公眾視線之外？經濟學家祖克曼探究記錄在
案的負債與可辨識的資產之間的差異，估計超過 4.5 兆美元（或全

球金融財富的 6%）追溯不到所有人。如果納入貴金屬、古董、藝術品和房地產等實物資產，這個數字會是二到三倍。光是美國的家庭就把超過 1 兆美元的金融財富放在海外，當中接近一半放在加勒比海地區的避稅天堂。官方統計數據時常低估了財富不平等的程度，以及資源實際外流（而非下滲）的程度。

隨著少數人的財富不斷增加，美國銀行、摩根大通和富國銀行等大型銀行爭相迎合高淨值客戶的需求和要求。為了從最富有的客戶身上賺錢，銀行為特定客戶提供全面的服務，包括投資組合管理、遺產規劃、稅務和法律諮詢；這些服務往往以替客戶管理的資產的某個百分比計算費用。近年來，財富管理為美國銀行貢獻約 21% 的總收入，稅前利潤率高達 27%；摩根大通則有超過 12% 的總收入來自財富管理（利潤率更高）。這些服務的社會成本仍無法計算。

世代之間和世代內部的財富不平等

迄今為止，我們討論了不平等的整體趨勢，以及金融化如何助長財富集中在最富有的少數人手上。然而，我們還未談到財富多寡是一個累積的過程，而財富的重要性也因個人所處的人生階段而異。「富者」可能是即將退休的家庭。財富代表的不是這些人可以奢侈享受，而是這些人在退休後、晚年醫療照護費用不斷增加之際，可以有經濟保障。另一方面，許多「貧者」可能是事業剛起步的年輕人；他們之前放棄賺錢，選擇接受教育以累積人力資本，因為他們知道，這種無形資產日後可以帶給他們較高的收入和較多財富。換句話說，財富不平等加劇可能只是反映財富在人生不同階段的累積加速，而每一個世代中的財富差異可能相對穩定。

為瞭解不同世代之間和世代內部的財富差異是否有所改變以及如何改變，本節聚焦於戶主年齡為三十至三十四歲的家庭之間以及戶主年齡為六十至六十四歲的家庭之間的財富差異。前一類家庭處於成年初期，通常已經完成了正規教育，並剛開始累積財富，可能是買進了第一間房子或參加了某個退休儲蓄計畫。後一類家庭已經退休或臨近退休，接近其財富積累的高峰期。我們以六年為一個出生世代，追蹤這些家庭的財富變化情況。藉由考慮特定人生階段的財富狀況，我們得以更加瞭解財富不平等如何影響美國家庭的生活。

千禧世代財富大減

我們先來看戶主年齡為三十至三十四歲的家庭之間的財富分配，其中包括千禧世代最早期的那部分人。圖 6.5 呈現一九五九至一九八二年間出生的四個不同世代第九十五、九十、七十五、五十、二十五和十百分位數的資產淨值。為了比較不同年代的財富，我們將所有金額調整為反映二○一六年的美元幣值。因應美國人延後結婚的情況，我們將已婚或同居伴侶的資產淨值除以二，得出人均財富。[2]

圖 6.5 顯示，在一九七○年代中期之前出生的三個世代中，年輕家庭的財富一代多於一代，但一九八○年前後出生的那個世代出

現了財富顯著萎縮的情況。就第九十五百分位數而言，一九七一至一九七六年出生世代的財富有 32 萬 3 千美元，但一九七七至一九八二年出生世代的財富已降至 25 萬 2 千美元。第九十百分位數則是從 18 萬 7 千美元降至 15 萬 5 千美元。財富萎縮的情況在財富分配的中下層更明顯：財富中位數從 2 萬 8 千美元減半至 1 萬 4 千美元，第二十五百分位數從 4 千 5 百美元銳減至 8 百美元。在底層，最年輕世代比以前的年輕人背負更重的債務──這一代人有 10% 在他們的職業生涯開始時欠債多於 1 萬 2 千美元。

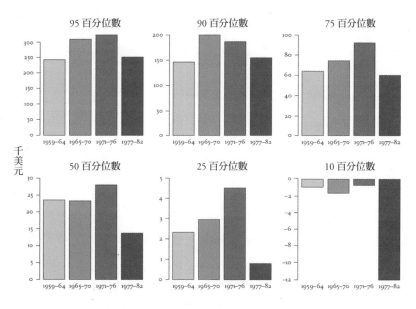

圖6.5 戶主年齡為30-34歲的家庭按出生世代分列的人均財富

注：數據樣本僅限於戶主年齡為 30-34 歲的家庭。所有金額皆經通膨調整以反映 2016 年的美元幣值。因應美國人延後結婚和離婚增加的情況，我們將已婚伴侶的資產淨值除以二。資料來源：聯準會 1989-2016 年消費者財務調查。

　　千禧世代財富大減有許多原因。相較於職業生涯始於一九九○
年代經濟繁榮期的世代，千禧世代是在二戰之後最嚴重的經濟衰退
期進入勞動市場。許多人難以找到與自身教育程度匹配的工作，因
此被困在低薪工作中。這種工資降低的情況可能持續十年之久，且
可能降低他們的終身收入和累積財富的能力。千禧世代背負的教育
債務也是美國歷史上所有世代當中最重的。放款機構、教育工作者
和政策制定者都告訴他們，投資於教育可提高未來的收入——這點
在此之前的每個世代其實沒錯。但千禧世代的巨額學生債務實際上
擴大了財富分配的下限，並在這些年輕成年人規劃自己的職業、組
織家庭並開始為未來儲蓄時，影響了他們有哪些選擇。

　　圖 6.6 顯示，學生貸款在四個世代中愈來愈普遍。在一九五九
至一九七○年間出生的世代中，借了學生貸款的家庭比例約為
20%；一九七一至一九七六年出生的世代已增至約 30%，一九七七
至一九八二年出生的世代更是超過 40%。每一個世代的借款人都愈
借愈多。若將金額調整至反映二○一六年的美元幣值，一九五九至
一九六四年出生世代背負的學生貸款中位數只有 3 千美元，一九六
五至一九七○年出生世代增至 5 千 5 百美元左右，隨後一個世代已
增至超過 9 千美元，而一九七七至一九八二年出生世代所欠的學生
貸款更是超過 1 萬 1 千美元。

　　教育貸款的報酬並沒有隨著貸款金額增加而同步成長。比較借
款人與非借款人的年收入，我們發現一九七○年或之前出生的人幾
乎沒有差別。這是意料中事：一九六○至一九八六年間，接受大學
教育的相關費用保持穩定，許多中產家庭都負擔得起。[3] 一九七一

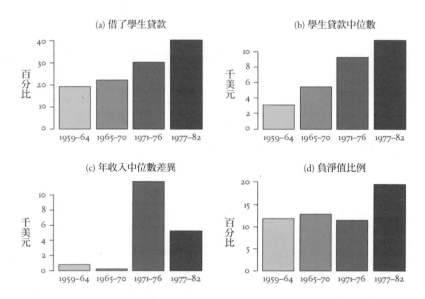

圖6.6 戶主年齡為30-34歲的家庭按出生世代分列的財富特徵

注：數據樣本僅限於戶主年齡為 30-34 歲的家庭。所有金額皆經通膨調整以反映 2016 年的美元幣值。學生貸款中位數的數據樣本僅包括那些目前有學生貸款未還清的人。因應美國人延後結婚和離婚增加的情況，我們將已婚伴侶的資產淨值除以二。資料來源：聯準會 1989-2016 年消費者財務調查。

至一九七六年出生者是遇到學費顯著上漲的第一個世代，借入學生貸款的好處在這一代人身上變得顯著：借入學生貸款者的年收入中位數比沒借學生貸款者高接近 1 萬 2 千美元。但是，下一個世代就沒那麼幸運：在這一代人當中，借入學生貸款者的年收入中位數只比沒借學生貸款者高 5 千美元。差距顯著縮小，很可能是因為遇到經濟大衰退，加上當局致力使貧窮家庭的學生比較容易獲得貸款。此外，未完成學位就輟學的學生貸款借款人增加了。學生貸款金額增加，加上借貸的報酬降低，使千禧世代成為美國近代史上最窮的一代。這個世代有五分之一的人在三十歲出頭時仍處於「水深火熱」狀態（仍有學生貸款未還清，而且資產淨值為負數）。之前的三個世代只有約 12% 的人是這樣。

整體而言，對千禧世代中的「老人」來說，財富積累變得比較困難，而我們預計，千禧世代中較年輕者將更難累積財富，因為他們是在經濟衰退期間進入勞動市場，而且背負更多債務。除了那些能從父母那裡獲得財富的頂層幸運兒，這一代人的財富少於以前的世代，而且背負較多債務。金融業造成的經濟衰退和學生貸款大幅增加，共同導致這一代人財富大減。這個世代的學貸借款人仍比沒借學貸者賺得多，但借學貸的好處相較於之前的一代人已經顯著減少。受此影響，這個世代有 20% 的人在三十歲出頭時沒有財富。

從共享繁榮到命運迥異

現在來看已退休或臨近退休的家庭之間的財富分配情況。與圖 6.5 類似，圖 6.7 呈現一九二九至一九五二年間出生的四個世代在他們六十至六十四歲時，第九十五、九十、七十五、五十、二十五和十百分位數的資產淨值。我們看到，前三個世代普遍出現財富一代多於一代的情況。第九十五百分位數的財富從一九二九至一九三四年出生者的 110 萬美元增至一九四一至一九四六年出生者的 230 萬美元，甚至第十百分位數的財富也增加（從 4 千 4 百美元增至 6 千美元）。這種財富成長反映二戰之後持續近三十年的經濟繁榮期所出現的多方面發展。許多農民從農村遷往城鎮，從事收入較高的工作。參與勞動市場的女性比例日高。勞工的教育程度和生

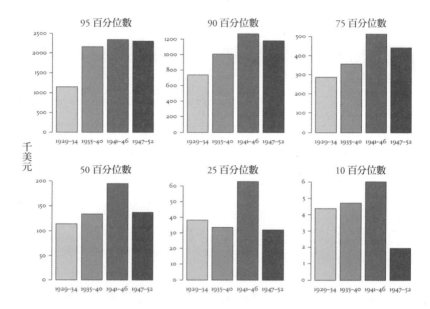

千
美
元

圖6.7 戶主年齡為60-64歲的家庭按出生世代分列的人均財富

注：數據樣本僅限於戶主年齡為 60-64 歲的家庭。所有金額皆經通膨調整以反映 2016 年的
美元幣值。因應美國人延後結婚和離婚增加的情況，我們將已婚伴侶的資產淨值除以
二。資料來源：聯準會 1989-2016 年消費者財務調查。

產力均有所提升。而或許最重要的是，強大的工會確保經濟成長的
成果相對公平分配。這個時代被譽為共享繁榮的時期，雖然並不是
人人都平等得益。

　　值得注意的是，處於中上階層的一九三五至一九四六年出生者
是在一九八〇和一九九〇年代的漫長多頭市場中累積財富。一九八
〇年一月至二〇〇〇年十二月的二十年間，標準普爾五百指數上漲
逾十倍，從 114.16 升至 1366.01，年化報酬率（經通膨調整）達
12%。投資於股市的家庭搭上了黃金電扶梯──他們的財富每六年

增加一倍。一九七〇年代末開始的一系列減稅政策使他們得以保住
更多財富。股票因此成為這些家庭財富更重要的一部分。圖 6.8a 呈
現股票資產占四個世代家庭財富的比例。我們可以看到，在第七十
五百分位數，股票僅占一九二九至一九三四年出生者財富的 8%，
但這個比例在隨後的世代已快速升高至 22% 以上。這些家庭的財
務安全因此愈來愈取決於股市的表現。

　　到了一九四七至一九五二年出生的這個世代，廣泛的財富成長
告一段落；這一代人在共享繁榮期結束、金融化時代開始的時候進
入勞動市場。雖然富裕家庭的資產淨值與之前的世代相若，但中低
階層家庭的財富大幅萎縮。資產淨值中位數從 19 萬 6 千美元降至
13 萬 8 千美元；在第十百分位數，資產淨值從 6 千美元降至 2 千
美元（圖 6.7）。隨著底層淪落，臨近退休時「資不抵債」的家庭比
例從 3.4% 升至近 5%（圖 6.8b）。

　　這一代人也比之前的世代背負更多債務。圖 6.8c 呈現槓桿比
率中位數，計算方法為家庭總負債除以總資產。我們可以看到，
一九二九至一九三四年出生者的槓桿比率中位數不到 5%，但一九
四七至一九五二年出生者則超過 12%。借款增加主要源自房屋抵押
貸款。圖 6.8d 顯示，一九二九至一九三四年出生者在他們到了
六十歲出頭時，多數已經還清了房貸。相較之下，一九四七至一九
五二年出生者到了這個階段，仍背負頗重的房貸：一半的人所欠的
房貸（包括房屋抵押貸款、房屋淨值貸款、房屋淨值信貸）相當於
其主要住宅價值的四分之一或更多。

　　總而言之，退休人士的家庭財富隨著時間的推移而增加。一九

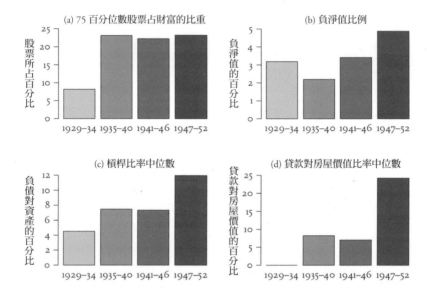

圖6.8 戶主年齡為60-64歲的家庭按出生世代分列的財富特徵

注：數據樣本僅限於戶主年齡為 60-64 歲的家庭。股票包括直接和間接持有的股票。槓桿
　　比率以家庭總負債除以總資產得出。貸款對房屋價值比率的計算方式為以戶主主要住
　　宅做為抵押品的所有貸款除以主要住宅的價值，數據樣本僅包括擁有房屋的人。資料
　　來源：聯準會 1989-2016 年消費者財務調查。

四六年之前出生的美國人到了退休或臨近退休的時候，累積的財富
很可能超過他們的父母在相同年紀所累積的。這種財富成長主要是
拜戰後的經濟繁榮所賜，而就中上階層家庭而言，股市提供了豐厚
的投資報酬也是重要原因。但是，一九四七年或之後出生的美國人
開始遇到經濟狀況顯著變差的問題，尤其是那些位於財富分配中下
層的人。相較於之前的世代，這個世代比較可能在黃金工作年齡結
束時沒有足夠的儲蓄。此外，這個世代背負的債務顯著加重，負債
對資產比率和貸款對房屋價值比率相較於之前的世代皆大幅上升。

這些家庭的財富因此對於利率變化更加敏感。

總結

在大金融時代，金融投資工具激增徹底改變了美國家庭管理財富的方式，而隨著時間的推移，這種變化鞏固了社會階級不平等。在本章，我們檢視了金融化兩大贏家之間的共生關係如何加劇美國家庭之間的不平等；他們是在股市累積財富的富裕家庭，以及替這些家庭管理財富的投資經理。能夠參與股市的人基本上僅限於富豪、高薪勞工，以及擁有退休儲蓄帳戶的嬰兒潮世代。因此，勞資之間的緊張關係已經轉化為特權勞工與邊緣化勞工之間和新舊世代之間日益緊張的關係。

過去四十五年裡，美國財富分配不均的情況變嚴重了。相較於二戰之後民眾共享繁榮的數十年，現在有能力累積財富的美國家庭已經顯著減少。資本集中在頂層製造出一個分成兩階的社會，最富有的少數人與其他人之間出現了一道鴻溝。支撐美國資本主義的系統性不平等確保了富裕家庭在教育、婚姻以至健康方面享有更好的結果。財富之所以持久，是因為財富可以移轉：父母和祖父母可以把財富傳給子孫後代。這些孩子可說是天生占了極大的優勢。財富不平等不但確保頂層人家可以成功，還大大降低了底層 90% 的人向上流動的機會。收入可能每年顯著改變，財富則穩定得多；財富不平等實際上是一道穩定的鴻溝，一代又一代地複製社會階級不平等。

　　我們也看到，股市興旺和全球金融秩序為有錢人提供了前所未有的機會，使他們得以增加財富並把財富存在海外。現在的有錢人在投資方面比較不仰賴房地產和其他有形資產，主要藉助多元化的金融資產組合，並利用稅務漏洞保存財富給子孫後代。金融業者和律師事務所因此大發利市，他們替有錢人管理財富，並且左右稅法之制定，藉由合法避稅和非法逃稅手段保住菁英階層的財富。中產階級家庭雖然也參與股市，但投資低上許多，而股市的風險和報酬與超過半數的美國人幾乎無關。大部分美國家庭如果有資產，主要是他們的主要住宅和交通工具。對他們來說，財務安全是一種奢侈品，而不是一種權利。

　　股票市場民主化無疑是一場幻影。一九八九至二〇一六年間，美國最富有的十分之一家庭擁有約 80% 的股票，而且他們所占的比例還隨著時間的推移而增加。種族間的財富差距也擴大了，部分原因在於白人家庭投資於股市的資產比例高於黑人家庭，即使考慮總財富規模也是這樣。股市並未促進財富平等，而是獎勵有錢人以及為有錢人服務的金融專業人士。金融業者利用貧富之間的鴻溝，靠財富管理業務獲得豐厚的利潤。

　　最後，我們說明了這些變化並非反映財富隨著人生不同階段的累積，而是金融化的結果。一九七〇年代中期之前出生的美國人，年輕時的家庭財富一代高於一代，但到了一九八〇年左右出生的那一代人，財富就顯著減少。相較於之前的同齡人，這些早期的千禧世代擁有的資產比較少，但背負了更多債務，這主要是拜金融業造成的經濟衰退和學生債務不斷膨脹所賜。在二戰之後的共享繁榮時期成年的幾代美國人，退休時擁有的財富多於之前的世代，也多於之後的任何世代。在一九四七年或之後出生的人當中（包括許多嬰兒潮世代），頗大一部分人將會在沒有足夠儲蓄的情況下退出勞動市場。

　　所有世代都出現了財富不平等加劇的情況──這是我們在這些世代之間發現的普遍發展。因為擁有金融資本而獲得的財富，擴大了新舊世代之間的經濟狀況差異。此一趨勢看來正在惡化。在下一章，我們將探討經濟大衰退的後果。

1　研究文獻一致顯示，童年時期的家庭財富與當事人一生中享有的機會密切相關。有關代際財富流動的研究回顧，可參考 Keister and Moller 2000; Killewald, Pfeffer, and Schachner 2017; Schneider, Hastings, and LaBriola 2018; Spilerman 2000。

2　在此我們是遵循學術慣例，雖然我們知道研究顯示，在許多不同的情況下，男性對家庭財富的控制能力往往大於女性（Bessière 2013; Pahl 1983）。

3　Nation Center for Educational Statistics, Digest of Education Statistics, Table 330.10. Average undergraduate tuition and fees and room and board rates charged for full-time students in degree-granting postsecondary institutions, by level and control of institution: 1963–1964 through 2015–2016 (https://nces.ed.gov/programs/digest/d16/tables/dt16_330.10.asp).

7 | 危機過後

　　二〇〇八年金融危機使美國家庭蒙受大蕭條以來最嚴重的經濟損失。金融危機調查委員會（Financial Crisis Inquiry Commission）的一份報告指出，直到二〇一一年，美國仍有 2 千 6 百萬人失業，4 百萬個家庭流離失所，而美國家庭整體損失了 11 兆美元的財富。隨著經濟陷入衰退，大眾對金融業的觀感顯著惡化，這一點在「占領華爾街」運動中至為明顯。這個運動非常著名的一點，是要求世人關注頂層 1% 與底層 99% 之間的鴻溝：前者紙醉金迷，後者掙扎求存。金融服務業成為一個縱容貪婪腐敗卻坐視貧困饑餓的縮影。

　　公眾對金融業的加強監督，並不限於抗議活動。因應危機，政府的干預措施也試圖力挽狂瀾。小布希政府任內最後幾個月推出的問題資產援助方案（TARP）力求恢復金融市場的流動性，同時給予政府官員更多權力監督那些深陷債務羅網的機構。除了在危機期間推出兩個大型刺激經濟方案，歐巴馬總統還簽署了二〇一〇年

《陶德法蘭克華爾街改革與消費者保護法》，以抑制企業高層的高薪，並加強對金融業的規範。這些舉措都是希望使金融業的運作變得比較順暢，盡可能降低系統風險，尤其是那些被視為「大到不能倒」的關鍵金融機構造成的風險——這些公司如果倒閉，大有可能會拖垮整個美國經濟，但正是它們不顧後果的行為直接導致了金融危機。聯邦與州檢察官利用大眾對華爾街的憤怒，開始起訴各種金融不法行為。一時之間，大金融時代似乎已經走到了盡頭。

但儘管當局採取這些干預措施，政府自大衰退以來執行的政策既沒有改變經濟不平等擴大的趨勢，也未能在經濟去金融化（de-financialization）方面取得進展。這些發展實在令人意外，因為在大蕭條之後數十年，美國的經濟結構就發生了巨變。在一九三〇和一九四〇年代，美國有錢人的財富大幅減少，加上一系列的高層次改革，促成了不平等減輕、稱為「大壓縮」（Great Compression）的一段時期。新政（New Deal）刺激方案、聯邦最低工資實施、社會保險制度確立、工會發展獲得支持，加上其他勞動改革，為許多美國勞工的權利和生計提供了新的保障。

相較之下，大衰退之後我們看到所得與財富不平等同時持續加劇。自二〇〇七年以來，不平等擴大了。頂層的所得保持穩定，底層 60% 人口的收入卻在萎縮。房貸危機造成中產和勞工階級家庭的財富崩跌。因為這些家庭往往將很大一部分（甚至是全部）財富投資在房屋上，債務負擔也比較重，他們比較容易因為失業或遇到緊急醫療狀況周轉不靈而債臺高築。

為什麼大衰退加重了而非減輕了不平等？一些學者和評論者認

為這是因為勞工運動衰落、勞工保障減少，以及政治右翼激進化。但這種說法忽略了金融的反彈力量，也忽略了金融在**製造**經濟不平等方面的根本作用。在本章，我們追溯金融危機以來的主要發展，說明多數監理和法律對策如何提高流動性、降低系統風險，以及懲罰金融市場的詐欺活動。但在達成這些目標的同時，這些政策也促使金融市場的影響力進一步集中，並且助長金融業與政治圈的交融、公共服務仰賴私營中介執行，以及金融主導公司治理。這些政策最終主要是恢復了金融霸權，而非改革金融秩序。

　　下一節簡要敘述金融市場如何崩潰，以及當局對信貸緊縮的即時反應。然後我們討論在危機局部受控之後，當局如何改革金融業。我們看到，這些努力雖然使金融體系變得比較穩健，但是對減少依賴金融業沒什麼幫助。旨在防止危機再度爆發和保護消費者的措施在川普政府上臺後受到攻擊，我們最後的分析有了一個悲觀的結論：極度經濟不平等在大衰退過後變得更加嚴重。

流動性危機

　　金融危機始於二〇〇七年，當時大量美國家庭拖欠房屋抵押貸款。這個發展可追溯到許多前兆，包括房貸證券化盛行、次級貸款和房屋淨值貸款愈來愈多，以及房貸放款機構詐欺猖獗。房貸放款機構以前會持有房貸、等待借款人逐漸償還貸款，房貸證券化則使放款機構得以將房貸打包成證券出售，迅速獲得資金做新一輪的放款。理論上，房貸證券化可以將風險分散到整個全球金融體系，進而將個別貸款違約的後果降至最小。但在現實中，這意味著一旦出現系統性違約，後果不但深遠又難以追蹤，而且還很難控制。

　　一九九○年代中期，美國房價開始上漲。這種前所未有的上漲趨勢主要是受房貸證券化驅動。批發型房貸放款機構視「放款後轉售」為有利可圖的商業模式，它們可以向借款人收取高昂的費用，並以此做為向房貸證券買家推銷的賣點。這些貸款的彈性高利率也使這些房貸證券看起來像聚寶盆一樣誘人。業者採用重量不重質的運作方式，盡可能增加浮動利率次級房貸的發放量。在符合授信標準的借款人愈來愈少的情況下，房貸業者降低了授信標準。Ameriquest是這些房貸放款機構當中最積極的，這家公司專門從事次級貸款業務，藉由欺騙借款人（使他們對未來的還款額有錯誤的想法）和偽造文件大發利市。其他放款機構——例如全國金融集團和新世紀公司（New Century）——也加入這場惡性競爭，說服黑人和西班牙語裔借款人借入成本高昂的貸款，並向所得極低的家庭放款。放款業者向借款人保證，他們的房子在興旺的房市中將迅速升值，他們的收入也必將增加，因此根本不必擔心未來負擔不起顯著提高的還款額。但是，許多這類貸款其實是危險的定時炸彈，一旦利率上升、房價下跌或還款額顯著提高，就可能瞬間摧毀借款人的財務狀況。

　　華爾街的證券公司將這些房貸包裝成可以買賣的證券，賣給世界各地的銀行和機構投資人——它們亟欲找到可以保證豐厚報酬的投資工具。這些證券在全球資本市場（尤其是歐洲）愈來愈受歡迎，因為主要的信用評等機構給予部分此類證券極高的評級，而且人們對美元的信心仍然很強。鮮為人知的是這些評級是某種自動程序產生的，評等機構很少審視證券背後的房貸是否良好；因為有錢可賺，投資人很少多問問題。隨著證券公司開始將劣質房貸混入高評級的房貸證券中，這種評級變得愈來愈不可靠，但全球市場對此類證券的需求持續強勁。

到了二〇〇〇年代中期，若干對沖基金意識到，房貸市場不顧後果的放款行為十分普遍，許多借款人遲早無法履行還款義務。為了藉此獲利，這些基金要求華爾街上的大銀行創造房貸擔保證券（MBS）的衍生合約——這些衍生合約就如同保單，如果房貸借款人違約，發行銀行就得賠償持有保單的人。這些對沖基金之所以對這些合約有興趣，不是因為他們本身持有房貸證券，而單純是打賭房貸證券市場即將崩潰；儘管如此，金融業者樂於配合這種要求，因為他們的分析師認為這些房貸證券非常安全，所以他們可以從對沖基金傻瓜那裡獲得無風險的保險費，未來卻不必做出賠償。

這些銀行之所以願意發行衍生合約，是因為他們認為美國房市整體而言是強健的。這種假設在購屋需求驅動金融業務時確實無誤；但一旦金融業者開始為了兜售房貸而製造購屋需求，情況就不是這樣了。簡而言之，金融業者沒有意識到，他們的做法已經將金融體系推到崩潰的邊緣。後來一些銀行（例如高盛）開始認同那些對沖基金經理的看法，認為房貸市場的崩潰迫在眉睫。但它們並未停止發行這些衍生合約，而是將這種保單轉手賣給機構客戶，告訴他們這些合約可說是穩賺不賠。

到了二〇〇六年底，美國房貸的初級和次級市場開始崩潰。愈來愈多屋主負擔不起最低還款額，房貸拖欠率不尋常（雖然事後看來無可避免）的上升趨勢由此展開。在此之前，房貸違約率下跌長達十五年，但到了二〇一〇年，也就是房市崩潰最嚴重的時候，超過 11% 的屋主無法按時償還房貸。數以千計的人失去贖回房屋的權利，被迫放棄他們的住所。仍持有許多沒人要的有毒房貸的房貸放款機構率先倒下。新世紀公司於二〇〇七年四月申請破產。二〇〇七年八月，Ameriquest 被賣給花旗集團；四個月後，全國金融遭美國銀行收購。但這次崩盤所震動的斷層比房貸市場更深更廣。

隨著愈來愈多借款人違約，持有房貸擔保證券的外國和本地投資人面臨重大損失。美國和歐洲的投資基金開始倒閉。華爾街業者之前以非常低的保費發出大量的房貸證券衍生合約，如今他們連同其他持有這些保單的投資人必須拿錢因應房貸違約。過度延伸的信貸鏈斷裂了。國際銀行業者發現自己無力償還為了營業而背負的大量債務。隨著貝爾斯登、雷曼兄弟和華盛頓互惠銀行在短短六個月內相繼倒閉，市場恐慌至極。隨著驚慌失措的投資人從市場上撤走資金，一些備受矚目的金融詐騙案相繼曝光，包括馬多夫（Bernie Madoff）臭名昭著的龐氏騙局。人們對金融市場穩定和金融業者信譽的信心因此蕩然無存。仰賴常規信貸的企業和家庭突然無法維持他們的支付計畫。

隨著金融體系徹底崩潰的危險迫在眉睫，美國聯邦政府盡快採取行動避免大西洋兩岸的資金短縮危機繼續加深。美國財政部為此促成大型銀行收購倒下的金融機構。值得注意的交易包括摩根大通買下貝爾斯登和華盛頓互惠銀行，美國銀行吞下美林證券，巴克萊收購雷曼兄弟，以及富國銀行吞併美聯銀行（Wachovia）。這些收購是為了阻止骨牌一一倒下，而這些合併的確停止了骨牌效應，不過這些權宜措施也意味著銀行業勢力變得更加集中（圖 3.2）。

政府本身接管了房利美和房地美等政府資助企業（GSE）；這兩家公司之前都仿效私營放款機構的做法，結果持有大量的有毒房貸擔保證券。政府也向現金流不足、掙扎求存的公司提供大規模的援助，例如保險巨頭美國國際集團（AIG）就接受了 850 億美元的聯邦資金，以履行意外的支付義務。這些錢多數直接流向大型金融機構如高盛、美林和美國銀行。政府將有毒資產的管理工作外包給巨型資產管理公司貝萊德（BlackRock），由這家公司管理美國政府介入貝爾斯登和 AIG 時接手的 1,300 億美元資產、房利美和房地美5 兆美元的資產，以及紐約聯邦準備銀行 1.2 兆美元的房貸證券。貝萊德被某些人稱為「影子政府」，美國公共政策繼續仰賴私營中介執行。為了在民主社會中以比較正當的方法解決問題，在財政部和聯準會敦促下，美國國會於二〇〇八年九月通過問題資產援助方案，輸送 7,000 億美元拯救瀕臨倒閉的銀行和公司。

除了各種援助方案，聯準會也透過極端的貨幣政策為銀行業者挹注流動資金，不管它們是哪一國來的銀行。聯邦資金利率調降至零，以鼓勵銀行借款。三輪量化寬鬆措施藉由大量買進公債和房貸擔保證券，為金融市場注滿資金。截至二〇一四年，聯準會在其資產負債表上持有 4.5 兆美元的房貸擔保證券、銀行債權和美國公債，希望藉由挹注現金來潤滑受腐蝕的經濟車輪，扭轉經濟惡化的趨勢。

　　塵埃落定之後，這些不尋常的貨幣操作是否足以拯救經濟仍有疑問。雖然美國經濟因為這些救援而沒有崩潰，但是對多數美國人來說，復甦似有若無，來得非常緩慢。房市危機持續蔓延：直到二〇一〇年第一季，房貸拖欠率才達到 11.53% 的最高點（圖 7.1）。隨後兩年，房貸拖欠率一直保持在 10% 以上，直到二〇一三年才出現下降的跡象。到了二〇一六年，房貸拖欠率仍在 4% 上方，高於一九九〇年代的水準。美國失業率則從二〇〇八年四月的 5% 上升一倍至二〇〇九年十月的 10%（圖 7.2）。

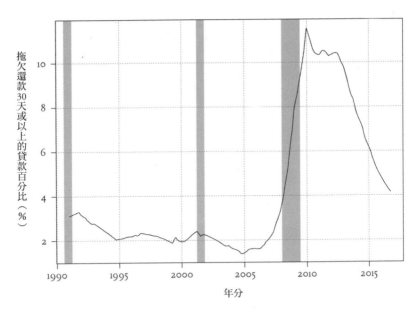

拖欠還款 30 天或以上的貸款百分比（%）

年分

圖7.1 獨棟住宅抵押貸款的拖欠率

注：聯準會發布的商業銀行貸款和租賃的沖銷和拖欠率，數據經季節調整。拖欠的貸款和
　　租賃是指逾期 30 天或以上的貸款和租賃，包括仍在計息和處於非計息狀態的貸款和租
　　賃。資料來源：聖路易聯邦準備銀行，聯準會經濟數據。

　　就業率最終花了七十七個月才回到衰退前的水準，相較於之前
十次衰退的中位數二十二個月，時間之長令人震驚。[1]但是，這次
的所謂「復甦」掩蓋了一個重要事實：許多喪志的勞工選擇離開勞
動市場。美國未參與勞動力的人口比例從二〇〇七年的 37% 增至
二〇一四年的 42%。這場危機造成的經濟傷害相當持久，嚴重程度
只有始於一九二九年、導致法西斯主義在世界各地興起的大蕭條可
比。如果說一九九〇年代使嚴肅的左派知識分子開始承認市場的效
率，那麼二〇〇〇年代末的危機則讓右派知識分子開始思索自由市

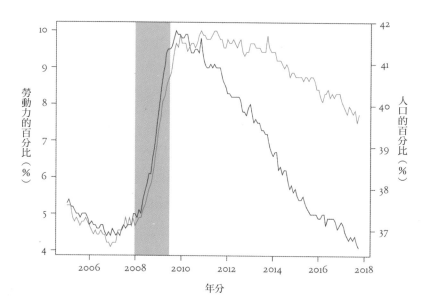

圖7.2 未就業的勞動力和人口比例，2005-2017年

注：較淺的線參照右軸，較深的線參照左軸。兩個序列（UNRATE 和 EMRATIO）
　　都是根據當前人口調查得出的 16 歲或以上的非機構平民人口數據。人口序列為
　　100-EMRATIO。資料來源：聖路易聯邦準備銀行，聯準會經濟數據。

場的自毀性質。

改革或復原

　　雖然當局採取積極措施重振經濟，但提高資金流動性對處理危機的根源顯然毫無幫助。為了防止金融災難再發生，歐巴馬政府提出一系列的法案，最終促成了二〇一〇年的《陶德法蘭克華爾街改革與消費者保護法》。這個法案設立了金融穩定監督委員會和金融研究辦公室以監理複雜的大型銀行，並引進有序清算機制（Orderly Liquidation Authority）做為非銀行金融機構的一種退場機制。該法案還授權消費者金融保護局確保有害的金融產品減少傷害美國人。

　　特別重要的是，《陶德法蘭克法》對可能危及金融市場穩定的金融活動提出限制和要求。值得一提的是，聯準會重祭伏克爾規則，禁止銀行從事投機交易，因為這種交易可能會危及大眾的儲蓄，並且使銀行有機會既發牌又下注。這個規則遭受大型銀行的強烈反對，聲稱自營交易對銀行利潤至關重要。伏克爾規則原定在二〇一〇年實施，但一再延後，到了二〇一五年才實施。

　　國際方面，鑑於金融巨頭先前無力應付信貸緊縮，二十七個國家的監理機關同意集體提高對金融機構的資本要求和最低流動金要求。這些準則稱為《巴塞爾協定III》，要求銀行增加股本並提高流動性資產，藉此增強吸收意外損失的能力，降低破產風險。美國聯邦準備理事會二〇一一年宣布將遵循這些準則，以免將來得再大規模救助金融機構。美國監理機關要求金融機構每年做壓力測試，以確保它們能度過下個經濟寒冬。這些努力都有一個共同目標，那就是盡可能降低金融系統風險和減少金融業普遍存在的利益衝突。

雖然《陶德法蘭克法》已經是《葛拉斯史提格爾法》以來最全面的金融改革，但這個法案是否能完全降低金融系統內存的風險，至今仍不清楚。撰寫這個法案的前眾議員法蘭克（Barney Frank）指出，美國的金融監理工作仍然相當分散，各監理機關之間沒有什麼溝通。法蘭克也擔心《陶德法蘭克法》對小銀行的要求過於嚴厲，同時在規範私募股權和對沖基金方面做得太少。這次改革另一個沒預料到的後果是，資本從開始受到較嚴格規範的投資銀行流向透明度較低的金融服務部門，因而促成對沖基金業的擴張。在零利率時代，退休基金和其他機構投資人開始轉向這些風險往往較高的另類投資，藉此尋求較高的報酬。在此情況下，對沖基金管理的資產從二〇〇八年的 1.5 兆美元彈升至二〇一八年的逾 3.5 兆美元，超過了金融危機之前的水準。[2]

除了監理改革，當局還開始對金融危機的肇事者採取法律行動。在二〇一〇年的高盛聽證會上，針對華爾街的敵意顯而易見。證券交易委員會指控高盛的銷售團隊將有毒的房貸證券大量賣給客戶，兩大黨的參議員輪番指責該公司造成現代史上最嚴重的經濟災難，還接受了政府的大規模援助，卻沒有利用援助金提供重振經濟所需要的貸款。儘管受到兩大黨的攻擊，高盛的主管堅稱他們沒有誤導或欺騙投資人，但美國司法部一系列的調查最終證實他們說謊。二〇一六年，高盛同意支付超過 50 億美元的罰款與和解金。通常這種庭外和解當中沒人願意認罪，但這次高盛被迫承認對其房貸擔保金融產品的潛在客戶做出虛假而誤導的陳述。美國銀行、摩根大通和花旗集團也與司法部達成和解協議。截至二〇一六年底，美國最大型的銀行因應詐欺、濫權、錯誤止贖和操縱利率與匯率等指控，被勒令支付總共近 600 億美元的罰款。

　　誰為這 600 億美元埋單？答案是銀行的股東，而不是高層主管。事實上，摩根大通的執行長戴蒙（Jamie Dimon）二〇一四年與司法部達成和解後，獲得 74% 的加薪，年薪回到 2 千萬美元。在一九八〇年代的儲貸危機中，超過一千名銀行業人員遭起訴，而且多數都入獄了。但在最近這場金融危機中，只有一名金融業主管入獄——他是瑞信公司（Credit Suisse）埃及出生的塞拉傑丁（Kareem Serageldin），罪行是在二〇〇〇年代初高估房貸證券的價值。美國大型銀行或次貸放款機構沒有任何一名高層被定罪，儘管他們的實際罪行比塞拉傑丁對屋主和整個社會造成更多傷害。

　　有些人指責政府對華爾街高層過度仁慈，但聯邦檢察官堅稱，這些案件太難入罪。定罪的案件不多，可能只是反映當局減少起訴白領犯罪的長年趨勢。在一九九〇年代，這些案件平均占所有聯邦案件的 17.6%，但在二〇一二年已經降至 9.4%。司法部以前經常起訴犯法的個別員工，希望藉此殺雞儆猴。如今司法部以公司為起訴單位，迫使執法部門權衡法律行動的經濟後果。雖然轉為針對公司似乎是處理集體不法行為的合理做法，但金融危機的餘波暴露了這種做法的缺點。公司犯法無法入獄，只能罰款。而如果犯法的機構極其富有，罰款——即使是以 10 億美元計的罰款——還是不足以阻嚇犯罪或促進制度變革。

　　國會通過《陶德法蘭克法》，標誌著規範管制的鐘擺已經遠離自由放任那一端，但如今鐘擺似乎又盪了回去。二○一七年，川普政府提出《金融選擇法》（*Financial CHOICE Act*），希望藉此大幅削弱《陶德法蘭克法》；眾議院六月通過這項法案，兩大黨各自堅持自身立場。該法案的主要改變包括以消費者執法局（Consumer Law Enforcement Agency）取代消費者金融保護局，使它成為由總統握有人事決定權的一個行政部門。此外，它也將削減該局的監理權力，尤其是在發薪日貸款和仲裁協議方面。這項法案也將廢除為「大到不能倒」的金融機構設置的退場機制；如此一來，大銀行瀕臨倒閉時，聯邦政府更有可能必須提出救助方案（在此情況下，金融業者過度冒險就很可能不必承受後果）。非常重要的是，《金融選擇法》試圖撤銷伏克爾規則，容許銀行繼續從事投機交易。

　　更大、更有力的銀行構成的威脅，促使兩大黨支持《經濟成長、管制鬆綁與消費者保護法》。這項法案於二○一八年生效，修訂了《陶德法蘭克法》，旨在支持中小型銀行而非限制大銀行。金融巨獸在金融危機期間吞食瀕臨倒閉的銀行，藉此進一步壯大，雖然民主黨人和共和黨人都對此表示擔憂，但這場危機仍導致銀行業的勢力進一步集中，大型機構減少但規模變大。廢除限制而非增強監理權力的目標，促使國會找到了難得的共同立場——這可能也是川普政府及其支持者構成政治堡壘的一個標誌。

　　這項法案的支持者表示，有必要支持中小型銀行抵禦大銀行的勢力，而事實上，該法放寬了對數百家小型金融機構的監督。例如總資產不到 1,000 億美元的銀行可以不做壓力測試。這個法案還將

「大到不能倒」的資產門檻從 500 億美元提高到 2,500 億美元。法蘭克本人曾表示這個門檻的確太低，但他認為門檻可以安全地提高到 1,000 億美元或 1,250 億美元——遠低於 2,500 億美元。此外，資產少於 100 億美元的銀行被稱為社區銀行，如今可以不必遵守伏克爾規則。小型放款機構不再受《住宅抵押貸款揭露法》的某些揭露要求約束，中型銀行的監理負擔也減輕了。僅關注金融機構的規模忽略了一項重要事實：美國運通、嘉信理財（Charles Schwab）、太陽信託銀行（SunTrust Banks）等中級金融集團的規模仍然相當大，而且以可見和不可見的方式與大型機構緊密相連。如果這些規模較小的機構有幾家倒閉，仍可能拖垮金融巨頭。儘管如此，在罕見的兩黨共同支持下，這項法案在參議院以六十七對三十一票通過，然後在眾議院以二五八對一五九票通過。

　　除了削弱《陶德法蘭克法》，金融業也在其他方面獲得實質進展。最值得注意的是，參議院共和黨人加上副總統彭斯打破僵局的一票，擋下了消費者金融保護局禁止銀行和其他金融機構在合約中加入仲裁條款的提案。這項提案若通過，消費者將可整合資源進行集體訴訟；這具有重大意義，因為極少個別消費者有能力訴諸法院，與富國銀行和 Equifax 之類的大公司正面交鋒。參議院的表決結果實際上保護了銀行，使它們免受民事訴訟困擾。長期批評消費者金融保護局的穆瓦尼（Mick Mulvaney）後來被任命為該局的代理局長，因此獲得從內部削弱該局的權力。穆瓦尼很快就暫停所有新的調查，放棄針對發薪日貸款業者的案件，並且以財務教育局取代學生與年輕消費者事務局，消滅了負責保護學生貸款借款人的唯一聯邦機構。

　　大衰退之後嘉惠銀行、基金經理和企業股東的最重要政策變化，可能是二〇一七年的大減稅。這項 1.5 兆美元的稅改法案是川普上臺後共和黨人的首次立法勝利。這項法案不但藉由降低所得稅和遺產稅，讓有錢人獲得不成比例的利益，還永久降低了美國企業肩負的社會責任。公司稅率從 35% 降至 21%，海外子公司的稅率更是降至只有 10.5%。法案的支持者聲稱，企業省下來的稅款將用來提高工資、增聘人手、降低產品價格和促進創新，長遠而言將造福勞工和消費者，並刺激經濟。涓滴經濟學（trickle-down economics）突然莫名其妙地在國會山莊流行起來。

　　投資人和金融業者早看穿了這個謊言。因應二〇一七年九月公布的減稅方案，高盛等機構的分析師調升了他們對股市的預測。他們預測減稅方案將使企業盈利增加 10%，股東將獲得更大的報酬。事實上，減稅引發股市又一波漲勢，短短三個月就使股市總市值增加 2.7 兆美元。許多公司利用它們的保留盈餘獎勵股東和管理高層。投資研究公司 TrimTabs 估計，二〇一八年第一季，上市公司平均每天花 48 億美元回購股票。[3]

　　到了這個地步，美國很顯然已經錯失了利用這場危機來推動真正變革的機會。除了若干例外，因應危機的政策主要用於幫助美國修復金融化的經濟，而非改革金融化經濟中的不平等問題。金融業雖然受到大蕭條以來最嚴重的打擊，但這場危機僅促成金融業重組，而非清算罪行。在下一節，我們將檢視大衰退以來的不平等趨勢。我們會看到，拯救金融業的政策重振了金融業者的利潤——它們的盈利在經濟衰退期間急劇攀升，並在隨後十年繼續增加。與此同時，資本所得在國民所得中的占比增加，工資差距和財富差距繼續擴大，家庭財富縮水，債臺卻高築。

危機爆發十年後的不平等狀況

金融危機爆發以來，收緊金融法規起初遭到業者反對，理由是增加限制會破壞金融業的穩定，並導致金融業在脆弱的經濟中可以提供的服務減少。這種說法經不起時間的考驗。圖 7.3 呈現美國金融業和非金融業相較於二〇〇七年水準的利潤成長情況。雖然金融危機導致金融業總利潤萎縮近四分之三，但復甦之強勁令人震驚。經濟衰退還沒結束，金融業總利潤就已經比二〇〇七年多出四分之一。隨後幾年裡，利潤更持續成長。到了二〇一七年，金融業的總利潤已經比金融危機爆發前增加了 80%。非金融業的利潤成長則緩慢得多，二〇一〇年才回到危機前的水準，到二〇一七年時僅增加38%。

無論是金融業還是非金融業，利潤成長並不意味著經濟整體而言已經復甦。事實上，利潤成長的部分原因在於工資和就業人口萎縮。圖 7.4 呈現勞動與資本在國民所得中的占比──也就是國民所得分別有多少流向勞動者和擁有資本的人。雖然勞動在國民所得中的占比在經濟衰退期間降低是意料中事，但這個占比在經濟快速復原期間依然萎靡不振則相當不正常。由此看來，美國勞工的經濟狀況可能永遠無法真正從衰退中復甦。鐘擺持續盪向資本那一端，而

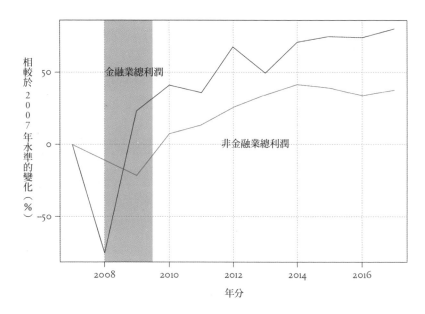

相較於2007年水準的變化（%）

金融業總利潤

非金融業總利潤

2008　2010　2012　2014　2016

年分

圖7.3 大衰退以來的金融與非金融業總利潤

注：企業盈利為根據庫存評價調整之後的結果。金融業包括聯邦準備銀行、信用中介等行業及相關活動；證券、商品合約、其他金融投資及相關活動；保險業者及其相關活動；基金、信託及其他金融工具；以及銀行和其他控股公司。資料來源：美國經濟分析局，國民經濟統計，表6.16。

且隨著自動化技術大規模應用，速度只會加快。

　　各位讀到這裡，如果還認為勞工的巨大損失會在不同勞工之間公平分攤，那就是不夠專心。本書第二章已經指出，自一九八〇年以來，美國勞工之間出現了巨大的工資差距。此一趨勢沒有因為金融危機或其餘波而改變。收入頂尖者受到經濟衰退影響，但他們的薪酬在二〇一〇年就迅速復原（圖7.5）。第九十五百分位數的工資近年比危機前的工資水準高12%以上。但是，工資中位數卻要到

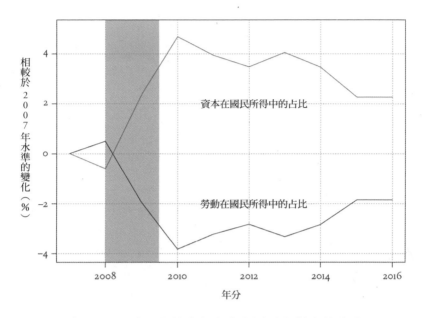

圖7.4 大衰退以來勞動和資本在國民所得中的占比

注：資本在國民所得中的占比，以私部門營業盈餘毛額除以薪酬總額與私部門營業盈餘毛
　　額之和得出。資料來源：美國經濟分析局，國民經濟統計，按產業劃分的 GDP 序列。

二〇一五年才收復失地，而近年的經濟成長也只能使它成長 1% 至
2.5%。與工資類似，財富差距也在經濟衰退後擴大了。因為貨幣政
策致力提振金融市場，大衰退並未嚴重損害富裕家庭的財富。在最
惡劣的時候，他們的資產淨值相較於二〇〇七年減少約 10%，到二
〇一六年時已完全復原。另一方面，美國中產階級的財富則受到重
挫：二〇〇七至二〇一〇年間，資產淨值中位數暴跌約 40%，而且
直至最近也沒有顯著回升。

　　財富回升的情況呈現顯著的種族差異。圖 7.6 顯示，雖然大衰

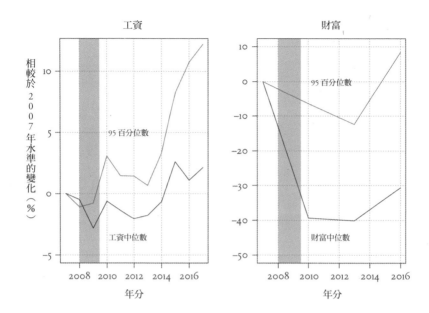

圖7.5 大衰退以來工資和財富的變化

注：數據涵蓋所有 25-65 歲的私部門雇員。工資的計算方式為年收入除以每週正常工作時數與工作週數的乘積，再以勞動統計局公布的消費者物價指數做通膨調整。資料來源：美國勞動統計局，當前人口調查社會經濟年度附錄；聯準會 2007-2016 年消費者財務調查。

退之前，種族間的財富鴻溝已經相當驚人，但在之後十年裡，情況還進一步惡化。雖然在房地產泡沫破滅後，白人、黑人和西班牙語裔的家庭財富中位數全都萎縮了約 25%，但白人家庭財富的回升速度比少數族裔快得多。這種差異在二〇一〇至二〇一三年間至為顯著：在此期間，白人家庭的財富穩定了下來，但少數族裔家庭的財富則繼續萎縮。到了二〇一六年，黑人家庭損失了約 30% 的財富，白人家庭則損失 14%。

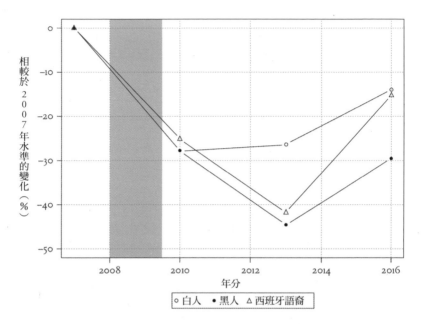

相較於2007年水準的變化（％）

年分

○ 白人　● 黑人　△ 西班牙語裔

圖7.6 大衰退以來按種族分列的家庭財富中位數變化

注：家庭的種族以戶主的種族為準。資料來源：聯準會 2007-2016 年消費者財務調查。

　　黑人家庭財富復甦乏力，部分原因在於他們的非房貸債務自大衰退以來大幅增加（圖 7.7）。黑人家庭非房貸債務中位數在經濟衰退期間降低 16% 之後急速升高，二〇一六年時比二〇〇七年增加一倍以上。當中很大一部分來自學生貸款：二〇〇七年，學生貸款占黑人家庭所有消費債務約 23%。到了二〇一六年，這個比例已經跳升至 50% 以上。在此期間，白人和西班牙語裔家庭背負的學生貸款債務也顯著增加（所占比例分別從 13% 增至 21%，以及從 10% 增至 32%）。在理想的情況下，這種貸款將幫助借款人顯著提

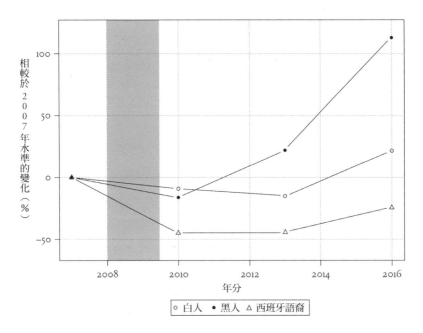

圖7.7 大衰退以來按種族分列的家庭非房貸債務中位數

注：家庭的種族以戶主的種族為準。資料來源：聯準會 2007-2016 年消費者財務調查。

高未來的收入，甚至幫助當事人累積財富。但是，如果向上流動的
承諾未能兌現，種族間的財富鴻溝很可能在未來數十年繼續擴大。

　　雖然財富和債務中位數有助我們瞭解經濟衰退如何摧毀財富並
擴大一般家庭之間的種族鴻溝，但它們對我們瞭解遭主流金融機構
排斥的極弱勢群體所面臨的困苦卻沒什麼幫助。圖 7.8 呈現二〇〇
七年以來發薪日貸款的流行程度。在二〇〇七年，黑人和西班牙語
裔家庭借入發薪日貸款的可能性是白人家庭的兩倍。雖然在經濟衰
退期間，所有種族使用發薪日貸款的家庭比例都有所上升，但黑人

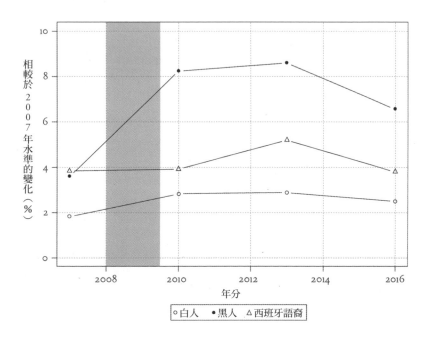

圖7.8 大衰退以來按種族分列的發薪日貸款使用情況

注：數字代表過去一年曾借入發薪日貸款的家庭比例。資料來源：聯準會 2007-2016 年消
　　費者財務調查。

家庭的上升趨勢至為顯著，很可能是因為放款業的種族偏見使黑人
難以獲得條件較好的信貸。借入發薪日貸款的黑人家庭比例從二
〇〇七年的 3.6% 升至二〇一〇年的 8.2%。政府放寬對高利率貸款
的規範，對於少數族裔家庭影響特別高——他們會有更多機會獲得
信貸，但必須付出更高的代價，而後果將在未來幾代人中加重。

總結

　　經濟嚴重受創之後，美國一般民眾和聯邦政府才意識到，金融已經成為美國經濟最關鍵但也最脆弱的一環。隨著經濟損失因為金融危機不斷擴大，起初的震驚逐漸化為對華爾街的憤怒。抗議者集結起來。官員趕緊安撫投資人。評論者斥責死抱高薪的企業高層。國會提出法案。一時之間，這場危機似乎標誌著金融化的結束，或至少是開始結束。

　　但是，即便這場危機導致了與大蕭條可以相提並論的全面經濟大衰退，但結果卻截然不同。大衰退以來的應對措施多數是致力恢復危機前的「常態」，並未保護美國民眾的生計和徹底改革金融體系。危機爆發十年後，很顯然美國錯失了利用危機改革的機會。本已嚴重的不平等繼續加劇。金融在美國經濟中的主導地位變得更加牢固。

　　危機應對措施主要有兩個方面，兩者都幫助美國恢復之前的金融秩序。隨著次級房貸市場崩潰和信貸提供者失去信心，當局的首要任務是拯救槓桿過高的金融機構，然後利用它們為經濟挹注流動資金。但是，當局極端的貨幣措施未能有效刺激經濟成長；銀行業經歷了一波合併潮，金融業利潤大幅回升，獎金也反彈上升。但房屋和失業危機卻持續多年。

　　金融危機告一段落之後，負責重振美國經濟的人手上的第二要務是防止危機再度爆發。這意味著必須降低複雜而不透明的金融業固有的系統風險，以及懲罰那些對金融崩盤負有責任的人。雖然許多人認為方法應該是分拆那些大到不能倒的銀行，但改革最終卻聚焦於增強大型金融機構的資本。雖然當局嘗試整合監理職能，但監理機關仍各自為政。此外，州與聯邦檢察官都試圖追究銀行和其他放款機構的責任，但最終只有一名埃及裔銀行業人士入獄。金融業者支付罰款，它們的最高層則繼續領取豐厚的獎金。

川普政府未能徹底廢除《陶德法蘭克法》（或至少是針對巨型金融機構的部分），完全是因為政治僵局。但是，一系列的行政決定已經放寬了金融管制，而未來料將有更多立法行動打算破壞金融危機之後確立的監理制度。二○一八年的稅改是聯邦政府向金融業送的又一個大禮，對企業大幅減稅使得更多資源轉移到基金經理和企業股東手上。

雖然經濟不平等如今不像在大衰退期間那麼受關注，但各項指標顯示，危機爆發十年之後不平等的情況只有繼續惡化。受惠於有利的貨幣政策，金融業的利潤在經濟衰退期間反彈，並在《陶德法蘭克法》年代繼續成長。雖然這些政策的支持者會為金融業的盈利表現喝彩，視之為成功的標誌，但這些利潤並沒有像政策制定者承諾的那樣嘉惠大眾。勞動在國民所得的占比滑落萎縮，可能永遠無法回到二○○七年的水準。所得差距進一步擴大，頂層薪酬成長的速度遠高於所得處於中間水準的勞工。經濟復甦期間，種族間的財富差距擴大，部分原因在於黑人家庭的非房貸債務大增。保護消費者的新政策並未遏制發薪日貸款，這種高利率貸款因為許多勞工就業極為缺乏保障而變得更加流行。金融危機所暴露的最迫切公共問題並未得到處理：不平等仍舊根深柢固。

1　以下數據可供參考：在此之前，1946 年之後十次經濟衰退的持續時間介於 6 至 16 個月之間，平均為 10.5 個月。2007-2009 年的經濟衰退歷時 18 個月，是 1946 年以來最長的經濟衰退。https://www.minneapolisfed.org/publications/special-studies/recession-in-perspective.

2　2018 年，對沖基金管理的資產達到 3.6 兆美元，創歷史新高，較上年增加 7%。參見 Preqin, "Q2 2018 Hedge fund Asset Flows" (http://docs.preqin.com/reports/Preqin-Hedge-Fund-Asset-Flows-Q2-2018.pdf)。

3　這項回購率為一年前的兩倍（國會於 2017 年 12 月減稅，一年前的回購率未受減稅影響）。JP 摩根當時也估計，2018 年的股票回購金額將創出歷史新高，達到約 8,000 億美元。Steward, Emily, "Corporate Stock Buybacks Are Booming, Thanks to the Republican Tax Cuts," *Vox,* March 22, 2018, and Cox, Jeff, "Companies Are Putting Tax Savings in the Pockets of Shareholders," *CNBC,* March 12, 2018.

結論

　　一九六五年，社會心理學家勒納（Melvin Lerner）在《性格與社會心理學期刊》發表了一篇研究報告。他找來肯塔基大學的二十二名學生做實驗，要求每一名學生觀察兩名工人合作玩一個文字遊戲，然後評價兩人各自的貢獻。那些學生被告知，由於研究經費有限，兩名工人只有一人會得到報酬，而且誰得到報酬完全是隨機決定的。然後勒納離開房間，為學生播放錄音帶，但學生不知道他們在房間裡聽到的內容是事先錄製的。錄音帶第一段是勒納訪問兩名工人，然後是兩名工人玩遊戲期間的互動，最後是隨機選一名工人支付報酬。接著勒納回到房間裡，要求那些學生評價兩名工人各自的貢獻。

　　由於所有學生聽到的互動過程完全相同，照理說，他們對哪一名工人貢獻較多應該有類似的看法。但事實並非如此。勒納發現，學生對工人的評價很大程度上取決於哪一名工人最後獲得報酬。他們傾向給予獲得報酬的工人較高的評價，儘管他們清楚知道誰拿到報酬與當事人在遊戲中的表現或努力完全無關。換句話說，這些學生似乎認定獲得報酬的工人確實比較值得獲得報酬，藉此合理化隨機的結果。

　　一年後，勒納及同事凱洛琳‧西蒙斯（Carolyn Simmons）發表了另一項實驗結果。這一次他們安排七十二名學生在不同的情況下，觀察一名無辜的學生因為一項虛構的人類學習研究而受到痛苦的電擊。勒納和西蒙斯發現，如果可以選擇，多數學生會希望以鼓勵的手段替代電擊。他們不喜歡看到「實驗對象」受苦。但如果沒有選擇，而且學生知道痛苦的電擊將持續進行，他們會因此開始批評受害者，認為這個人本來就顧人怨。如此的惡性批評通常在學生被告知痛苦的電擊已經結束，或他們可以選擇終止電擊之後停止。

　　勒納根據這兩個實驗結果和隨後的研究，提出公正世界假說（Just World Hypothesis）。他認為，為了獲得基本的控制感，人們必須相信世界（或至少是與自己有關的環境）基本上是公正的。也就是說，人們必須相信人通常會得到他應得的東西，良好的行為通常會得到獎勵，而惡劣的行為通常會受到懲罰。這種信念對幫助個人執行幾乎沒有即時報酬的長期計畫，以及鼓勵日常的利他行為至為重要。此外，人們可能堅信個人作為與結果密切相關，因而利用結果來推斷作為，即使他們知道結果可能是隨機決定的。事實上，勒納和西蒙斯觀察到，在上述實驗中，相較於認為實驗「毫無意義」或「殘忍」的學生，認為實驗「有趣」或「愉快」的學生更常貶低受害者。

　　這些研究提供的教訓，顯然不在於我們所處的世界是否公正，而是在於人類有相信這個世界大致上是公正的傾向或心理需要。我們是善於合理化的動物，認為「事出必有因」或「沒有巧合這回事」。我們為每一項獎勵或懲罰尋找理由，有時甚至自行編造理由。這有助我們獲得一種安定感。即便沒有明確的證據，我們仍會相信，當事人必然藏有某些特徵導致他面對特定的結果。在我們不懷疑規則是否不公平，或相信我們無力左右遊戲規則時，這種傾向尤其強烈。

本書的主要目的在於抵制這種誘人的捷思（heuristic）。我們必須檢驗遊戲規則，尤其當我們思考經濟不平等這個社會問題。日益擴大的貧富鴻溝不能只用市場供求調整這樣的簡單說法帶過。我們必須挑戰認為社會基本上還是公平的假設，質疑那些在財務上獲得獎勵的人是否的確對社會做出了相應的貢獻，以及經濟利益遭剝奪的人是否的確自作自受。

本書的中心論點是，金融崛起乃美國經濟不平等加劇的一個根本原因。金融化並非只是金融業在經濟中的（相對）成長，還攸關金融的角色廣泛逆轉，從一種支援性質的次要活動變成經濟的一股主要驅力。當前金融體系造成的最有害結果不是再三發生的金融危機，而是一場社會危機——它可能沒那麼急性，但造成的損害有過之而無不及。金融化至關緊要，不僅因為金融直接決定經濟中的資源配置，還在於它為造成不平等的其他趨勢（例如工會衰落、政治變化、新的工作安排、科技進步和經濟全球化）提供了動機、世界觀、邏輯、修辭和技術。

本書闡述了金融化如何以三種互有關聯的方式擴大不平等。首

先，金融業的市場影響力愈來愈集中、政治影響力增強，以及公共
政策仰賴金融業中介執行，使金融業得以從生產部門和家庭榨取經
濟資源，但並未提供相應的經濟利益。第二，非金融企業金融化將
管理層的注意力導向金融市場，而且使資本不再那麼倚賴勞動，因
此破壞了勞資協定。第三，藉由國家或公司集體承擔風險的制度遭
破壞，創造出一種原子化的風險體系，將經濟不確定性轉移到個人
身上，助長了金融服務的累退式消費。

圖 8.1 概括了金融化加劇經濟不平等的歷史和分配過程。我們
從美國金融業得以獲取巨額利潤的歷史條件說起。此一現象在二十
世紀最後二十五年間可能至為明顯，因為當時金融業的利潤激增，
但前因則早上許多。我們認為二戰的餘波和布雷頓森林體系的確
立，是建立國際貨幣新秩序的關鍵歷史時刻。此一跨國體制確立了
美元的全球儲備貨幣地位，使美國成為資本主義世界的中心。

這種歷史背景影響了美國的三項政策，它們為美國金融業的繁
榮壯大奠定了基礎，幫助金融業累積利潤和控制以前由其他經濟部
門持有的資產。首先，美國政府刻意維持對戰後盟友的貿易赤字，
藉此輸出美元並幫助重建資本主義經濟。即使在布雷頓森林體系崩
潰之後，美元在全球外匯市場仍維持其首要地位（美國政府一直積
極維持美元的這種地位）。第二，企業和金融業出現反一九六〇年
代進步主義動員的運動，美國國會因此受到壓力，放寬了對華爾街
的管制。第三，面對一九七〇年代的經濟停滯和高通膨，聯準會致
力利用貨幣政策來抑制通膨而非刺激就業。雷根於一九八〇年代入
主白宮時，政策和經濟風向皆支持新自由主義興起，取代凱因斯經

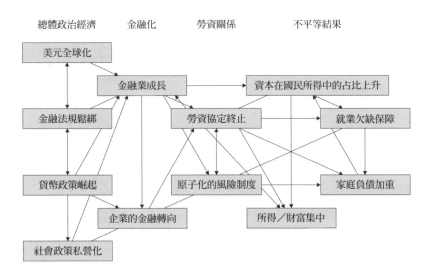

圖8.1 金融化的美國分配制度

濟學。因此，大蕭條期間確立的金融管制和福利保障在接下來二十
年裡逐步撤銷。資金湧入華爾街，規模空前，風險巨大。

隨之而來的政策目標（適時調整利率和致力吸引外國投資）創
造了誘因，促進經濟中的三大轉變，對勞工產生重大影響。首先是
金融業大幅擴張。金融企業整合成規模和力量空前強大的巨型機
構。以前銀行僅提供簡單的放款服務和存款帳戶。隨著《葛拉斯史
提格爾法》在一九九〇年代逐步廢除，銀行開始提供資產和財富管
理、股票交易、企業金融和投資銀行、創業投資、保險業務、風險
管理、房地產和政府融資產品。業務擴張帶來高利潤，金融業菁英
獲得優渥的薪酬，金融業在政治方面也發揮愈來愈大的影響力——
金融業者的競選捐款不斷增加，業者致力遊說政界制定有利於金融

業的法規和稅法。美國政府如今仰賴金融機構協助執行經濟、社會和外交政策。破產調解、學生貸款、財政刺激政策等公共財已經轉移到金融業的管理者手上。

第二，企業管理方式經歷了一場革命。企業管理層如今致力為股東增加價值，而不是努力投資以擴大市占率——那是以前的企業管理黃金標準。為了盡可能提高股東報酬，企業致力降低成本，方法包括採用自動化技術並裁員、將工廠遷往海外、將整個生產單位外包，以及將資源導向金融事業。縮編裁員和削減福利已經成為新常態——這可以降低僱用本地勞工的成本。金融公司倡導這些「典範做法」，並從併購、分拆和其他企業重組行動中賺取豐厚的服務費。這種制度環境變化促使非金融企業關注金融市場，也鼓勵金融業者創造各種投資產品。

這些發展最終徹底破壞了長期以來企業與其員工和當地社群之前的同榮協議。企業的第一要務變成是為投資人的利益服務。受此影響，勞工和中產階級的薪酬停滯，工會瓦解，僱員福利消失。二戰之後維持了數十年的雇主與僱員之間的社會契約作廢，晉升機會、逐漸加薪、醫療保險、退休金計畫和其他福利隨之消失。以前由政府和企業承擔的風險自此轉移到勞工身上，雇主如今期望他們接受工作時間隨時改變。最大的負擔落在最脆弱的人身上，包括衰落的中產階級、掙扎的勞工階級，以及勉強維生的窮人。

我們如今身處金融化時代的累退式分配體系，金融業所占的企業利潤比例急速升高，勞動在國民所得中的占比則大幅跌落。高收入者獲得巨大的利益，尤其是企業高層和金融業人士，他們因此有較好的條件去駕馭這個新經濟時代中的就業相關風險。中下層的收入則停滯不前,這些勞工因此承受愈來愈大的財務損失。原子化的不平等制度由此產生:高收入者有能力投資於金融產品,藉此增加財富和穩定自己的階級地位,金融服務業則得以提高利潤。與此同時,美國多數家庭卻很難累積有意義的財富。許多人的生計是靠債務而非收入維持。這種家庭債務以信用卡、汽車貸款、房屋抵押貸款和醫療債務之類的形式出現,助長金融業的人為成長和豐厚利潤。此一環境鼓勵放款機構設計新的信貸產品,聲稱它們可以賦予借款人自由,但實際上使中產和勞工階級進一步陷入債務泥沼。不平等的循環繼續運轉。

美國之外

　　本書集中關注美國的情況,但歐洲、亞洲和其他國家也出現了類似的趨勢。針對經合組織成員國不平等情況的研究一再發現,金融活動增加是不平等擴大的重要因素,尤其導致所得分配向金字塔頂層集中。例如社會學家戈德修發現,在經合組織成員國,一九八〇至二〇〇七年間不平等的增幅有 20% 至 40% 與金融占 GDP 的比重有關。他指出,股票交易量和銀行資產增加是造成不平等的關鍵因素。

　　除了整體上擴大經濟鴻溝,金融化還重塑了經濟制度和監理結構,導致一九九〇至二〇一〇年間,法國和十四個經合組織國家的頂層所得比重上升。在金融化程度較高的經濟體,勞動在國民所得中的占比往往較低。在美國、英國和其他自由市場經濟體,金融化與不平等的關係看來比較顯著,而一項針對十八個富裕的資本主義民主國家的研究發現,信用擴張(以及金融業就業規模和金融危機)是不平等加劇的主要因素。

企業高層如今的管理方式以增加股東分紅為要務,這破壞了勞資協定,並將資源轉移到全球金融服務業。許多跨國研究發現,一個國家的企業金融化程度,例如股市規模與股利多寡,與經濟不平等息息相關。一項針對一九六○年以來十八個先進民主工業國的分析發現,股市市值是所得不平等擴大的重要因素,而工會密集和工會的動員則有助於抑制這些趨勢。這些研究全都指出,金融驅動經濟和股東價值模式盛行削弱了勞工的集體議價能力,促進了彈性就業安排,並提高了股票市場對企業財務的重要性。

事實上,針對特定國家的研究支持這些說法,不過在面對促進股東利益的新興全球規範時,各國企業管理層的反應有所不同。在法國,股東價值模式盛行促使非金融企業管理層開發金融產品,就像美國的席爾斯和奇異公司那樣。這種發展與對金融管道的依賴增強和勞工議價能力的衰落有關,而這兩者都導致工資低迷。社會學家鄭智旭(Jiwook Jung)和文垠美(Eunmi Mun)對日本的研究則發現,因應國內外投資人的直接和間接壓力,企業增加了配發的股息,達到與美國相若的水準。然而,儘管廣泛的證據顯示企業管理層承受著奉行股東價值模式的壓力,一些日本企業高層卻抵制這種潮流,重新致力奉行以前重視各種利害關係人、被稱為「經連會」(keiretsu)的模式。他們基本上避免了裁員縮編──裁員縮編是企業管理層削減成本和增加股東紅利的關鍵策略。由此看來,股東價值模式被引入一個新國家時,會因應制度脈絡有所調整。

我們還指出,美國以信貸為中心的政策模式,抑制了解決由金融驅動的不平等問題的政治努力。這與其他經合組織國家的研究發現一致。在一九九五至二〇〇七年針對二十個經合組織國家的研究中,社會學家庫斯(Basak Kus)發現,信貸和廉價進口商品(尤其是來自中國的進口商品)驅動的消費,抑制了大眾對不平等加劇的挫敗感,並減輕了政府重新分配資源的壓力。如同美國,信貸在許多國家成為一種安全網,令重分配的潛在受益者負債累累,最後深陷貧窮陷阱。社會安全網如果是靠信貸拼湊而成,赤貧與貧困者往往會被排除在外。這些群體如果獲得信貸,很可能是在走投無路的情況下取得高利貸。

這些比較研究全都凸顯了一個事實:金融化與不平等密切相關並非美國獨有的現象。當代的金融化在任何意義上都是一種全球現象。信貸在全球凶猛流通之際,美國房市崩潰可以迅速升級為一場全球危機。跨國企業追求利潤最大化之際,它們削減成本的策略可能經由國際供應鏈產生廣泛影響,決定遠方勞工的就業條件。一國的放款是另一國的借款。因為我們思考世界、測量經濟和界定社會時,國家仍是最主要的框架,現行研究往往有如盲人摸象。本書無疑仍然受限於此框架。我們亟需更多研究以瞭解金融化與不平等在全球層面的關聯。

於是我們奮力前行

　　因此，有兩個觀點總是站得住腳。其一，在改變體制之前，你如何可以改善人性？其二，在你改善人性之前，改變體制有何作用？
　　　　　　——喬治・歐威爾，〈狄更斯〉（"Charles Dickens"）

　　我們開始寫這本書時，沒有想過要提出具體的政策建議。畢竟這本書談的是過去而不是預測未來。許多歷史發展是不可逆轉的，過去總是被浪漫化了，而未來很少如我們所設想。《葛拉斯史提格爾法》的時代已經過去，事隔一個世紀，這個法案的限制已經不合時宜。比較進步的重分配方案或基本收入計畫，總是處理不平等問題的一種選擇。但是，重分配方案如果將工作與收入脫鉤，將會挑戰美國社會某些基本（但可能沒有根據）的信念，因此很可能會面臨猛烈的抵制，甚至連可以受惠於這些計畫的人也會反對。我們也不打算宣傳某些歐洲模式，因為這種做法忽視了支撐那些模式的社會基礎建設，而且忽略它們涉及的問題。

　　儘管如此，我們認為新穎和謹慎的政策仍可以促成社會進步。二〇〇八年金融危機之後的金融改革雖然不足但證明了這一點。適當立法、加強監督和嚴格執法確實阻止了狂妄的行為，而且暫時穩定了金融業。嚴格審視金融產品（往往是事後審查），確實有助防止更多借款人陷入債務螺旋，並防止投資人購買騙人的證券。但如果不保持警惕，有心人必然會找新的漏洞鑽，而一旦壓力減輕，監理就會放鬆。貓鼠遊戲仍在上演。

　　不過，本書也明確指出，金融的問題遠非只是金融業有不當行為。相較於「運作良好」的金融體系造成的後果，華爾街的許多瀆職行為可能顯得微不足道。金融是當代不平等的核心問題。「金融改革」不應局限於穩定金融業，而是應該擴大以適應這個重要事實：金融已經從根本上重新組織了經濟資源的分配。我們應尋求將社會利益置於金融業的利益之上。

　　站在這個角度，金融集團的市場影響力不但造成系統風險，還從其他經濟部門榨取經濟租。加強監理不大可能解決這個問題，因為這種做法基本上會保護既有的金融機構。因此，真正的問題是：我們可以如何重塑法規以削弱既有金融機構的支配力量？在某些領域，有些規則應該取消以促進新舊金融業者之間的競爭（許多新業者來自矽谷）。金融機構數量增加並且變得比較多樣化，即使不夠完善，也能降低系統風險和削弱金融業者的尋租能力，並且降低發生詐欺活動、違反反壟斷法和利益衝突的可能性——這些問題如今仍相當常見。如果金融市場有更多公司相互競爭，維護聲譽的動機就可能壓倒追求短期獲利的動機。

　　監理俘虜（監理機關受到它應該規範的產業挾持）的風險總是存在，尤其是在一個受少數幾家集團支配的產業。因此，監理機關應減少仰賴業者提供的資訊和知識；政府要制定適當的政策，應該倚重獨立研究單位，關注顧客的需求而不是業者的偏好。要做到這一點，美國現行監理機關可能必須大大增強研究能力，而在我們撰寫本書時，許多監理機關正受到裁撤。

　　當然，高級金融領域若不建立一種新的文化，這些監理變革也不會有效。眼下在高級金融業，賺多少錢是衡量個體成就的唯一標準。這或許可以解釋為什麼在同樣出現寡頭結構的其他產業，類似的惡劣行為相對少見。金融機構有多成功，比較恰當的衡量標準應該是它們在多大程度上滿足了顧客的需求，而不是它們賺了多少錢。行為良好的業者應該得到嘉獎，行為惡劣者則應該受到斥責、懲罰，或甚至被撤銷。如果監理機關並非只是以法律權力介入，還致力於社群建設，那麼這種變化發生的可能性最高。加強管制不會使被動守法昇華為自發性的道德，抨擊所有金融專業人員「貪婪」或「不道德」也不會鼓勵他們追求公共利益。

因為資金持續從紐約流向華府，企圖影響政府攸關金融業和美國經濟前途的決策，故而真正的經濟改革或許也應包含政治改革。有效的做法或許可以始於組織抗衡力量以約束華爾街和促進公民利益。其他的重要行為者，例如各州的退休金體系和非金融企業，也可以發揮作用，對國會施壓，促進監理機關的獨立性和降低巨型金融業者的影響力。動員這些大型行為者對制約華爾街的影響力至為重要。可能同樣重要的是明確指出，雖然金融業聲稱造福大眾，但在現行模式下，金融業主要是為金融專業人士和美國最富有家庭的利益服務。中產和勞工階級家庭並沒有從金融驅動的經濟榮景中得到多少好處，各種收費和借貸成本反而吃掉了他們的許多收入。

除了改革金融業，政策也應該致力在結構上降低公共政策仰賴私營中介執行的程度。布希和柯林頓政府時期發展起來的直接學生貸款顯示，以公營方式為有需要的家庭提供金融服務或許是可行的。有人主張提供公共銀行帳戶，甚至是成立「直接服務全民的中央銀行」，也有人認為可以利用郵政系統替代私營業者，提供類似發薪日貸款的服務。這種公營服務可以只求收回成本，甚至可以追求利潤但不具掠奪性。如此一來，效率理應較高的私營業者就可能加入競爭，致力以較低的價格提供更好的服務。無論如何，公營服務是否可行，應該以實體經濟而非金融業的利益為衡量標準。

解決方案並非一定要來自政府。因應股東價值模式造成的負面後果，市場上已經出現新一波的社會責任型投資（SRI）產品。這些產品也稱為「影響力投資」、「永續投資」或「綠色投資」，它們既追求獲利，也希望產生積極影響。社會責任型投資反應了一種新的想法：上市公司經常對社會和環境造成傷害，而這些傷害並未反映在它們的財務報表上。社會責任型投資的主要目標是在創造利潤之餘，盡可能減少負外部性並增加正外部性。過去十年間，這種產品已經獲得正當性，而且愈來愈受歡迎。二〇一六年一項估計顯示，五分之一的專業管理資產（相當於 8.72 兆美元）除了追求獲利，還以社會目的為指導方針。這種概念特別受退休基金、基金會、大學捐贈基金和宗教共同基金歡迎，因為它們的投資決策面臨公眾監督，也可能追求報酬最大化以外的目標。哈佛、哥倫比亞和喬治城等大學的捐贈基金已經訴諸具體行動，賣掉它們認為與不道德或無法永續的業務有關的證券，藉此因應氣候變遷問題、促進監獄改革，以及追求其他公益目標。大型的家族基金和公營退休基金也有類似行動。值得注意的是，洛克菲勒家族基金和洛克菲勒兄弟基金會近年皆決定賣出與化石燃料有關的所有資產。洛克菲勒兄弟基金會營運長海因茲（Stephen Heintz）表示，此舉在道德上與該基金會促進社會變革的使命一致，因為化石燃料業務對環境和人類健康有害。他說：「對我們來說，這不僅是道德上該做的事，在財務上也很有意義。」

社會責任型投資最有力的倡導者可能是貝萊德公司執行長芬克（Laurence Fink）。他創立了全球最大的資產管理公司，管理超過6兆美元的資產。他於二〇一八年寫給企業執行長的信以「目標感」（A Sense of Purpose）為題，當中寫道：「若想長期成功，每一家公司不但必須交出財務績效，還必須證明它如何對社會做出積極貢獻。企業必須造福所有利害關係人，包括股東、員工、顧客，以及營運所在的社區。」他請求企業介入政府失靈之處，與股東建立一種新的合作關係，致力處理社會難題和追求長期成長。

這無疑有點理想主義，但就投資和公司治理規範而言，這類的鼓勵至少稍微提高公司營運該有的標準。此外，對貝萊德和其他巨型機構投資人來說，永續成長終究最符合他們的商業利益。它們的資產規模巨大，加上控制著大量指數基金和退休儲蓄，因此比許多規模較小的主動管理基金更仰賴長期經濟成長和社會穩定。這些巨型機構投資人就是市場本身，它們的獲利模式仰賴企業實際創造價值。它們與對沖基金或私募股權公司不同，後兩者可以利用資訊不對稱押注於贏家或做空料將失敗的公司，又或者不顧後果地從其他公司身上榨取資源。

這個市場中的主要投資公司已經推出強調環境永續、促進性別和種族平等、抑制企業高層薪酬或保護人權的基金。例如 TIAA-CREF 社會選擇債券基金將 70% 的資產配置在評級最好的知名企業發行的債券上，餘下 30% 則用來支持產生可測量積極影響的計畫或公司。先鋒富時社會指數（Vanguard FTSE Social Index）在其他要求之外，還規定納入該指數的上市公司至少有一名女性董事，而且奉行平等機會政策。標準普爾五百環境與社會責任指數則篩除在化石燃料、菸草或軍備方面有重要業務的公司。美國勞工聯盟暨產業工會聯合會的房屋投資信託除了推動建造平價節能住宅，還致力創造有工會組織的優質營建工作。

非常值得注意的是，非營利組織公正資本（Just Capital）致力推廣對社會有益的企業行為，二○一八年與高盛合作創立公正五百（JUST 500）指數股票型基金（ETF）。這個基金利用公正資本編製的排名，從美國最大的一千家公司中選出比較好的五百家。公正資本根據企業在對待員工和顧客、產品品質、對環境的影響、對社區的支持、創造就業和公司治理等方面的表現，為它們評分。每一個項目的權重以具代表性的民意調查為基礎，以反映美國社會的整體價值觀。理論上，這種努力將鼓勵企業在社會績效方面相互競爭。

這些投資工具仍然追求報酬，但它們的存在代表股東價值並非只有一種。社會學家艾蜜莉・巴曼（Emily Barman）認為，隨著時間的推移，典型的股東價值模式已經不再獨霸，因為一些創業者在企業的經營實踐中建構了新的社會價值和績效衡量標準，並加以制度化。然後這些規範和標準被用來促使理應追求利潤的企業為社會公益服務。巴曼認為，在某些情況下，因為企業在經濟上自給自足，而且運作規模更大，它們或許可以比非營利組織和政府更成功地促成社會變革。根據這種邏輯，常被用來促使企業付出高股利的策略，例如公眾活動和股東決議，也可以用來對企業施壓，促使它們做一些對社會有益的事。

社會責任型投資的支持者（當然包括相關業者）宣稱，追求社會責任不必然導致財務報酬受損。他們引用的數據顯示，此類投資工具的績效與市場整體表現相若，甚至可能更好。二○一二至二○一六年間，標準普爾五百環境與社會責任指數的年化報酬率為14.91%，略高於標準普爾五百指數的14.78%。羅素公司的富時美國良善一百指數（FTSE4Good US 100）的五年複合報酬率則為107.8%，略高於基準指數的107.1%。一些研究發現，追求社會公益或許可以產生更高的利潤。例如有證據顯示，員工滿意度與股東報酬率有關。提高員工多樣性應該也有助提升公司的績效，雖然兩者之間的關係可能沒有員工多樣性的倡導者所希望的那麼密切。

我們大有理由懷疑這些說法。理論上，基金經理如果不受社會責任投資偏好限制，就能利用其他標準，投資於社會意識較強的投資人所規避的高利潤公司。社會責任型投資指數過去幾年表現強勁，可能只是反映這段期間股市的多頭走勢和原油價格在二○一四年的崩跌，而不是重視道德的公司獲利能力真的比較高。此外，社會績效與財務績效的關係很可能是內生的：資源較充裕的公司更有能力追求社會公益，或承受必須這麼做的巨大壓力。

社會和環境行動者也質疑社會責任型投資是否真的能實現它承諾的結果。他們最關心的是環境和社會永續指標是如何建構和追蹤的。雖然相關指數聲稱長期監測企業的表現，但它們究竟投入多少資源去追蹤這些公司的實際作為則並不清楚。研究甚至發現，重視環境、社會和治理政策的公司更有可能出現道德爭議。這可能主要是反映這些公司受到較強的監督，而不是它們有更多不當行為，但也引出一個問題：社會責任型投資是否主要關注聲譽管理而不是企業的實質行為？

無論目前社會責任型投資效果如何，它提供了一種潛在的「市場」解決方案。我們可以改善金融產品的設計，以反映家庭儲蓄者和投資人的價值觀，而不是基金經理、企業高層和學者的武斷意見。企業的業務並非只能是營利。社會責任型投資之類的金融產品應該更方便大眾利用，也應該成為所有退休金計畫可以選擇的投資工具。當然，社會責任型投資能有多成功，最終取決於從金融驅動的治理模式中獲益良多的企業高層如何面對新的使命。不過，這是朝正確方向邁出了一步。

長遠而言，教育、房屋和福利政策應該取代信貸，成為解決不平等問題的辦法。一個世紀的實驗已經證明，提供更多信貸不但無法解決不平等問題，還導致問題永久惡化。信貸的成本是累退的（窮人的成本較高），而且最需要信貸的人在他們最迫切需要信貸的時候，往往很難獲得信貸。利用促進穩定和向上流動的政策建構真正的安全網，將能有效處理社會問題的根源，而這是信貸民主化或促進理財素養和普惠金融確實無法做到的。

這些政策的資金從何而來？美國聯邦政府可以發行根據聯邦稅收水準派息的新型政府證券，而不是加稅或增發公債。發行這種證券籌得的資本，可以指定用於支持醫療、教育、房屋和基礎建設政策，以促進長期經濟成長、擴大稅基，並造福後代。如同政府公債，這種新證券將是一種誘人的投資標的，因為政府證券比公司股票安全得多。因為股息是基於稅收水準，這種證券的報酬將會相當穩定，波動性將比指數基金低得多。因此，這種證券有可能使退休金得以與金融市場脫鉤，保護退休人士免受意外的衰退衝擊。它們也將成為一股抗衡力量，有助平衡數十年來的累退式減稅和赤字支出，幫助減輕不平等。投資人真的可以分享到美國經濟成長的利益。

　　長年以來，美國社會被剝奪了共享繁榮的機會。我們認為社會難題其實可以有許多解答。這些解答能重新組織經濟體制，而使社會的所有成員得以更加平等地共享經濟成果。我們必須發揮想像力去追尋這些解答。

致謝

致謝往往寫於完書之後，但打從一開始，若不是獲得同事、朋友和家人的大力支持，我們根本不可能寫成這本書。本書源自麻州大學安默斯特分校：二〇〇九至二〇一四年間，林庚厚與 Donald Tomaskovic-Devey 在那裡寫了一系列的文章，後者對理清相關想法和指導這個寫作計畫貢獻巨大。在德州大學奧斯汀分校，Christine Williams 指導 Megan Tobias Neely 探討對沖基金業中的社會不平等的論文，並針對金融服務業與不平等的關係提供了寶貴的見解。

我們非常感謝 Don，以及 Harel Shapira、Nancy Folbre、James Galbraith、Gerald Epstein 和其他審稿人，他們耐心讀了整篇書稿，並慷慨給予評論。我們也感謝曾任基金經理而現任財務顧問的 David Stein 確保我們由始至終準確掌握金融業的內部運作。麻州大學、德州大學、史丹佛大學和巴黎政治學院的同事支持本書的寫作計畫，我們特別感謝德州大學不平等工作組、家庭人口組和 Fem(me) Sem 工作組的成員在本書撰寫過程中的指教。巴黎政治學院市場社會不穩定研究中心（Max-Po Center on Coping with Instability in Market Societies）的同事回饋的意見使我們的想法變得更加清晰，史丹佛大學克萊曼性別研究所和新經濟思維研究所的慷慨支持則使我們得以全力投入這項關於金融與不平等的研究。

我們感謝 Jennifer Glass、Kelly Raley、Joya Misra、Andrew Papachristos、Arindrajit Dube、David Pedulla、Olivier Godechot、Adam Cobb、Dustin Avent-Holt、Becky Pettit、Sharmila Rudrappa、Angelina Grigoryeva 和 Daniel Fridman。這些學者的洞見、鼓勵和友誼幫助我們完成這段漫長的旅程。還有更多人要感謝，但我們認為最好的致謝方式就是在本書呈現他們的學術成果。

我們感謝我們的編輯 James Cook 的建議和耐性，感謝牛津大學出版社編輯團隊的熱情，感謝 Letta Page 整理我們的文字，使它們脫胎換骨（我們甚至請她幫忙修改這篇致謝）。

個人方面，Megan Tobias Neely 感謝大力支持她的家人，尤其是她最喜歡的社區銀行家 Cajer Neely 運用專業知識協助本書的寫作；她也感謝她在貝萊德的前同事，他們給她上了金融入門速成課。林庚厚則感謝父母的關愛，感謝 J. J. 一直以來的支持，感謝 A. J. 向他保證事情總是可以不同。

參考書目

Abramson, Larry. 2007. "Report: JPMorgan Chase Paid Student-Aid Officers." *National Public Radio*, May 10.

Acemoglu, Daron, David Dorn, Gordon H. Hanson, and Brendan Price. 2014. *Import Competition and the Great US Employment Sag of the 2000s*. National Bureau of Economic Research.

Addo, Fenaba R. 2014. "Debt, Cohabitation, and Marriage in Young Adulthood." *Demography* 51(5): 1677–701.

Addo, Fenaba R., Jason N. Houle, and Daniel Simon. 2016. "Young, Black, and (Still) in the Red: Parental Wealth, Race, and Student Loan Debt." *Race and Social Problems* 8(1): 64–76.

Akard, Patrick J. 1992. "Corporate Mobilization and Political Power: The Transformation of U.S. Economic Policy in the 1970s." *American Sociological Review* 57(5): 597–615.

Akerlof, George A., Paul M. Romer, Robert E. Hall, and N. Gregory Mankiw. 1993. "Looting: The Economic Underworld of Bankruptcy for Profit." *Brookings Papers on Economic Activity* 1993(2): 1–73.

Alderson, Arthur S., and Tally Katz-Gerro. 2016. "Compared to Whom? Inequality, Social Comparison, and Happiness in the United States." *Social Forces* 95(1): 25–53.

Alderson, Arthur S., and Francois Nielsen. 2002. "Globalization and the Great U-Turn: Income Inequality Trends in 16 OECD Countries." *American Journal of Sociology* 107(5): 1244–99.

Alstadsæter, Annette, Niels Johannesen, and Gabriel Zucman. 2018. "Who Owns the Wealth in Tax Havens? Macro Evidence and Implications for Global Inequality." *Journal of Public Economics* 162: 89–100.

Alvarez, Ignacio. 2015. "Financialization, Non-financial Corporations and Income Inequality: The Case of France." *Socio-Economic Review* 13(3): 449–75.

Amel, Dean F., and Michael J. Jacowski. 1989. "Trends in Banking Structure since the Mid-1970s." *Federal Reserve Bulletin* 75: 120–133.

Anderson, Elisabeth, Bruce G. Carruthers, and Timothy W. Guinnane. 2015. "An Unlikely Alliance: How Experts and Industry Transformed Consumer Credit Policy in the Early Twentieth Century United States." *Social Science History* 39(4): 581–612.

Andrews, Dan, and Andrew Leigh. 2009. "More Inequality, Less Social Mobility." *Applied Economics Letters* 16(15): 1489–92.

Andrews, Suzanna. 2010. "Larry Fink's $12 Trillion Shadow." *Vanity Fair*, March 2.

Appelbaum, Eileen, and Rosemary Batt. 2014. *Private Equity at Work: When Wall Street Manages Main Street*. New York: Russell Sage Foundation.

Arendt, Hannah. 1973. *The Origins of Totalitarianism*. New York: Houghton Mifflin Harcourt.

Arrighi, Giovanni. 1994. *The Long Twentieth Century: Money, Power and the Origins of Our Times*. London: Verso.

Assa, Jacob. 2012. "Financialization and Its Consequences: The OECD Experience." *Finance Research* 1(1): 35–39.

Autor, David H. 2003. "Outsourcing at Will: The Contribution of Unjust Dismissal Doctrine to the Growth of Employment Outsourcing." *Journal of Labor Economics* 21(1): 1–42.

Autor, David H. 2014. "Skills, Education, and the Rise of Earnings Inequality among the 'Other 99 Percent.'" *Science* 344(6186): 843–51.

Autor, David H., David Dorn, and Gordon H. Hanson. 2013. "The China Syndrome: Local Labor Market Effects of Import Competition in the United States." *American Economic Review* 103(6): 2121–68.

Autor, David H., Frank Levy, and Richard J. Murnane. 2003. "The Skill Content of Recent Technological Change: An Empirical Exploration." *Quarterly Journal of Economics* 118(4): 1279–333.

Autor, David H., and Brendan Price. 2013. "The Changing Task Composition of the US Labor Market: An Update of Autor, Levy, and Murnane (2003)." Unpublished manuscript.

Avent-Holt, Dustin. 2012. "The Political Dynamics of Market Organization: Cultural Framing, Neoliberalism, and the Case of Airline Deregulation." *Sociological Theory* 30(4): 283–302.

Avent-Holt, Dustin. 2017. "The Class Dynamics of Income Shares: Effects of the Declining Power of Unions in the US Airline Industry, 1977–2005." *Socio-Economic Review*. mwx048, https://doi-org.ezproxy.lib.utexas.edu/10.1093/ser/mwx048

Banerjee, Abhijit V., and Esther Duflo. 2003. "Inequality and Growth: What Can the Data Say?" *Journal of Economic Growth* 8(3): 267–99.

Baradaran, Mehrsa. 2015. *How the Other Half Banks: Exclusion, Exploitation, and the Threat to Democracy*. Cambridge, MA: Harvard University Press.

Baradaran, Mehrsa. 2017. *The Color of Money: Black Banks and the Racial Wealth Gap*. Cambridge, MA: Harvard University Press.

Barman, Emily. 2016. *Caring Capitalism: The Meaning and Measure of Social Value*. New York: Cambridge University Press.

Baum, Sandy, Jennifer Ma, Matea Pender, and Meredith Welch. 2017. *Total Federal and Nonfederal Loans over Time*. College Board.

Benabou, Roland. 1996. "Inequality and Growth." Pp. 11–92 in *NBER Macroeconomics Annual 1996, vol. 11*. Cambridge, MA: MIT Press.

Benard, Stephen, and Shelley J. Correll. 2010. "Normative Discrimination and the Motherhood Penalty." *Gender & Society* 24(5): 616–46.

Benton, Richard A., and Lisa A. Keister. 2017. "The Lasting Effect of Intergenerational Wealth Transfers: Human Capital, Family Formation, and Wealth." *Social Science Research* 68: 1–14.

Berman, Russell. 2018. "Heidi Heitkamp Takes On Elizabeth Warren over the Senate Banking Bill." *The Atlantic*, March 14.

Bernasek, Anna. 2014. "The Surge in Investing by Conscience." *New York Times*, May 31.

Bessière, Céline. 2013. *Au tribunal des couples: Enquête sur des affaires familiales*. Paris: Éditions Odile Jacob.

Bielby, William T. 2012. "Minority Vulnerability in Privileged Occupations: Why do African American Financial Advisers Earn less than Whites in a Large Financial Services Firm?" *The ANNALS of the American Academy of Political and Social Science* 639(1): 13–32.

Binder, Amy, Davis, Daniel, and Bloom, Nick. 2016. "Career Funneling: How Elite Students Learn To Define and Desire 'Prestigious' Jobs." *Sociology of Education* 89: 20–39.

Black, William K. 2013. *The Best Way to Rob a Bank Is to Own One: How Corporate Executives and Politicians Looted the S&L Industry*. Austin: University of Texas Press.

Blair-Loy, Mary, and Amy S. Wharton. 2004. "Mothers in Finance: Surviving and Thriving." *Annals of the American Academy of Political and Social Science* 596(1): 151–71.

Blanchflower, David G., Phillip B. Levine, and David J. Zimmerman. 2003. "Discrimination in the Small-Business Credit Market." *Review of Economics and Statistics* 85(4): 930–43.

Bowles, Samuel, David M. Gordon, and Thomas E. Weisskopf. 1986. "Power and Profits:

The Social Structure of Accumulation and the Profitability of the Postwar U.S. Economy." *Review of Radical Political Economics* 18(1–2): 132–67.

Bowles, Samuel, David M. Gordon, and Thomas E. Weisskopf. 2015. *After the Waste Land: Democratic Economics for the Year 2000.* New York: Routledge.

Bowley, Graham. 2010. https://dealbook.nytimes.com/2010/07/16/with-settlement-blankfein-keeps-his-grip/?searchResultPosition=1

Boyer, Robert. 2000. "Is a Finance-Led Growth Regime a Viable Alternative to Fordism? A Preliminary Analysis." *Economy and Society* 29(1): 111–45. doi:10.1080/030851400360587

Braucher, Jean, Dov Cohen, and Robert M. Lawless. 2012. "Race, Attorney Influence, and Bankruptcy Chapter Choice." *Journal of Empirical Legal Studies* 9(3): 393–429.

Brick, Ivan E., Oded Palmon, and John K. Wald. 2006. "CEO Compensation, Director Compensation, and Firm Performance: Evidence of Cronyism?" *Journal of Corporate Finance* 12(3): 403–23.

Briscoe, Forrest, and Chad Murphy. 2012. "Sleight of Hand? Practice Opacity, Third-Party Responses, and the Interorganizational Diffusion of Controversial Practices." *Administrative Science Quarterly* 57(4): 553–84.

Bureau of Labor Statistics. 2018. *Union Members Summary.* Washington, DC.

Burhouse, Susan, Karyen Chu, Ryan Goodstein, Joyce Northwood, Yazmin Osaki, and Dhruv Sharma. 2013. *2013 FDIC National Survey of Unbanked and Underbanked Households.* Federal Deposit Insurance Corporation.

Burke, Edmund, III. 2009. "Islam at the Center: Technological Complexes and the Roots of Modernity." *Journal of World History* 20(2): 165–86.

Calder, Lendol. 2001. *Financing the American Dream: A Cultural History of Consumer Credit.* Princeton, NJ: Princeton University Press.

Cappelli, Peter H. 2012. *Why Good People Can't Get Jobs: The Skills Gap and What Companies Can Do About It.* Philadelphia: Wharton Digital Press.

Cappelli, Peter H., and J. R. Keller. 2013. "A Study of the Extent and Potential Causes of Alternative Employment Arrangements." *Industrial & Labor Relations Review* 66(4): 874–901.

Cappiello, Brendan. 2013. "'The Price of Inequality' and the 2005 Bankruptcy Abuse Prevention and Consumer Protection Act." *North Carolina Banking Institute* 401(17): 401–34.

Cardao-Pito, Tiago. 2017. "Classes in Maximizing Shareholders' Wealth: Irving Fisher's Theory of the Economic Organization in Corporate Financial Economics Textbooks." *Contemporary Economics* 11(4): 369–81.

Castilla, Emilio J. 2008. "Gender, Race, and Meritocracy in Organizational Careers." *American Journal of Sociology* 113(6): 1479–526.

Castilla, Emilio J., and Benard Stephen. 2010. "The Paradox of Meritocracy in Organizations." *Administrative Science Quarterly* 55(4): 543–76.

Catalyst. 2015. "Catalyst Quick Take: Women's Earnings and Income." *New York: Catalyst.* Retrieved August 13, 2015.

Chan, Sewell, and Louise Story. 2010. "Goldman Pays $550 Million to Settle Fraud Case." *New York Times*, July 15.

Charles, Kerwin Kofi, and Erik Hurst. 2002. "The Transition to Home Ownership and the Black-White Wealth Gap." *Review of Economics and Statistics* 84(2): 281–97.

Chen, Clara Xiaoling, and Tatiana Sandino. 2012. "Can Wages Buy Honesty? The Relationship between Relative Wages and Employee Theft." *Journal of Accounting Research* 50(4): 967–1000.

Cherian, Madhavi. 2014. "Race in the Mortgage Market: An Empirical Investigation Using HMDA Data." *Race, Gender & Class; New Orleans* 21(1–2): 48–63.

Cherlin, Andrew J. 2014. *Labor's Love Lost: The Rise and Fall of the Working-Class Family in America.* New York: Russell Sage Foundation.

Chetty, Raj, David Grusky, Maximilian Hell, Nathaniel Hendren, Robert Manduca, and Jimmy Narang. 2017. "The Fading American Dream: Trends in Absolute Income Mobility since 1940." *Science* 356(6336): 398–406.

Cingano, Federico. 2014. "Trends in Income Inequality and its Impact on Economic Growth." No 163, OECD Social, Employment and Migration Working Papers. Paris: OECD Publishing.

Cirillo, Jeff. 2017. "Georgetown to Avoid Investing in Private Prisons." *The Hoya*, October 6.

Cobb, J. Adam. 2015. "Risky Business: Firms' Shifting of Retirement Risk and the Decline of Defined Benefit Pension Plans." *Organizational Science* 26(5): 1332–50.

Cobb, J. Adam, and Ken-Hou Lin. 2017. "Growing Apart: The Changing Firm-Size Wage Effect and Its Inequality Consequences." *Organization Science.* https://doi.org/10.1287/orsc.2017.1125

Cochrane, Debbie, and Diane Cheng. 2016. *Student Debt and the Class of 2015.* Washington, DC: Institute for College Access & Success.

Cockburn, Andrew. 2016. "Down the Tube." *Harper's Magazine*, April.

Cohan, William D. 2015. "How Wall Street's Bankers Stayed Out of Jail." *The Atlantic*, September.

Colby, Laura. 2016. "Sustainable Investments Surged by Third to $8.7 Trillion in 2016." *Bloomberg*, November 14.

Coleman-Jensen, Alisha, Matthew P. Rabbitt, Christian A. Gregory, and Anita Singh. 2016. *Household Food Security in the United States in 2015. Economic Research Report* 215. United States Department of Agriculture.

Conley, Dalton. 2010. *Being Black, Living in the Red: Race, Wealth, and Social Policy in America*. Berkeley: University of California Press.

Cooper, Michael J., Huseyin Gulen, and Alexei V. Ovtchinnikov. 2010. "Corporate Political Contributions and Stock Returns." *Journal of Finance* 65(2): 687–724.

Cooper, Michael J., Huseyin Gulen, and P. Raghavendra Rau. 2016. "Performance for Pay? The Relation between CEO Incentive Compensation and Future Stock Price Performance." SSRN Scholarly Paper. ID 1572085. Rochester, NY: Social Science Research Network.

Corak, Miles. 2013. "Income Inequality, Equality of Opportunity, and Intergenerational Mobility." *Journal of Economic Perspectives* 27(3): 79–102.

Core, John E., Robert W. Holthausen, and David F. Larcker. 1999. "Corporate Governance, Chief Executive Officer Compensation, and Firm Performance." *Journal of Financial Economics* 51(3): 371–406.

Correll, Shelley J., Stephen Benard, and In Paik. 2007. "Getting a Job: Is There a Motherhood Penalty?" *American Journal of Sociology* 112(5): 1297–339.

Costa, D. L., and M. E. Kahn. 2003. "Understanding the American Decline in Social Capital, 1952–1998." *Kyklos* 56(1): 17–46.

Cowley, Stacy, and Jessica Silver-Greenberg. 2017. "Loans 'Designed to Fail': States Say Navient Preyed on Students." *New York Times*, April 9.

Crotty, James. 2003. "The Neoliberal Paradox: The Impact of Destructive Product Market Competition and Impatient Finance on Nonfinancial Corporations in the Neoliberal Era." *Review of Radical Political Economics* 35(3): 271–79.

Darcillon, Thibault. 2015. "How Does Finance Affect Labor Market Institutions? An Empirical Analysis in 16 OECD Countries." *Socio-Economic Review* 13(3): 477–504.

Dash, Eric, and Jennifer Bayot. 2005. "Bankruptcy Law Is Criticized for Creditors' Role in Counseling." *New York Times*, October 14.

Davis, Gerald F. 2009. *Managed by the Markets: How Finance Re-shaped America*. New York: Oxford University Press.

Davis, Gerald F. 2010. "The Twilight of the Berle and Means Corporation." *Seattle University Law Review* 34: 1121–38.

Davis, Gerald F. 2016. *The Vanishing American Corporation: Navigating the Hazards of a New Economy*. 1 edition. Oakland, CA: Berrett-Koehler Publishers.

De Figueiredo, Rui J. P., and Geoff Edwards. 2007. "Does Private Money Buy Public Policy? Campaign Contributions and Regulatory Outcomes in Telecommunications." *Journal of Economics & Management Strategy* 16(3): 547–76.

Deery, Stephen J., and Andrea Mahony. 1994. "Temporal Flexibility: Management Strategies and Employee Preferences in the Retail Industry." *Journal of Industrial Relations* 36(3): 332–52.

Dewey, Scott. 1998. "Working for the Environment: Organized Labor and the Origins of Environmentalism in the United States, 1948–1970." *Environmental History* 3(1): 45–63.

Dobbin, Frank, and Jiwook Jung. 2010. "The Misapplication of Mr. Michael Jensen: How Agency Theory Brought Down the Economy and Why It Might Again." Research in the Sociology of Organizations *30*(B): 29–64.

Dore, Ronald. 2008. "Financialization of the Global Economy." *Industrial and Corporate Change* 17(6): 1097–112.

Doren, Catherine, and Eric Grodsky. 2016. "What Skills Can Buy: Transmission of Advantage through Cognitive and Noncognitive Skills." *Sociology of Education* 89(4): 321–42.

Duménil, Gérard, and Dominique Lévy. 2001. "Costs and Benefits of Neoliberalism: A Class Analysis." *Review of International Political Economy* 8(4): 578–607.

Dünhaupt, Petra. 2012. "Financialization and the Rentier Income Share: Evidence from the USA and Germany." *International Review of Applied Economics* 26(4): 465–87.

Dünhaupt, Petra. 2016. "Determinants of Labour's Income Share in the Era of Financialisation." *Cambridge Journal of Economics 41*(1): 283–306.

Dunlap, Riley E., and Angela G. Mertig. 1991. "The Evolution of the U.S. Environmental Movement from 1970 to 1990: An Overview." *Society & Natural Resources* 4(3): 209–18.

Dynan, Karen E., Jonathan Skinner, and Stephen P. Zeldes. 2004. "Do the Rich Save More?" *Journal of Political Economy* 112(2): 397–444.

Eberhardt, Pia, and Cecilia Olivet. 2012. *Profiting from Injustice: How Law Firms, Arbitrators and Financiers Are Fuelling an Investment Arbitration Boom.* Brussels: Corporate Europe Observatory and the Transnational Institute.

Edmans, Alex. 2011. "Does the Stock Market Fully Value Intangibles? Employee Satisfaction and Equity Prices." *Journal of Financial Economics* 101(3): 621–40.

Eichengreen, Barry. 2010. *Exorbitant Privilege: The Rise and Fall of the Dollar and the Future of the International Monetary System.* New York: Oxford University Press.

Eisinger, Jesse. 2012. https://dealbook.nytimes.com/2012/07/18/behind-credit-default-swaps-market-a-cartel-left-open-to-collusion/?searchResultPosition=1

Eisinger, Jesse. 2014. "Why Only One Top Banker Went to Jail for the Financial Crisis." *New York Times*, April 30.

Eisinger, Jesse. 2017. *The Chickenshit Club: Why the Justice Department Fails to Prosecute Executives.* New York: Simon & Schuster.

Epstein, Gerald A., and Arjun Jayadev. 2005. "The Rise of Rentier Incomes in OECD Countries: Financialization, Central Bank Policy and Labor Solidarity." Pp. 46–74 in *Financialization and the World Economy*, edited by G. A. Epstein. Northampton, MA:

Edward Elgar.

Fama, Eugene F., and Michael C. Jensen. 1983. "Separation of Ownership and Control." *Journal of Law and Economics* 26(2): 301–25.

Farber, David R. 2002. *Sloan Rules: Alfred P. Sloan and the Triumph of General Motors.* Chicago: University of Chicago Press.

Fellowes, Matthew C., and Patrick J. Wolf. 2004. "Funding Mechanisms and Policy Instruments: How Business Campaign Contributions Influence Congressional Votes." *Political Research Quarterly* 57(2): 315–24.

Financial Crisis Inquiry Commission. 2011. *The Financial Crisis Inquiry Report.* New York: PublicAffairs.

Firebaugh, Glenn, and Matthew B. Schroeder. 2009. "Does Your Neighbor's Income Affect Your Happiness?" *American Journal of Sociology* 115(3): 805–31.

Fitch, Catherine A., and Steven Ruggles. 2000. "Historical Trends in Marriage Formation: The United States 1850–1990." Pp. 59–88 in *The Ties That Bind: Perspectives on Marriage and Cohabitation*, edited by Linda J. Waite, Christine Bachrach, Michelle J. Hindin, Elizabeth Thomson, and Arland Thronton. Hawthorne, NY: Walter de Gruyter, Inc.

Flaherty, Eoin. 2015. "Top Incomes under Finance-Driven Capitalism, 1990–2010: Power Resources and Regulatory Orders." *Socio-Economic Review* 13(3): 417–47.

Fligstein, Neil. 1993. *The Transformation of Corporate Control.* Reprint ed. Cambridge, MA: Harvard University Press.

Fligstein, Neil. 2001. *The Architecture of Markets: An Economic Sociology of Twenty-First-Century Capitalist Societies.* Princeton, NJ: Princeton University Press.

Fligstein, Neil, Jonah Stuart Brundage, and Michael Schultz. 2017. "Seeing Like the Fed: Culture, Cognition, and Framing in the Failure to Anticipate the Financial Crisis of 2008." *American Sociological Review* 82(5): 879–909.

Fligstein, Neil, and Adam Goldstein. 2015. "The Emergence of a Finance Culture in American Households, 1989–2007." *Socio-Economic Review* 13(3): 575–601.

Fligstein, Neil, and Taekjin Shin. 2007. "Shareholder Value and the Transformation of the U.S. Economy, 1984–2000." *Sociological Forum* 22(4): 399–424.

Folbre, Nancy. 2001. *The Invisible Heart: Economics and Family Values.* New York: New Press.

Forbes, Kristin J. 2000. "A Reassessment of the Relationship between Inequality and Growth." *American Economic Review* 90(4): 869–87.

Freeman, Richard B., and James L. Medoff. 1992. *What Do Unions Do?* New York: Basic Books.

Freeman, Richard B. 2010. "It's financialization!." *International Labour Review* 149(2): 163–83.

Fridman, Daniel. 2016. *Freedom from Work: Embracing Financial Self-Help in the United States and Argentina*. Stanford, CA: Stanford University Press.

Friedline, Terri, Rainier D. Masa, and Gina A. N. Chowa. 2015. "Transforming Wealth: Using the Inverse Hyperbolic Sine (IHS) and Splines to Predict Youth's Math Achievement." *Social Science Research* 49: 264–87.

Friedman, Milton. 2002 [1962]. *Capitalism and Freedom*. Chicago: University of Chicago Press.

Frontain, Michael. 2010. "Enron Corporation." *Handbook of Texas Online*.

FTSE Russell. 2017. *FTSE4Good Index Series*. Factsheet.

Galbraith, James K. 2012. *Inequality and Instability: A Study of the World Economy Just before the Great Crisis*. New York: Oxford University Press.

Galbraith, John Kenneth. 1993. *American Capitalism: The Concept of Countervailing Power*. New ed. New Brunswick, NJ: Transaction Publishers.

Garvey, Gerald T., Joshua Kazdin, Joanna Nash, Ryan LaFond, and Hussein Safa. 2016. "A Pitfall in Ethical Investing: ESG Disclosures Reveal Vulnerabilities, Not Virtues." SSRN Scholarly Paper. ID 2840629. Rochester, NY: Social Science Research Network.

Gilens, Martin. 2005. "Inequality and Democratic Responsiveness." *Public Opinion Quarterly* 69(5): 778–96.

Godechot, Olivier. 2012. "Is Finance Responsible for the Rise in Wage Inequality in France?" *Socio-Economic Review* 10(3): 447–70.

Godechot, Olivier. 2016a. "Financialization Is Marketization! A Study of the Respective Impacts of Various Dimensions of Financialization on the Increase in Global Inequality." *Sociological Science* 3: 495–519.

Godechot, Olivier. 2016b. *Wages, Bonuses and Appropriation of Profit in the Financial Industry: The Working Rich*. London: Taylor & Francis Group.

Goetzmann, William N. 2016. *Money Changes Everything: How Finance Made Civilization Possible*. Princeton, NJ: Princeton University Press.

Golden, Lonnie. 2015. "Irregular Work Scheduling and Its Consequences." SSRN Scholarly Paper. ID 2597172. Rochester, NY: Social Science Research Network.

Goldin, Claudia, and Lawrence F. Katz. 2009. *The Race between Education and Technology*. Cambridge, MA: Harvard University Press.

Goldin, Claudia, and Robert A. Margo. 1992. "The Great Compression: The Wage Structure in the United States at Mid-Century." *Quarterly Journal of Economics* 107(1): 1–34.

Goldstein, Adam. 2012. "Revenge of the Managers: Labor Cost-Cutting and the Paradoxical Resurgence of Managerialism in the Shareholder Value Era, 1984 to 2001." *American Sociological Review* 77(2): 268–94.

Goldstein, Joshua R., and Catherine T. Kenney. 2001. "Marriage Delayed or Marriage

Forgone? New Cohort Forecasts of First Marriage for US Women." *American Sociological Review* 66(4): 506–19.

Gordon, David. 2002. "From the Drive System to the Capital-Labor Accord: Econometric Tests for the Transition between Productivity Regimes." *Industrial Relations* 36(2): 125–59.

Gordon, David M. 1996. *Fat and Mean: The Corporate Squeeze of Working Americans and the Myth of Managerial "Downsizing.*" New York: Free Press.

Gottlieb, Robert. 2005. *Forcing the Spring: The Transformation of the American Environmental Movement.* Revised. Washington, DC: Island Press.

Gourevitch, Peter Alexis, and James Shinn. 2007. *Political Power and Corporate Control: The New Global Politics of Corporate Governance.* Princeton, NJ: Princeton University Press.

Greider, William. 2001. "The Right and US Trade Law: Invalidating the 20th Century." *The Nation*, November 17.

Grusky, David B., Bruce Western, and Christopher Wimer. 2011. *The Great Recession.* New York: Russell Sage Foundation.

Grusky, David B., and Tamar Kricheli-Katz, eds. 2012. *The New Gilded Age: The Critical Inequality Debates of Our Time.* Stanford, CA: Stanford University Press.

Gutiérrez, Germán, and Thomas Philippon. 2017. *Declining Competition and Investment in the US.* National Bureau of Economic Research.

Gutter, Michael, and Angela Fontes. 2006. "Racial Differences in Risky Asset Ownership: A Two-Stage Model of the Investment Decision-Making Process." *Journal of Financial Counseling and Planning* 17(2).

Hacker, Jacob S., and Paul Pierson. 2011. *Winner-Take-All Politics: How Washington Made the Rich Richer—and Turned Its Back on the Middle Class.* New York: Simon & Schuster.

Hamilton, James D. 2013. "Off-Balance-Sheet Federal Liabilities." Working Paper 19253. National Bureau of Economic Research.

Hanley, Caroline. 2014. "Putting the Bias in Skill-Biased Technological Change? A Relational Perspective on White-Collar Automation at General Electric." *American Behavioral Scientist* 58(3): 400–15.

Harkness, Sarah K. 2016. "Discrimination in Lending Markets: Status and the Intersections of Gender and Race." *Social Psychology Quarterly* 79(1): 81–93.

Harrington, Brooke. 2008. *Pop Finance: Investment Clubs and the New Investor Populism.* Princeton, NJ: Princeton University Press.

Harrington, Brooke. 2016. *Capital without Borders: Wealth Managers and the One Percent.* Cambridge, MA: Harvard University Press.

Hein, Eckhard. 2015. "Finance-Dominated Capitalism and Re-distribution of Income: A Kaleckian Perspective." *Cambridge Journal of Economics* 39(3): 907–34.

Heintz, Stephen. 2016. "Rockefeller Fund CEO: We're Getting Out of Fossil Fuels

Investments." *CNN*, April 22.

Henriques, Diana B. 2001. "Enron's Collapse: The Derivatives; Market That Deals in Risks Faces a Novel One." *New York Times*, November 29.

Henry, David. 2013. "JPMorgan to Stop Making Student Loans: Company Memo." *Reuters*, September 5.

Herring, Cedric. 2009. "Does Diversity Pay? Race, Gender, and the Business Case for Diversity." *American Sociological Review* 74(2): 208–24.

Hester, Donald D. 2008. *The Evolution of Monetary Policy and Banking in the US*. Berlin, Heidelberg: Springer.

Heywood, John S., and Daniel Parent. 2012. "Performance Pay and the White-Black Wage Gap." *Journal of Labor Economics* 30(2): 249–90.

Hill, Mary S., Thomas J. Lopez, and Austin L. Reitenga. 2016. "CEO Excess Compensation: The Impact of Firm Size and Managerial Power." *Advances in Accounting* 33(Supplement C): 35–46.

Hillman, Nicholas W. 2016. http://wiscape.wisc.edu/docs/WebDispenser/wiscapedocuments/wp018.pdf?sfvrsn=12

Ho, Catherine. 2013. "Trade Deal Draws Lobbying from Businesses, Unions." *Washington Post*. https://www.washingtonpost.com/business/capitalbusiness/trade-deal-draws-lobbying-from-businesses-unions/2013/05/24/19704276-c262-11e2-914f-a7aba60512a7_story.html.

Ho, Karen. 2009. *Liquidated: An Ethnography of Wall Street*. Durham, NC: Duke University Press.

Holland, Kelley. 2015. "Looking for the Next Crisis? Try Student Debt." *USA Today*, June 24.

Hong, Harrison, Jeffrey D. Kubik, and Jeremy C. Stein. 2004. "Social Interaction and Stock-Market Participation." *Journal of Finance* 59(1): 137–63.

Houle, Jason N. 2014. "A Generation Indebted: Young Adult Debt across Three Cohorts." *Social Problems* 61(3): 448–65.

Houpt, James V. 1999. "International Activities of US Banks and in US Banking Markets." *Federal Reserve Bulletin* 85: 599–615.

House Committee on Financial Services. 2017. *H.R. 10 Financial CHOICE Act of 2017*. Washington, DC.

Hout, Michael. 2016. "Money and Morale Growing Inequality Affects How Americans View Themselves and Others." *The Annals of the American Academy of Political and Social Science* 663(1): 204–28.

Howerth, Ira W. 1906. "The Social Question of Today." *American Journal of Sociology* 12(2): 254–68.

Huber, Evelyne, Jingjing Huo, and John D. Stephens. 2017. "Power, Policy, and Top

Income Shares." *Socio-Economic Review*. mwx027, https://doi-org.ezproxy.lib.utexas.edu/10.1093/ser/mwx027

Humphrey, David B., and Lawrence B. Pulley. 1997. "Banks' Responses to Deregulation: Profits, Technology, and Efficiency." *Journal of Money, Credit and Banking* 29(1): 73–93.

Hyde, Allen, Todd Vachon, and Michael Wallace. 2018. "Financialization, Income Inequality, and Redistribution in 18 Affluent Democracies, 1981–2011." *Social Currents* 5(2): 193–211.

Hyman, Louis. 2012. *Debtor Nation: The History of America in Red Ink*. Reprint ed. Princeton, NJ: Princeton University Press.

Igan, Deniz, Prachi Mishra, and Thierry Tressel. 2012. "A Fistful of Dollars: Lobbying and the Financial Crisis." *NBER Macroeconomics Annual* 26(1): 195–230.

Imrohoroglu, Ayse, Antonio Merlo, and Peter Rupert. 2001. "What Accounts for the Decline in Crime?" SSRN Scholarly Paper. ID 267784. Rochester, NY: Social Science Research Network.

Indiviglio, Daniel. 2010. "How Americans' Love Affair with Debt Has Grown." *The Atlantic*, September 26.

International Monetary Fund. 2014. *Global Financial Stability Report: Risk Taking, Liquidity, and Shadow Banking Curbing Excess While Promoting Growth*. World Economic and Financial Surveys.

Jayaratne, Jith, and Philip E. Strahan. 1996. "The Finance-Growth Nexus: Evidence from Bank Branch Deregulation." *Quarterly Journal of Economics* 111(3): 639–70.

Jayaratne, Jith, and Philip E. Strahan. 1997. "The Benefits of Branching Deregulation." *Economic Policy Review* 3(4).

Jay-Z. 2017. "The Story of O.J." Roc Nation.

Jerrim, John, and Lindsey Macmillan. 2015. "Income Inequality, Intergenerational Mobility, and the Great Gatsby Curve: Is Education the Key?" *Social Forces* 94(2): 505–33.

Jez, Su Jin. 2014. "The Differential Impact of Wealth versus Income in the College-Going Process." *Research in Higher Education* 55(7): 710–34.

Johnson, Christian A., and George G. Kaufman. 2007. "A Bank by any Other Name . . . " *Economic Perspectives* 31(4).

Jung, Jiwook. 2015. "Shareholder Value and Workforce Downsizing, 1981–2006." *Social Forces* 93(4): 1335–68.

Jung, Jiwook. 2016. "Through the Contested Terrain: Implementation of Downsizing Announcements by Large U.S. Firms, 1984 to 2005." *American Sociological Review* 81(2): 347–73.

Jung, Jiwook, and Eunmi Mun. 2016. "Bending but Not Breaking? Foreign Investor

Pressure and Dividend Payouts by Japanese Firms." *Sociological Forum* 31(3): 663–84.

Jung, Jiwook, and Eunmi Mun. 2017. "Does Diffusion Make an Institutionally Contested Practice Legitimate? Shareholder Responses to Downsizing in Japan, 1973–2005." *Organization Studies* 38(10): 1347–72.

Kalleberg, Arne L. 2011. *Good Jobs, Bad Jobs: The Rise of Polarized and Precarious Employment Systems in the United States, 1970s–2000s*. New York: Russell Sage Foundation.

Kamenetz, Anya. 2016. "Good News on Student Loans . . . for Some." *NPR*, July 26.

Kang, Songman. 2015. "Inequality and Crime Revisited: Effects of Local Inequality and Economic Segregation on Crime." *Journal of Population Economics* 29(2): 593–626.

Kaplan, Thomas, and Alan Rappeport. 2017. "Republican Tax Bill Passes Senate in 51–48 Vote." *New York Times*, December 19.

Katznelson, Ira. 2005. *When Affirmative Action Was White: An Untold History of Racial Inequality in Twentieth-Century America*. New York: Norton.

Kay, John. 2015. *Other People's Money: The Real Business of Finance*. New York: PublicAffairs.

Keister, Lisa A. 2000a. "Race and Wealth Inequality: The Impact of Racial Differences in Asset Ownership on the Distribution of Household Wealth." *Social Science Research* 29(4): 477–502.

Keister, Lisa A. 2000b. *Wealth in America: Trends in Wealth Inequality*. New York: Cambridge University Press.

Keister, Lisa A. 2004. "Race, Family Structure, and Wealth: The Effect of Childhood Family on Adult Asset Ownership." *Sociological Perspectives* 47(2): 161–87.

Keister, Lisa A., and Stephanie Moller. 2000. "Wealth Inequality in the United States." *Annual Review of Sociology* 26(1): 63–81.

Kelly, Kate. 2017. "Investing in the Pain of Student Debt Is a Tough but Tempting Play." *New York Times*, February 9.

Kennedy, Allan A. 2001. *The End of Shareholder Value: Corporations at the Crossroads*. Cambridge, MA: Basic Books.

Kennedy, Edward. 1998. *Congressional Record*. 105th Congress.

Keynes, John Maynard. 1936. *General Theory of Employment, Interest and Money*. Cambridge: Macmillan Cambridge University Press, for Royal Economic Society.

Kiel, Paul. 2008. "Banks' Favorite (Toothless) Regulator." *ProPublica*. Retrieved March 19, 2017 (http://www.propublica.org/article/banks-favorite-toothless-regulator-1125).

Kiel, Paul, and Annie Waldman. 2015. "The Color of Debt: How Collection Suits Squeeze Black Neighborhoods." *Pro Publica*, October 8.

Killewald, Alexandra. 2013. "Return to Being Black, Living in the Red: A Race Gap in Wealth That Goes beyond Social Origins." *Demography* 50(4): 1177–95.

Killewald, Alexandra, Fabian T. Pfeffer, and Jared N. Schachner. 2017. "Wealth Inequality and Accumulation." *Annual Review of Sociology* 43(1): 379–404.

King, Robert G., and Ross Levine. 1993. "Finance and Growth: Schumpeter Might Be Right." *Quarterly Journal of Economics* 108(3): 717–37.

Kitroeff, Natalie. 2018. "Tax Law May Send Factories and Jobs Abroad, Critics Say." *New York Times*, January 8.

Kornrich, Sabino. 2016. "Inequalities in Parental Spending on Young Children: 1972 to 2010." *AERA Open* 2(2): 1–12.

Kornrich, Sabino, and Frank Furstenberg. 2013. "Investing in Children: Changes in Parental Spending on Children, 1972–2007." *Demography* 50(1): 1–23.

Krippner, Greta R. 2011. *Capitalizing on Crisis: The Political Origins of the Rise of Finance.* Cambridge, MA: Harvard University Press.

Kristal, Tali. 2013. "The Capitalist Machine: Computerization, Workers' Power, and the Decline in Labor's Share within U.S. Industries." *American Sociological Review* 78(3): 361–89.

Krueger, Alan. 2012. "The Rise and Consequences of Inequality." Presentation Made to the Center for American Progress, January 12th. Available at www.Americanprogress.Org/Events/2012/01/12/17181/the-Rise-and-Consequences-of-Inequality.

Kunz, Diane B. 1997. "The Marshall Plan Reconsidered: A Complex of Motives." *Foreign Affairs* 76(3): 162–70.

Kus, Basak. 2012. "Financialisation and Income Inequality in OECD Nations: 1995–2007." *Economic and Social Review* 43(4): 477–95.

Kus, Basak. 2013. "Consumption and Redistributive Politics: The Effect of Credit and China." *International Journal of Comparative Sociology* 54(3): 187–204.

Kus, Basak, and Wen Fan. 2015. "Income Inequality, Credit and Public Support for Redistribution." *Intereconomics—Review of European Economic Policy* 2015(4): 198–205.

Kwon, Roy, and Anthony Roberts. 2015. "Financialization and Income Inequality in the New Economy." *Sociology of Development* 1(4): 442–62.

Kwon, Roy, Anthony Roberts, and Karissa Zingula. 2017. "Whither the Middle Class? Financialization, Labor Institutions, and the Gap between Top- and Middle-Income Earners in Advanced Industrial Societies." *Sociology of Development* 3(4): 377–402.

Lambert, Susan J. 2008. "Passing the Buck: Labor Flexibility Practices That Transfer Risk onto Hourly Workers." *Human Relations* 61(9): 1203–27.

Lamont, Michèle. 2002. *The Dignity of Working Men: Morality and the Boundaries of Race, Class, and Immigration.* Cambridge, MA: Harvard University Press.

Langley, Paul. 2008. *The Everyday Life of Global Finance: Saving and Borrowing in Anglo-America.* New York: Oxford University Press.

Lattman, Peter. 2013. https://dealbook.nytimes.com/2013/04/12/ex-credit-suisse-executive-pleads-guilty-to-inflating-value-of-mortgage-bonds/?searchResultPosition=1

Lazonick, William, and Mary O'Sullivan. 2000. "Maximizing Shareholder Value: A New Ideology for Corporate Governance." *Economy and Society* 29(1): 13–35.

Lee, Cheol-Sung, Francois Nielsen, and Arthur S. Alderson. 2007. "Income Inequality, Global Economy and the State." *Social Forces* 86(1): 77–112.

Leicht, Kevin T. 1989. "On the Estimation of Union Threat Effects." *American Sociological Review* 54(6): 1035–47.

Leicht, Kevin T., and Scott T. Fitzgerald. 2006. *Postindustrial Peasants: The Illusion of Middle-Class Prosperity.* New York: Macmillan.

Lerner, Melvin J. 1965. "Evaluation of Performance as a Function of Performer's Reward and Attractiveness." *Journal of Personality and Social Psychology* 1(4): 355.

Lerner, Melvin J., and Carolyn H. Simmons. 1966. "Observer's Reaction to the 'Innocent Victim': Compassion or Rejection?" *Journal of Personality and Social Psychology* 4(2): 203–10.

Lewis, Michael. 2010. *The Big Short: Inside the Doomsday Machine.* New York: Norton.

Lin, J. T., C. Bumcrot, T. Ulicny, A. Lusardi, G. Mottola, C. Kieffer, and G. Walsh. 2016. "Financial Capability in the United States 2016." Finra Investor Education Foundation.

Lin, Ken-Hou. 2015. "The Financial Premium in the US Labor Market: A Distributional Analysis." *Social Forces* 94(1): 1–30.

Lin, Ken-Hou. 2016. "The Rise of Finance and Firm Employment Dynamics." *Organization Science* 27(4): 972–88.

Lin, Ken-Hou, Samuel Bondurant, and Andrew Messamore. 2018. "Union, Premium Cost, and the Provision of Employment-Based Health Insurance." *Socius.* doi:10.1177/2378023118798502

Lin, Ken-Hou, and Megan Tobias Neely. 2017. "Gender, Parental Status, and the Wage Premium in Finance." *Social Currents* 4(6): 535–55.

Lin, Ken-Hou, and Donald Tomaskovic-Devey. 2013. "Financialization and U.S. Income Inequality, 1970–2008." *American Journal of Sociology* 118(5): 1284–329.

Lovenheim, Michael F., and C. Lockwood Reynolds. 2013. "The Effect of Housing Wealth on College Choice: Evidence from the Housing Boom." *Journal of Human Resources* 48(1): 1–35.

Madden, Janice Fanning. 2012. "Performance-Support Bias and the Gender Pay Gap among Stockbrokers." *Gender & Society* 26(3): 488–518.

Madden, Janice Fanning, and Alexander Vekker. 2008. *Evaluating Whether Employment Outcomes for Brokers and Broker Trainees at Merrill Lynch Are Racially Neutral.* http://www.merrillclassaction.com/pdfs/DrsMaddenVekkerExpRebuttalRep.pdf

Magdoff, Harry, and Paul M. Sweezy. 1987. *Stagnation and the Financial Explosion.* New

York: New York University Press.

Mankiw, N. Gregory. 2013. "Defending the One Percent." *Journal of Economic Perspectives* 27(3): 21–34.

Marmot, M. G., G. Rose, M. Shipley, and P. J. Hamilton. 1978. "Employment Grade and Coronary Heart Disease in British Civil Servants." *Journal of Epidemiology and Community Health* 32(4): 244–49.

Massey, Douglas, and Nancy Denton. 1993. *American Apartheid: Segregation and the Making of the Underclass.* Cambridge, MA: Harvard University Press.

Mayer, Susan E. 2001. "How Did the Increase in Economic Inequality between 1970 and 1990 Affect Children's Educational Attainment?" *American Journal of Sociology* 107(1): 1–32.

McCarthy, Justin. 2015. "Little Change in Percentage of Americans Who Own Stocks." *Gallup.com.* Retrieved April 13, 2017 (http://www.gallup.com/poll/182816/little-change-percentage-americans-invested-market.aspx).

McGuire, Gail M. 2000. "Gender, Race, Ethnicity, and Networks the Factors Affecting the Status of Employees' Network Members." *Work and Occupations* 27(4): 501–24.

McGuire, Gail M. 2002. "Gender, Race, and the Shadow Structure: A Study of Informal Networks and Inequality in a Work Organization." *Gender & Society* 16(3): 303–22.

McLean, Bethany, and Peter Elkind. 2004. *The Smartest Guys in the Room: The Amazing Rise and Scandalous Fall of Enron.* New York: Portfolio Trade.

McMenamin, Terence M. 2007. "A Time to Work: Recent Trends in Shift Work and Flexible Schedules." *Monthly Labor Review* 130: 3–15.

Meyer, Brett. 2017. "Financialization, Technological Change, and Trade Union Decline." *Socio-Economic Review.* mwx022, https://doi-org.ezproxy.lib.utexas.edu/10.1093/ser/mwx022

Milberg, William. 2008. "Shifting Sources and Uses of Profits: Sustaining US Financialization with Global Value Chains." *Economy and Society* 37(3): 420–51.

Milberg, William, and Deborah Winkler. 2010. "Financialisation and the Dynamics of Offshoring in the USA." *Cambridge Journal of Economics* 34(2): 275–93.

Miller, Seymour M., and Donald Tomaskovic-Devey. 1983. *Recapitalizing America: Alternatives to the Corporate Distortion of National Policy.* Boston: Routledge & Kegan Paul.

Mills, Melinda. 2004. "Demand for Flexibility or Generation of Insecurity? The Individualization of Risk, Irregular Work Shifts and Canadian Youth." *Journal of Youth Studies* 7(2): 115–39.

Milman, Oliver. 2017. "Harvard 'Pausing' Investments in Some Fossil Fuels." *The Guardian*, April 27.

Mishel, Lawrence, and Jessica Schieder. 2016. *Stock Market Headwinds Meant Less Generous*

Year for Some CEOs: CEO Pay Remains up 46.5% since 2009. 109799. Washington, DC: Economic Policy Institute.

Moosa, Imad A. 2017. "Does Financialization Retard Growth? Time Series and Cross-Sectional Evidence." *Applied Economics* 50(31): 3405–15.

Morduch, Jonathan, and Rachel Schneider. 2017. *The Financial Diaries: How American Families Cope in a World of Uncertainty*. Princeton, NJ: Princeton University Press.

Morrissey, Monique. 2016. *The State of American Retirement: How 401(k)s Have Failed Most American Workers*. Washington, DC: Economic Policy Institute.

Munnell, Alicia H., Geoffrey M. B. Tootell, Lynn E. Browne, and James McEneaney. 1996. "Mortgage Lending in Boston: Interpreting HMDA Data." *American Economic Review* 86(1): 25–53.

Murphy, Kevin J. 2002. "Explaining Executive Compensation: Managerial Power versus the Perceived Cost of Stock Options." *University of Chicago Law Review* 69(3): 847–69.

Nadler, Jerrold. 1998. *Congressional Record*. 105th Congress.

Nau, Michael. 2013. "Economic Elites, Investments, and Income Inequality." *Social Forces* 92(3): 437–61.

Nau, Michael, Rachel E. Dwyer, and Randy Hodson. 2015. "Can't Afford a Baby? Debt and Young Americans." *Research in Social Stratification and Mobility* 42: 114–22.

Neckerman, Kathryn M., and Florencia Torche. 2007. "Inequality: Causes and Consequences." *Annual Review of Sociology* 33(1): 335–57.

Neely, Megan Tobias. 2018. "Fit to Be King: How Patrimonialism on Wall Street Leads to Inequality." *Socio-Economic Review* 16(2): 365–85.

Neidig, Harper. 2016. "Barney Frank Admits 'Mistake' in Dodd-Frank." *The Hill*, November 20.

Neustadtl, Alan, and Dan Clawson. 1988. "Corporate Political Groupings: Does Ideology Unify Business Political Behavior?" *American Sociological Review* 53(2): 172–90.

Noble, Safiya. 2018. *Algorithms of Oppression: How Search Engines Reinforce Racism*. New York: New York University Press.

Nocera, Joe. 2013. https://www.nytimes.com/2013/03/10/opinion/sunday/nocera-rigging-the-ipo-game.html?searchResultPosition=1

Norris, Floyd. 2002. "Market Place; New Set of Rules Is in the Works for Accounting." *New York Times*, October 22.

Oakley, Diane, and Kelly Kenneally. 2015. *Retirement Security 2015: Roadmap for Policy Makers*. National Institute on Retirement Security.

OECD. 2011. *Divided We Stand: Why Inequality Keeps Rising*. Paris: Organization for Economic Cooperation and Development.

OECD. 2014. *Society at a Glance: OECD Social Indicators: 2014*. Revised ed. Paris: Organization for Economic Cooperation and Development.

Oishi, Shigehiro, and Selin Kesebir. 2015. "Income Inequality Explains Why Economic Growth Does Not Always Translate to an Increase in Happiness." *Psychological Science* 26(10): 1630–38.

Oliver, Melvin, and Thomas M. Shapiro, eds. 2006. *Black Wealth/White Wealth: A New Perspective on Racial Inequality*. 2nd ed. New York: Routledge.

Oppel, Richard A. 2001. "Employees' Retirement Plan Is a Victim as Enron Tumbles." *New York Times*, November 22.

Oreopoulos, Philip, Till von Wachter, and Andrew Heisz. 2012. "The Short- and Long-Term Career Effects of Graduating in a Recession." *American Economic Journal: Applied Economics* 4(1): 1–29.

Orhangazi, Özgür. 2008. *Financialization and the US Economy*. Northampton, MA: Edward Elgar Publishing.

Ostry, Jonathan David, Andrew Berg, and Charalambos G. Tsangarides. 2014. *Redistribution, Inequality, and Growth*. International Monetary Fund. https://www.imf.org/external/pubs/ft/sdn/2014/sdn1402.pdf

Pahl, Jan. 1983. "The Allocation of Money and the Structuring of Inequality within Marriage." *Sociological Review* 31(2): 237–62.

Palan, Ronen, Richard Murphy, and Christian Chavagneux. 2013. *Tax Havens: How Globalization Really Works*. Ithaca, NY: Cornell University Press.

Partnoy, Frank. 2006. "A Revisionist View of Enron and the Sudden Death of 'May.'" Pp. 54–89 in *Enron and World Finance*, edited by P. Dembinski, C. Lager, A. Cornford, and J. Bonvin. New York: Palgrave Macmillan.

Peifer, Jared L. 2011. "Morality in the Financial Market? A Look at Religiously Affiliated Mutual Funds in the USA." *Socio-Economic Review* 9(2): 235–59.

Pernell, Kim, Jiwook Jung, and Frank Dobbin. 2017. "The Hazards of Expert Control: Chief Risk Officers and Risky Derivatives." *American Sociological Review* 82(3): 511–41.

Petroff, Alanna. 2016. "DoJ vs Big Banks: $60 Billion in Fines for Toxic Mortgages." *CNN*, December 23.

Philippon, Thomas. 2015. "Has the US Finance Industry Become Less Efficient? On the Theory and Measurement of Financial Intermediation." *American Economic Review* 105(4): 1408–38.

Philippon, Thomas, and Ariell Reshef. 2012. "Wages and Human Capital in the U.S. Finance Industry: 1909–2006." *Quarterly Journal of Economics* 127(4): 1551–609.

Picchi, Aimee. 2016. "Congrats, Class of 2016: You're the Most Indebted Yet." *CBS*, May 4.

Piketty, Thomas. 2014. *Capital in the Twenty-First Century*. Cambridge, MA: Belknap Press of Harvard University Press.

Piketty, Thomas, and Emmanuel Saez. 2006. "The Evolution of Top Incomes: A Historical and International Perspective." *American Economic Review* 96(2): 200–205.

Piketty, Thomas, Emmanuel Saez, and Gabriel Zucman. 2017. "Distributional National Accounts: Methods and Estimates for the United States." *Quarterly Journal of Economics* 133(2): 553–609.

Polanyi, Karl. 2001. *The Great Transformation: The Political and Economic Origins of Our Time*. 2nd ed. Boston: Rinehart & Company.

Pope, Devin G., and Justin R. Sydnor. 2011. "What's in a Picture? Evidence of Discrimination from Prosper.Com." *Journal of Human Resources* 46(1): 53–92.

Powell, Lewis F. 1971. "Confidential Memorandum: Attack of American Free Enterprise System." https://scholarlycommons.law.wlu.edu/powellmemo/

Prasad, Monica. 2012. *The Land of Too Much: American Abundance and the Paradox of Poverty*. Cambridge, MA: Harvard University Press.

Quarles, Randal K. 2018. "Implementation of the Economic Growth, Regulatory Relief, and Consumer Protection Act." Board of Governor's for the Federal Reserve System, October 2.

Rampell, Catherine. 2011. "Out of Harvard, and into Finance." *Economix Blog*. Retrieved April 18, 2013 (http://economix.blogs.nytimes.com/2011/12/21/out-of-harvard-and-into-finance/).

Rappeport, Alan. 2017. "Bill to Erase Some Dodd-Frank Banking Rules Passes in House." *New York Times*, June 8.

Rappeport, Alan. 2018. "Senate Passes Bill Loosening Banking Rules, but Hurdles Remain in the House." *New York Times*, March 14.

Ricks, Morgan, John Crawford, and Lev Menand. 2018. "A Public Option for Bank Accounts (Or Central Banking for All)." SSRN Scholarly Paper. ID 3192162. Rochester, NY: Social Science Research Network.

Rivera, Lauren A. 2015. *Pedigree: How Elite Students Get Elite Jobs*. Princeton, NJ: Princeton University Press.

Roberts, Adrienne. 2013. "Financing Social Reproduction: The Gendered Relations of Debt and Mortgage Finance in Twenty-First-Century America." *New Political Economy* 18(1): 21–42.

Roberts, Anthony, and Roy Kwon. 2017. "Finance, Inequality and the Varieties of Capitalism in Post-industrial Democracies." *Socio-Economic Review* 15(3): 511–38.

Rosenfeld, Jake. 2014. *What Unions No Longer Do*. Cambridge, MA: Harvard University Press.

Rosenfeld, Jake, and Patrick Denice. 2015. "The Power of Transparency: Evidence from a British Workplace Survey." *American Sociological Review* 80(5): 1045–68.

Rosenfeld, Jake, and Meredith Kleykamp. 2009. "Hispanics and Organized Labor in the United States, 1973 to 2007." *American Sociological Review* 74(6): 916–37.

Rosenfeld, Jake, and Meredith Kleykamp. 2012. "Organized Labor and Racial Wage Inequality in the United States." *American Journal of Sociology* 117(5): 1460–502.

Ross, Stephen L., and John Yinger. 2002. *The Color of Credit: Mortgage Discrimination, Research Methodology, and Fair-Lending Enforcement.* Cambridge, MA: MIT Press.

Roth, Louise Marie. 2006. *Selling Women Short: Gender and Money on Wall Street.* Princeton, NJ: Princeton University Press.

Rugh, Jacob S., and Douglas S. Massey. 2010. "Racial Segregation and the American Foreclosure Crisis." *American Sociological Review* 75(5): 629–51.

Saez, Emmanuel, and Gabriel Zucman. 2016. "Wealth Inequality in the United States since 1913: Evidence from Capitalized Income Tax Data." *Quarterly Journal of Economics* 131(2): 519–78.

Salter, Malcom. 2008. *Innovation Corrupted: The Origins and Legacy of Enron's Collapse.* Cambridge, MA: Harvard University Press.

Sanders, Jeffrey S. 2011. "The Path to Becoming A Fortune 500 CEO." Retrieved April 13, 2017 (https://www.forbes.com/sites/ciocentral/2011/12/05/the-path-to-becoming-a-fortune-500-ceo/#2b37b8fb709b).

Scheer, Robert. 2010. *The Great American Stickup: How Reagan Republicans and Clinton Democrats Enriched Wall Street While Mugging Main Street.* New York: Bold Type Books.

Schneider, Daniel, Orestes P. Hastings, and Joe LaBriola. 2018. "Income Inequality and Class Divides in Parental Investments." *American Sociological Review* 83(3): 475–507.

Scott-Clayton, Judith E. 2018. "The Looming Student Loan Crisis Is Worse Than We Thought." Community College Research Center. Evidence Speaks, Vol. 2, No. 34. Brookings Institution. https://academiccommons.columbia.edu/doi/10.7916/D8WT05QV

Seamster, Louise, and Raphaël Charron-Chénier. 2017. "Predatory Inclusion and Education Debt: Rethinking the Racial Wealth Gap." *Social Currents* 4(3): 199–207.

Seelye, Katharine Q. 1998. "Panel to Vote on Measure to Tighten Bankruptcy Law." *New York Times*, May 14.

Shapiro, Thomas M. 2004. *The Hidden Cost of Being African American: How Wealth Perpetuates Inequality.* New York: Oxford University Press.

Shiller, Robert J. 1994. *Macro Markets: Creating Institutions for Managing Society's Largest Economic Risks.* New York: Oxford University Press.

Shin, Taekjin. 2012. "CEO Compensation and Shareholder Value Orientation among Large US Firms." *Economic and Social Review* 43(4): 535–59.

Shin, Taekjin. 2014. "Explaining Pay Disparities between Top Executives and Nonexecutive Employees: A Relative Bargaining Power Approach." *Social Forces* 92(4): 1339–72.

Shin, Taekjin, and Jihae You. 2017. "Pay for Talk: How the Use of Shareholder-Value Language Affects CEO Compensation." *Journal of Management Studies* 54(1): 88–117.

Siegel, Robert. 2007. "2005 Law Made Student Loans More Lucrative." *NPR*, April 24.

Silver-Greenberg, Jessica. 2012. https://www.nytimes.com/2012/07/14/business/mastercard-and-visa-settle-antitrust-suit.html?searchResultPosition=1

Smith, Adam. 1950 [1776]. *An Inquiry into the Nature and Causes of the Wealth of Nations*. Methuen.

Song, Jae, David J. Price, Fatih Guvenen, and Nicholas Bloom. 2015. "Firming Up Inequality." *The Quarterly Journal of Economics 134*(1): 1–50.

S&P Global. 2017. *S&P 500 Environmental & Socially Responsible Index. Strategy*.

Sparshott, Jeffrey. 2015. "Congratulations, Class of 2015: You're the Most Indebted Ever (for Now)." *WSJ Blogs—Real Time Economics*. Retrieved October 2, 2015 (http://blogs.wsj.com/economics/2015/05/08/congratulations-class-of-2015-youre-the-most-indebted-ever-for-now/).

Spilerman, Seymour. 2000. "Wealth and Stratification Processes." *Annual Review of Sociology* 26(1): 497–524.

Stein, Judith. 2010. *Pivotal Decade: How the United States Traded Factories for Finance in the Seventies*. New Haven: Yale University Press.

Stein, Judith. 2011. *Pivotal Decade: How the United States Traded Factories for Finance in the Seventies*. August 14 ed. New Haven: Yale University Press.

Stevenson, Thomas H., and D. Anthony Plath. 2002. "Marketing Financial Services to the African-American Consumer: A Comparative Analysis of Investment Portfolio Composition." *California Management Review* 44(4): 39–64.

Steyer, Robert. 2017. "Columbia University to Divest from Some Coal Companies." *Pensions & Investments*. Retrieved October 20, 2017 (http://www.pionline.com/article/20170315/ONLINE/170319903/columbia-university-to-divest-from-some-coal-companies).

Stojmenovska, Dragana, Thijs Bol, and Thomas Leopold. 2017. "Does Diversity Pay? A Replication of Herring (2009)." *American Sociological Review* 82(4): 857–67.

Story, Louise. 2010. "Goldman on the Defensive before Senate Panel." *New York Times*, April 27.

Subramanian, S. V., and Ichiro Kawachi. 2006. "Whose Health Is Affected by Income Inequality? A Multilevel Interaction Analysis of Contemporaneous and Lagged Effects of State Income Inequality on Individual Self-Rated Health in the United States." *Health & Place* 12(2): 141–56.

Sullivan, Teresa A., Elizabeth Warren, and Jay Lawrence Westbrook. 1997. "Consumer Bankruptcy in the United States: A Study of Alleged Abuse and of Local Legal Culture." *Journal of Consumer Policy* 20(2): 223–68.

Tabb, Charles. 2006. "Consumer Bankruptcy Filings: Trends and Indicators." *University of Illinois Law and Economics Working Papers*.

Taibbi, Matt. 2012. https://www.rollingstone.com/politics/politics-news/the-scam-wall-street-learned-from-the-mafia-190232/

Tamborini, Christopher R., and ChangHwan Kim. 2017. "Education and Contributory Pensions at Work: Disadvantages of the Less Educated." *Social Forces* 95(4): 1577–606.

Thomas, C. William. 2002. "The Rise and Fall of Enron." *Journal of Accountancy* 193(4): 41.

Tichy, Noel, and Ram Charan. 1989. "Speed, Simplicity, Self-Confidence: An Interview with Jack Welch." *Harvard Business Review* 67(5): 112–20.

Tomaskovic-Devey, Donald, and Dustin Avent-Holt. 2019. *Relational Inequalities: An Organizational Approach*. New York: Oxford University Press.

Tomaskovic-Devey, Donald, and Ken-Hou Lin. 2011. "Income Dynamics, Economic Rents, and the Financialization of the U.S. Economy." *American Sociological Review* 76(4): 538–59.

Tomaskovic-Devey, Donald, Ken-Hou Lin, and Nathan Meyers. 2015. "Did Financialization Reduce Economic Growth?" *Socio-Economic Review* 13(3): 525–48.

Tooze, Adam. 2018. *Crashed: How a Decade of Financial Crises Changed the World*. New York: Viking.

Townsend, Peter. 1979. *Poverty in the United Kingdom: A Survey of Household Resources and Standards of Living*. Berkeley: University of California Press.

Trumbull, Gunnar. 2014. *Consumer Lending in France and America: Credit and Welfare*. New York: Cambridge University Press.

Turco, Catherine J. 2010. "Cultural Foundations of Tokenism Evidence from the Leveraged Buyout Industry." *American Sociological Review* 75(6): 894–913.

Turner, Adair. 2015. *Between Debt and the Devil: Money, Credit, and Fixing Global Finance*. Princeton, NJ: Princeton University Press.

Useem, Michael. 1993. *Executive Defense: Shareholder Power and Corporate Reorganization*. Cambridge, MA: Harvard University Press.

Vachon, Todd E., Michael Wallace, and Allen Hyde. 2016. "Union Decline in a Neoliberal Age: Globalization, Financialization, European Integration, and Union Density in 18 Affluent Democracies." *Socius* 2: 2378023116656847.

Valenti, Catherine. 2006. "A Year after Enron, What's Changed?" *ABC News*, January 6.

Valladares, Mayra Rodríguez. 2015. "Despite Regulatory Advances, Experts Say Risk Remains a Danger to Large Banks." *New York Times*, March 23.

Vielkind, Jimmy. 2010. "Lobbyist Lazio Got Millions." *Times Union*, February 21.

Warren, Elizabeth. 2002. "The Market for Data: The Changing Role of Social Sciences in Shaping the Law." SSRN Scholarly Paper. ID 332162. Rochester, NY: Social Science Research Network.

Warren, Elizabeth. 2003. "Financial Collapse and Class Status: Who Goes Bankrupt?"

Osgoode Hall Law Journal 41(1): 115–46.

Welch, Jack, and John A. Byrne. 2003. *Jack: Straight from the Gut.* New York: Grand Central Publishing.

Western, Bruce, Deirdre Bloome, and Christine Percheski. 2008. "Inequality among American Families with Children, 1975 to 2005." *American Sociological Review* 73(6): 903–20.

Western, Bruce, and Jake Rosenfeld. 2011. "Unions, Norms, and the Rise in U.S. Wage Inequality." *American Sociological Review* 76(4): 513–37.

Whoriskey, Peter. 2018. "'A Way of Monetizing Poor People': How Private Equity Firms Make Money Offering Loans to Cash-Strapped Americans." *Washington Post*, July 1.

Wilkinson, Richard G. 2005. *The Impact of Inequality: How to Make Sick Societies Healthier.* New York: New Press.

Wilkinson, Richard G., and Kate Pickett. 2011. *The Spirit Level: Why Greater Equality Makes Societies Stronger.* Reprint ed. London: Bloomsbury Press.

Williams, Richard, Reynold Nesiba, and Eileen Diaz McConnell. 2005. "The Changing Face of Inequality in Home Mortgage Lending." *Social Problems* 52(2): 181–208.

Wilson, George, and Vincent J. Roscigno. 2010. "Race and Downward Mobility from Privileged Occupations: African American/White Dynamics across the Early Work-Career." *Social Science Research* 39(1): 67–77.

Wingfield, Adia Harvey. 2014. "Crossing the Color Line: Black Professional Men's Development of Interracial Social Networks." *Societies* 4: 240–55.

Wolff, Edward N. 2015. "Household Wealth Inequality, Retirement Income Security, and Financial Market Swings 1983 through 2010." Pp. 245–78 in *Inequality, Uncertainty, and Opportunity: The Varied and Growing Role of Finance in Labor Relations, LERA Research Volumes*, edited by C. E. Weller. Ithaca, NY: Cornell University Press.

Wyly, Elvin, Markus Moos, Daniel Hammel, and Emanuel Kabahizi. 2009. "Cartographies of Race and Class: Mapping the Class-Monopoly Rents of American Subprime Mortgage Capital." *International Journal of Urban and Regional Research* 33(2): 332–54.

Yeung, W. Jean, and Dalton Conley. 2008. "Black-White Achievement Gap and Family Wealth." *Child Development* 79(2): 303–24.

Young, Kevin, and Stefano Pagliari. 2017. "Capital United? Business Unity in Regulatory Politics and the Special Place of Finance." *Regulation & Governance* 11(1): 3–23.

Zucman, Gabriel. 2013. "The Missing Wealth of Nations: Are Europe and the U.S. Net Debtors or Net Creditors?" *Quarterly Journal of Economics* 128(3): 1321–64.

春山之巔　008

大逆轉：
金融擴張如何推升不平等
Divested: Inequality in the Age of Finance

作　　者　林庚厚 Ken-Hou Lin
　　　　　梅根・尼利 Megan Tobias Neely
譯　　者　許瑞宋
審　　校　林庚厚
總 編 輯　莊瑞琳
責任編輯　吳崢鴻
行銷企畫　甘彩蓉
封面設計　盧卡斯工作室
內文排版　藍天圖物宣字社
出　　版　春山出版有限公司
　　　　　地址：11670 台北市文山區羅斯福路六段297號10樓
　　　　　電話：02-29318171
　　　　　傳真：02-86638233
總 經 銷　時報文化出版企業股份有限公司
　　　　　地址：33343桃園市龜山區萬壽路二段351號
　　　　　電話：02-23066842
製　　版　瑞豐電腦製版印刷股份有限公司
初版一刷　2021年6月

定　　價　400元
有著作權　侵害必究（若有缺頁或破損，請寄回更換）

填寫本書線上回函

Email　　　SpringHillPublishing@gmail.com
Facebook　www.facebook.com/springhillpublishing/
春山

國家圖書館出版品預行編目資料

大逆轉：金融擴張如何推升不平等／林庚厚（Ken-Hou Lin），梅根・尼利（Megan Tobias
Neely）著；許瑞宋譯. -- 初版. -- 臺北市：春山出版有限公司, 2021.06
　　面；　公分. -- (春山之巔；8)
譯自：Divested : inequality in the age of finance
ISBN 978-986-06458-1-1（平裝）

1.金融　2.財富　3.平等　4.美國

561　　　　　　　　　　　　　　　　　　　　　　　　　110007828

World as a Perspective

世界做為一種視野